달라스 윌라드와의
마지막 영성 수업

Renovated: God, Dallas Willard, and the Church That Transforms
by Jim Wilder

달라스 윌라드와의
마지막 영성 수업

지은이 | 짐 와일더
옮긴이 | 김주성
초판 발행 | 2020. 7. 22
2쇄 발행 | 2024. 10. 15
등록번호 | 제1988-000080호
등록된 곳 | 서울특별시 용산구 서빙고로65길 38
발행처 | 사단법인 두란노서원
영업부 | 02)2078-3333 FAX | 080-749-3705
출판부 | 02)2078-3330

책값은 뒤표지에 있습니다.
ISBN 978-89-531-3786-8 03230

독자의 의견을 기다립니다.
tpress@duranno.com www.duranno.com

두란노서원은 바울 사도가 3차 전도 여행 때 에베소에서 성령 받은 제자들을 따로 세워 하나님의 말씀으로 양육하던 장소입니다. 사도행전 19장 8-20절의 정신에 따라 첫째 목회자를 돕는 사역과 평신도를 훈련시키는 사역, 둘째 세계선교TIM와 문서선교단행본·잡지 사역, 셋째 예수문화 및 경배와 찬양 사역, 그리고 가정·상담 사역 등을 감당하고 있습니다. 1980년 12월 22일에 창립된 두란노서원은 주님 오실 때까지 이 사역들을 계속할 것입니다.

달라스 윌라드와의

마지막 영성 수업

짐 와일더 지음
김주성 옮김

두란노

추천의 글

이 책은 달라스 윌라드의 영성 훈련과 짐 와일더의 신경신학이 만나서 영성 형성을 통한 제자 훈련의 새로운 지평을 보여 준다. 짐 와일더는 제자도가 의지로 완성되는 것이 아니라 헤세드의 사랑과 애착을 통해 이루어지는 것임을 뇌 과학적 언어로 설명해 줌으로써 달라스 윌라드의 제자도를 통합하고 완성시켜 나간다. 온누리교회 회복 사역에서는 짐 와일더의 제자 훈련 모델을 도입하여 수많은 사람의 인격과 삶이 변화되는 것을 보고 있다. 주님의 제자로 살아가기 원하는 모든 성도와 성숙한 그리스도인으로 성장하기 원하는 사람들이 꼭 읽어야 할 책이다.

— **이기원 목사**, 온누리교회 회복사역 본부장

알차고 풍성한 책이다! 나는 오랫동안 인류의 치유는 하나님에 대한 애착에 달려 있다고 믿어 왔다. 짐이 그것을 잘 설명해 준다.

— **존 엘드리지**(John Eldredge), 《와일드 하트》의 저자

달라스 윌라드의 제자 훈련과 짐 와일더의 신경과학이 접목되어 새로운 변화 모델을 내놓았다. 이 책을 정독하여 당신이나 당신이 섬기는 사람들이 이 소중한 것을 놓치지 않기 바란다.

— **랜디 프레이지**(Randy Frazee), 《젊은 그리스도인을 위한 마음의 혁신》 공저자

전인적 영성에 대한 고전적 이해를 기반으로 신경과학 분야의 최신 발견을 접목해 우리가 기쁨의 삶을 살도록 창조되었다는 것을 여실히 보여 주는 책이다. 하나님과의 풍성한 삶, 사람들과의 풍성한 삶을 원하는 제자라면 꼭 봐야 할 실용서다.

— **에이미 피어슨**(Amy Pierson), 버닝하트워크숍 설립자

변화는 내면의 새로워짐으로 시작된다. 정서나 관계는 교회 공동체 안에서의 변화와 발전으로 좋아질 수 있다. 그 모든 것의 시작은 하나님을 사랑하는 일이다. 이 책의 저자들은 강한 애착 사랑을 기반으로 우리의 인격이 성숙하도록 이끌어 준다.

— **스티븐 A. 매키아**(Stephen A. Macchia), 《건강한 교회를 만드는 10가지 비결》의 저자

하나님과의 친밀함이나 관계 중심의 제자도(弟子道)에 대해 짐 와일더만큼 내게 잘 가르쳐 준 사람은 없다. 이 책을 통해 당신은 새로운 이해의 지평이 열리고 하나님과 더 깊은 동행에 들어가게 될 것이다.

— **마커스 워너**(Marcus Warner), 디퍼워크인터내셔널 회장

짐 와일더는 성경의 진리와 발전하는 뇌 과학의 진리를 결합하여 새로워지고 회복되는 길을 보여 준다.

— **더들리 홀**(Dudley Hall), 케리그마벤처스 회장

제자를 양육하여 삶을 변화시키려는 사람이라면 이 책을 꼭 읽길 바란다.

— **밥 로버츠**(Bob Roberts), 노스우드교회 글로벌 담임목사

이 책을 통해 하나님과 함께 생각하기 시작한다면, 세상을 변화시키는 열쇠를 손에 쥐게 될 것이다.

— **잭 테일러**(Jack Taylor), 디멘션즈미니스트리즈 회장

짐 와일더 박사의 연구와 식견은 획기적이고 서구 기독교가 잃어버린 관계 측면을 되찾게 해 준다.

— **마이클 설리번트 목사**(Rev. Michael Sullivant), 인생모델웍스 CEO

이 책은 격조 있고 명확하며 소망을 준다. 지혜, 실제 적용, 그리고 무엇보다 관계의 연결 등의 모든 것을 통합시켜 주는 역작이다. 당신과 공동체가 변화되기를 원한다면, 이 책으로 시작하는 것이 좋다.

— **커트 톰슨**(Curt Thompson), 《수치심》 저자

하나님이 우리를 사랑하셔서 그 사랑으로 하나님을 사랑하고, 남을 사랑하고, 자신을 사랑하게 하신다는 것을 보여 주는 진리의 보고다. 원하는 만큼 마음껏 취하라. 이것은 영원히 무한히 공급된다.

— **짐 힐튼**(Jim Hylton), 노스우드교회 부목사

이 책은 하나님이 어떻게 사람을 그리스도의 형상으로 변화시키시냐는 질문의 응답이다. 영성 분야에서 일하는 사람이나 하나님이 어떻게 사람을 변화시키시는지 알고 싶어 하는 모든 신자에게 강력히 추천한다.

— **존 Y. 리**(John Y. Lee), 존리랜드신학센터 학장

신앙과 삶의 성장을 위한 필독서다.

— **켄 R. 캔필드**(Ken R. Canfield), 미국아버지학교센터 설립자

와일더 박사는 성숙에 이르는 길을 잘 이해하여 실용적인 단계들을 제시해 준다.

— **제리 레딕스**(Jerry Reddix), 미국 멤버케어인터내셔널, 빈야드미션즈

그리스도의 몸인 교회가 관계적 신앙을 실현하고 교회와 문화에 관계적 혁명을 일으키게 문을 열어 준다.

— **티모시 M. 존스 박사**(Dr. Timothy M. Johns), 락인터내셔널 설립자 및 감독

이 책은 많은 사람들의 영혼을 창조자 아버지와 연결시켜 줄 것이다. 저자는 목자의 심령으로 친절하고 민감하게 얘기하고 성경의 진리를 편안하게 전달하면서 고민하는 구도자들에게 조언해 준다.

— **버나드 프랭클린 박사**(Bernard Franklin, Ph. D.), 마운트세인트메리대학교 학생처 부총장

영적 성숙에 이를 가망성이 없어 보여 절망하던 사람도 이 책을 통해 그리스도의 형상으로 화할 역전의 기회를 확신하게 될 것이다.

— **제임스 헨더슨**(James Henderson), 멕시코시티 영성형성애쉬레이센터 공동 설립자

짐 와일더는 '사람은 어떻게 변하는가?'라는 질문 속으로 우리를 이끈다. 변화와 성숙에 대한 많은 질문이 세상과 교회에 난무하는 가운데, 짐과 달라스는 하나님의 백성이 온전해질 수 있다는 희망을 분명히 제시한다.

— **린디 블랙**(Lindy Black), 네비게이토선교회 미국 부대표

이 책은 일반적인 영적 성장 패러다임의 틀을 재편할 뿐 아니라 하나님과 함께하는 삶을 더 온전히 경험하도록 실용적으로 안내해 준다.

— **톰 넬슨**(Tom Nelson), 크라이스트커뮤니티교회 목사

에메사의 주교(AD390년)이자 교회사 속의 첫 신경신학자인
네메시오(Nemesius)에게 이 책을 바친다.
그의 책《데 나투라 호미니스》는 4세기에 씌어졌는데
하나님이 뇌 두엽마다 다른 기능을 하게 디자인하셨다고 밝힌다.
그의 뇌심실 위치에 따른 정신 기능 교리에 천 년 동안 필적할 것이 없었다.
또한 리 에드워드 트래비스(Lee Edward Travis) 박사(1896-1987)에게 이 책을 바친다.
그는 신경신학, 즉 영적 성숙에 대한 과학의 바통을 나에게 전달해준 이다.

Contents

Part 1

예수를 오래 믿어도 내 인격은 왜 제자리걸음일까

Dallas Willard

Part 2

인간은 어떤 존재인가

J i m W i l d e r

Part 3

공동체 속에서 예수의 인격을 배우다

Dallas Willard

Part 1

,

예수를 오래 믿어도
내 인격은 왜
제자리걸음일까

1.

애착의 구원론

짐 와일더

우리는 사랑하는 것을 닮아간다

달라스 윌라드(Dallas Willard)가 내 앞에 앉아 눈물을 글썽이며 문 쪽을 바라봤다. 달라스는 살날이 얼마 남지 않았었다. 하지만 그의 눈물은 그 때문이 아니었다. "지난 1년 동안 깨달은 것이 평생 깨달은 것보다 중요합니다. 그런데 글로 옮길 시간이 없네요. 이미 시작한 일들을 마무리해야 하거든요." 그가 나를 보았다. 순간, 궁금해졌다. 그는 나와 나눈 대화에 대해 생각하고 있는 것일까? 아니면 다른 것을 생각하고 있는 것일까?

"아무래도 당신이 이것에 대한 책을 써야겠군요." 달라스가 내게 말했다. 그의 목소리는 침착하면서도 힘이 있었다. "하나님을 향한 새로운 애착 형성을 기초로 한 구원론은 어디서도 들어본 적이 없어요." 그는 당장 그 개념에 대한 찬성이나 반대의 말을 하지 않았다. 다만 그가 알고 있는 한 이 개념을 제창한 다른 사람은 없었다. 말을 하기 위해 얼마 안 되는 에너지를 다 사용해서 피곤해진 그는 의자에 털썩 몸을 기댔다. 제인(Jane) 여사의 얼굴을 보니 내가 일어나야 할 때가 되었다는 것을 알 수 있었다. 달라스는 좀 쉬어야 했다. 나는 그것을 여사의 표정으로 알아챘다.

제인은 늘 영민한 관찰자이자 실용주의자였다. 전문 치료사이자 영적 지도자였던 그녀는 그리스도인으로 살고 싶지만 생각처럼 되지 않아서 좌절한 사람들을 매일같이 만났다. 트라우마를 경험한 사람은 자신이 원하는 만큼 변화를 이루기가 쉽지 않다. 제인은 흔히 처방되는 방법들이 어떤 사람들에게는 효과가 있는 반면, 어떤 사람들에게는 별로 효과가 없다는 사실을 알게 되었다. 소위 말하는 '착한 사람들'이 신학적 접근과 심리학적 접근 방식을 두루 사용해서 변화를 위한 노력을 하지만, 원하는 만큼 인격이 그리스도를 닮지 못하는 경우가 많음을 발견했다.

제인은 내가 박사 과정을 마친 후 만나게 된 첫 번째 리더[1]였다. 나는 제인의 훈련을 통해 하나님 임재 안에서의 치유를 경험했다. 가끔 제인은 농담처럼 달라스와 나를 둘 다 자신이 발굴했다고 말했다. 그러나 사실 제인이 우리에게 미친 영향은 그 이상이었다. 제인은 영적 해법만큼이나 심리학적 개입도 최대한 활용할 줄 알았다. 지난 35년 동안 제인은 달라스와 나를 독려해 폭넓고 깊고 완전한 변화의 방법을 찾게 했다. 달라스는 하나님을 만남으로 인한 변화의 결과들을 직접 보길 원했다. 제인은 상처나 성숙의 정도와 관계없이 효과가 있으면서도 신학적으로나 학문적으로 타당한 방법을 찾으려 했다. 우리는 모두 실용적이고 효과가 지속되는 변화의 방법을 찾기 위해 노력했다.

그냥 가려니 제인이 눈에 밟혔다. 그래서 자리를 뜨기 전에 그들과 함께 기도했다. 문득 2011년의 일이 떠올랐다. 그때 나는 달라스가 그리스도인의 삶에 기여한 바를 기리는 만찬회를 열어야겠다는 생각을 했다. 그의 책과 존재는 내게 큰 영향을 미쳤기 때문이다. 나는 대부분의 기독교 서적이 잠깐 사람들의 눈길을 끌다 이내 사라진다는 것을 안다. 100년 후까지 기억될만한 책은 별로 없다. 그러나 달라스의 책이 100년 후에도 계속해서 읽힐 것이라고 확신한다. 경건한 인격에 관심 있는 사람이라면 모두 달라스의 책을 읽을 것이기 때문이다.

그러나 달라스의 공로를 기리는 일은 쉽지 않았다. 그는 명석하고 온화했지만, 주목받는 것을 싫어했다. 다행히 그는 영적·정서적 성숙을 주제로 하는 콘퍼런스에서 메시지를 전하고 난 후 만찬에 참석해 주었다. 우리 목표는 달라스가 "죄 관리"라고 부르는 것이 아닌, "인격의 변화"를 얻을 최고의 방법을 찾는 것이었다.

그런 목표에 따라 2012년 하트앤드소울 콘퍼런스(the Heart and Soul Conference)에서 변화를 위한 방법들을 개발하고 가르치는 전문가들과 변화되기 위해 "모든 걸 다 해 본" 내담자들을 한자리에 모으기로 했다. 지극히 평범한 그리스도인들이 뇌 전문가와 신학자들을 만나, 뇌가 어떻게 그리스도의 인격을 배우는지를 탐구할 계획이었다. 중세 때부터 이어져 온 인간 본성에 대한 신학적 이해가 과연 현재의 뇌 과학을 통해 변화될 수 있을지 여부를 탐구하기로 했다. 뇌가 인격을 배우는 기제를 알면 그 지식에 따라 그리스도인으로서 성숙하기 위한 방식을 수정할 수 있지 않을까?

하트앤드소울에서 달라스와 내가 나눈 토론으로 이 책을 완성했다. 우리는 뇌의 어떤 작동이 정체성을 형성하고, 그로 말미암아 인간이 성숙을 경험할 것인가에 대해 질문과 답을 얻었다. 뇌 속의 인간-정체성 시스템은 삶에 대한 감정적 반응들(많은 경우 그리스도를 닮지 못한 반응들)을 만들어 낸다. 그래서 뇌의 정체성 시스템에 변화가 일어나면 우리의 인격과 반응도 달라진다. 달라스와 나는 뇌가 인격을 변화시키는 기제를 크리스천들이 제자 훈련과 영적 형성을 위해 사용하는 방법들과 비교해 보고자 했다. 인격의 변화가 더 잘 이루어지도록 기도, 금식, 성경 공부 같은 영성 훈련법을 더 개선할 방법에 대해서도 고민했다.

달라스와 나는 변화의 본질을 함께 연구하고 나중에 그 연구를 바탕으로 책을 쓸 가능성을 타진하기 시작했다. 그러나 하트앤드소울 콘퍼런스가 시작된지 얼마되지 않아 달라스는 자신에게 주어진 시간이 별로 남지 않았다는 진단을 받았다. 그래서 그 후의 일은 달라스 없이 나 혼자 해야만 했다.

집으로 운전을 해 돌아가며 하트앤드소울 콘퍼런스에서 본 달라스의 모습을 떠올렸다. 그의 컨디션이 별로 좋지 않다는 것을 알았기 때문에 그가 쉴 수 있는 방을 준비해야 했다. 그러나 달라스는 그 방을 거의 사용하지 않았다. 그는 강당의 제일 앞쪽에 앉아서 사람들의 질문에 대답하는 데 몰두하느라 고개를 들지도 않았다.

대부분의 청중은 그리스도인이 된지 30년이 넘는 사람들이었다. 그중 많은 사람들이 영성 훈련을 하고, 성령 안에 거하고, 영적 디렉터와 상담하고, 치료 요법이나 내적 치유를 받고 있었다. 청중 중에는 상담사, 교사, 영적 디렉터, 내적 치유 사역자도 많았다. 그들이 던지는 질문들을 통해 영성 훈련으로 원하는 만큼의 결과를 얻지 못하고 있음을 분명히 알게 됐다. 달라스가 그리스도를 닮은 인격을 판단하기 위해 사용하는 주된 질문은 원수를 사랑하는 마음이 자연스럽게 우러나오느냐는 것이었는데, 그 질문에 '그렇다'

고 대답한 참가자는 거의 없었다.

관계와 정서는 하트앤드소울 콘퍼런스 참가자들의 주된 관심사였다. 달라스는 그곳에 모인 이들에게 최선을 다했다. 왜냐하면 그들의 영혼을 사랑했기에 때문이다.

영혼 돌보기

다시 내 마음은 그보다 더 이전으로 거슬러 올라갔다. 나는 달라스와 처음 만났던 때의 이야기로 하트앤드소울 콘퍼런스의 막을 올렸다. 그건 1982년에 제인이 우리의 커뮤니티카운슬링센터의 훈련 책임자가 되었을 때이다. 제인은 직원회의 때 달라스를 초청했다. 한 직원이 달라스가 서던캘리포니아대학교(University of Southern California) 철학 교수라고 말했다. 몇몇의 직원들은 그와의 만남을 기대하고 있었다. 사실 나는 무미건조한 시간이 될 줄 알았다. 내 삶에 극적인 변화가 일어나게 될 줄은 꿈에도 모르고 있었다.

달라스가 조용히 말했다. “심리학은 영혼을 돌봅니다. 영혼을 돌보는 것이 한때는 교회의 영역이었지만, 교회가 더 이상 그런 돌봄을 하지 않습니다.” 잠시 말을 끊었다가 그가 다시 말했다. “영혼을 돌볼 때 가장 중요한 것은 그 영혼을 사랑하는 일입니다.”

영혼을 사랑한다니! 내가 그때까지 받은 교육은 내담자와 거리를 두어야 한다는 것이었다. 나는 오히려 내담자와 정서적 유대를 갖지 않는 법을 배웠다. 그러나 당시 곰곰이 생각해 봤다면 내담자와 거리를 둔다는 것이 이상한 일임을 알아차렸을 것이다.

내가 심리학에 관심을 갖게 된 것은 열아홉 살 때였다. 영적 위기를 겪고 있었고 다행히도 관계 중심적인 사랑의 하나님을 만났다. 예수님을 믿는다는 것이 무엇인지에 대해 탐구하다보니 기독교 신앙의 3가지 요소가 눈에 들어왔다. 하나님과 모든 것에 대해 대화하기, 어떤 일도 두려움의 동기로 삼지 않기, 사람을 깊이 사랑하기였다. 달라스의 말을 듣고 나서 지금까지 내가 받은 상담 교육과 나의 영적 생활(내가 애초에 상담을 공부하게 된 이유)에 충돌이 일어났다.

영혼을 돌보려면 사랑을 해야 한다는 달라스의 말은 나의 직업 정신을 뒤흔들었다. 나는 문득 신학교를 다니던 때가 떠올랐다. 어느 시점엔가 하나님과 그 어떤 대화도 하지 않고 있었다. 물론 상담실 밖에서 기도하긴 했지만, 하나님의 뚜렷한 임재가 느껴지지 않았다. 나는 상담을 하면서 내담자에게 하나님을 경험하라고 가르치지도 않았다. 물론 나는 내담자에게 영성 훈련을 권유하였다. 하지만 상담하면서 내담자에게 영성 훈련에 대하여 가르치거나 요구하지 않았다.

반면에 나의 상사인 제인은 사람들에게 하나님의 임재를 발견하라고 가르쳤다. 하나님의 뚜렷한 임재로 인하여 사람들의 삶이 변화되고 트라우마가 치료되는 것을 보았다. 제인이 하고 있는 일에 대한 소문이 교회에까지 흘러 들어갔다. 하지만 대부분 호의적이지 않았다. 특히 목회자들은 어떤 그리스도인들이 하나님의 음성을 듣는다고 말하면 심히 우려했다. '이건 소위 말하는 직통 계시의 일종이잖아. 그런 건 어디까지나 마귀의 속임수이지. 좋게 말해 봐야, 심리적 착각일 뿐이야.'

아무래도 상담실이다 보니 귀신 들린 사람이나 착각에 빠진 사람이 자신이 하나님을 대언한다고 주장하는 경우가 많았다. 하나님의 음성을 듣는다는 사람들이 남들을 상담하면, 그 결과는 뻔했다. 내담자들이 치유되기는커녕 오히려 평강을 잃고 번민에 빠졌다. 그러나 제인의 내담자들에게서는 치유가 나타났다. 그들은 하나님을 더 사랑하게 되었고, 다른 사람들과의 더 깊은 친교를 경험했다.

때마침 하나님의 섭리로 달라스는 매일의 삶 속에서 하나님의 뚜렷한 임재로 인도받을 수 있다는 내용의 《하나님의 음성》(*Hearing God*)을 썼다.[2] 그 후 몇 년 동안 그는 하나님의 임재를 인식하는 방법을 탐구하고 개발했다. 그는 영성 훈련에 초점을 두고 있었다. 교회사에서 영성 훈련은 역사가 깊지만, 광범위하게 실행되지 않았다. 그런데 달라스는 그런 영성 훈련을 설명하고 권장했다. 물론 영성 훈련 자체가 삶의 변화를 일으키지 않는다. 하지만 영혼이 변화될 수 있는 환경을 조성해 준다.

달라스가 영성 훈련을 권장하는 동안, 남은 우리는 서로 사랑하는 것에 초점을 맞춘 관계 훈련을 개발했다. 특히 정서적으로 상처가 있는 사람은 사랑과 기쁨의 관계를 형성하고 유지하는 것이 힘들어 보였다. 우리는 안정된 기쁨의 애착과 관련된 뇌 과학을 이용해 사랑의 관계를 형성하고 유지하도록 내담자를 훈련시켰다. 이런 인격 형성을 위한 과학적 방법은 효과가 있었고, 나중에는 인생모델(Life Model)에 포함되었다. 인생모델은 기쁘고 경건한 성숙에 이르게 하는 지침이다.

사람과 하나님의 관계에 대한 훈련[3]을 하는 그룹이나 사람과 사람의 관계에 대한 훈련을 하는 그룹은 모두 괄목할만한 성장을 보였다. 두 방법 모두 서서히 그리스도를 닮은 인격을 만들어 갔다. 하지만 두 방법 모두 한계가 있었다. 하나님과의 관계에 대한 영성 훈련을 하는 사람들은 다른 사람들과의 관계에서 자주 문제를 경험했다. 다른 사람들과의 관계에 대한 훈련을 하는 사람들은 하나님의 임재를 느끼기 어려울 때가 종종 있었다. 두 그룹 모두의 공통점은 원수 사랑하기를 잘하지 못했다.

우리가 더 깊고 지속적인 인격의 변화를 일으키는 어떤 요소를 놓치고 있는 것일까? 우리가 사용하는 활동과 훈련들이 깊은 영적, 관계적 성숙을 이루는 데 필요한 중요한 것을 빠뜨린 것은 아닐까? 서구 기독교가 아직 깨닫지 못한 다른 요인이 있는 것일까? 아니면 우리가 두 접근법을 하나로 통합하지 못해서 만족할 만한 결과를 얻지 못한 것일까? 한 걸음 더 나아가면, 영적 성숙과 정서적 성숙이 서로 별개가 아니라 하나는 아닐까?

달라스가 영혼을 사랑하라고 가르쳐 준 덕분에 내 삶이 바뀌었다. 나도 그에 대한 보답으로, 인간의 뇌에서 애착 사랑(attachment love)이 어떻게 작용하는지 달라스에게 얘기해 주었다. 이제 그 이야기를 해 보자.

애착
사랑

뇌가 더 훌륭한 인격을 배우도록 돕는 유일한 사랑이 애착 사랑(attachment love)이다. 우리의 인격을 결정짓는 뇌의 기능은 누구를 사랑하느냐에 가장 큰 영향을 받는다. 그래서 인격이 변하려면 새로운 애착이 형성되어야 한다. 뇌 관점에서 볼 때는 그렇다. 이를 깨달은 달라스는 눈물을 글썽였다. 애착의 질이 인격을 결정한다면, 하나님이 말씀하시는 사랑도 "애착"을 의미하는 것은 아닐까?

구약에서는 200번 이상 하나님을 '헤세드'(חסד)로 묘사한다. 그리고 하나님은 우리에게도 헤세드가 있기를 바라신다. "나는 인애(헤세드)를 원하고 제사를 원하지 아니하며"(호 6:6). 히브리어 헤세드는 '헌신', '신실', '불변의 사랑'으로 번역된다. 여기서 하나님은 우리 안에 깊이 뿌리를 내리는 애착 사랑을 말씀하신 것이 아닐까?

애착에 대한 대화에서 달라스는 내 생각을 앞서갔다. "그렇다면 하나님에 대한 새로운 애착을 가져야만 우리의 정체성이 형성되고 바뀌는 것일까? 그것이 바로 구원은 아닐까?" 뇌에서 정체성과 인격은 우리가 누구를 사랑하는가로 결정된다. 애착은 강력하고 오래 지속된다.

반면, 관념은 너무도 쉽게 바뀔 수 있다. 구원을 하나님을 사랑하고 애착을 가져서 정체성이 변화되는 것이라고 이해한다면 구원을 매우 관계적으로 이해하는 것이다. 그렇다면 우리는 하나님으로부터 애착 사랑을 받고 하나님에 대한 애착 사랑을 가짐으로 인해 구원받고 변화된다.

애착의 구원론을 제안하고 몇 달 후까지도 달라스는 그것에 대해 찬성하거나 반대하는 발언을 하지 않았다. 그가 애착을 통한 구원에 대해 생각해 보거나 가르친 적이 없었기 때문이었다. 만일 내가 애착 말고 하나님의 뜻, 인간의 지성, 정서적 경험, 의식, 선행, 한 그룹에 대한 애착 등을 통하여 구원이 이루어진다고 주장했다면 필시 달라스는 많은 의견을 말했을 것이다. 서구 기독교에서는 우리가 무엇을 믿는가, 무엇을 선택하는가로 변화된다고 오랫동안 가르쳤다. 즉 인간의 의지로 하나님께 반응하여 변화가 일어난다고 가르친 것이다. 하지만 구원과 변화의 과정에서는 의지가 아닌, 하나님께 대한 애착이 작동하는 것일 수 있다.

하나님을 사랑하고 사람을 사랑하는 것이 경건한 삶의 가장 큰 두 가지 특징이라는 것을 우리는 안다. 그러나 나는 성경이 말하는 사랑이 '애착'일 수 있다는 것을 그 전에는 고려해 본 적이 없었다. 어떻게 애착 방식으로 사랑할 수 있는지 생각해 본 적은 없었다. 달라스는 영적 성숙의 방법을 바꿔 놓을 신학의 패러다임 전환을 제안한 것이다. 그리스도인들은 신념, 경험, 영적 능력을 통해 인격을 함양한다. 그래서 교회는 사람들이 믿는 바를 변화시키는 데 주력한다. 그러나 교회가 사람들의 애착을 변화시키려고 노력했다는 말은 들어본 적이 없었다. 나는 하나님을 사랑하고, 사람을 사랑해야 한다는 것을 알았지만, 그리스도인이 어떻게 하나님과의 애착 사랑을 기를 수 있는지에 대해서는 알지 못했다.

나는 하나님이 나를 진심으로 사랑하신다는 사실을 어떻게 배웠는지 생각해 보았다. 하나님이 예수님으로 하여금 우리를 위해 큰 고통을 당하게 하신 것을 묵상했다. 나를 향한 하나님의 크고 깊은 사랑이 마음에 다가오긴 했지만, 그러면서도 하나님과 가까워지지는 않았다. 십자가에 대해 생각한다고 해서 하나님을 향한 나의 애착이 커지지 않았다.

나는 다른 그리스도인들과 더 가까워지지도 않았다. 여전히 옛 친구들이 좋았다. 그런데 이 친구들과의 애착은 인격 형성에 도움이 되기는커녕 그리스도의 형상에서 멀어지게 만들 때가 더 많았다. 나의 삶은 내 믿음이 아닌 친구들을 닮아갔다. 예를 들어, 나는 원수를 사랑해야 한다고 믿었지만 친구들은 원수를 사랑하지 않았다. 원수에 대한 애착 사랑을 어떻게 길러야 할 것인가?

만일 애착 사랑을 기르는 것을 영적 성숙과 정서적 성숙의 열쇠로 삼는다면 신경과학과 신학이 멋진 조화를 이루게 될 것이다. 만일 영성 훈련이나 관계 훈련에서 믿음이나 선택의 문제에 덜 주력하고 하나님과 사람과의 애착 사랑에 더 주의를 기울인다고 해 보자. 그러면 우리가 갈구하는 인격의 변화가 일어날 것인가? 뇌가 애착 사랑을 필요로 한다는 점은 많은 그리스도인이 부지런히 영성 훈련을 해도 때로 성과가 없다는 점을 설명해 줄 수 있다. 애착에 초점을 두면 인격, 교제, 영성 훈련에 관한 많은 것을 이해하는 데 도움이 된다.

나는 하나님과의 관계에 애착 사랑이 더 필요하다는 결론에 도달했다. 내가 사람들과 더 잘 관계하려면 하나님의 인격이 내게 더 있어야 했다. 어떻게 그렇게 할 수 있을까? 솔직히 나는 내 부족한 인격이 드러날 때 교인들이 내게 헤세드 사랑을 보여 줄 것이라고 기대하지 않았다. 내 머릿 속에서 일어나는 일들을 솔직히 보여 줄 수 있을 만큼 다른 그리스도인과 나의 애착이 강하지 않았다. 그래서 나는 교회에서 늘 전형적인 그리스도인의 외양을 유지했다. 하나님과 사람들과의 애착이 강하지 않으면 그리스도의 인격을 따르기 어렵다. 이 책에서는 교회에서 그동안 사용해 온 변화의 방법과 뇌 과학을 접목시켜 보고자 한다.

달라스는 소천했지만, 헤세드로 구원을 해석하는 것을 계속하도록 당부했다. 그는 구원을 받았다면 자연스럽게 예수님의 인격을 드러내는 제자가 '되어야 한다고' 했다. 그런데 실제로 우리가 일상생활 속에서 보는 구원은 그렇지 않다. 달라스는 애착 사랑이야말로 그 문제에 대한 답이 될 수 있다고 봤다.

이 책은 하트앤드소울 콘퍼런스에서 비롯됐으며 달라스도 그 콘퍼런스에서 강연자로 참석했다. 그의 첫 강의는 영적 성숙과 정서적 성숙의 관계에 대한 것이었다. 다음 장에서 그것을 살펴보자.

2.

온전한 영성

달라스 윌라드

나도 예수님처럼 될 수 있을까

나는 하트앤드소울 콘퍼런스에서 달라스를 소개했다. 머리가 희끗희끗한 크리스천 석학들도 자리하고 있었고, 영성 분야와 뇌 과학 분야의 리더들이 함께 있었다. 역사적으로 심리학과 기독교는 항상 조화를 이룬 것이 아니었다. 나는 인간 정체성에 관한 신경과학 분야의 발견에 관심이 많았다. 훌륭한 사고와 착실한 영성 훈련의 효과가 때로는 그토록 더딘 이유에 관한 실마리를 찾고 싶었기 때문이다. 그와 동시에, 영적 활동이 관계를 통한 인격의 변화를 촉진시켜 더욱 그리스도를 닮게 만든다는 것을 확인하고 싶었다.

제인은 맨 앞줄의 달라스 옆에 앉아 있었다. 그녀는 달라스의 건강에 대해 우려하고 있었지만 겉으로 드러내지는 않았다. 그 두 사람은 이 콘퍼런스의 목적을 잘 보여 주는 커플이었다. 달라스는 철학자이자 신학자로서 영성과 제자 훈련을 위한 실용적인 방법을 추구했다. 제인은 상담사로서 상처와 트라우마를 입은 사람들, 기독교의 고전적인 방법이 통하지 않는 사람들을 위한 영적 해법을 찾으려 했다. 나는 단상에서 그들에게 미소를 보내고 나서 제인이 마음과 혼을 연결시키는 법을 가르쳐 주었던 이야기를 했다. 그것을 간단하게 줄여서 말해 보겠다.

> 나는 열아홉 살 때 삶의 모든 일을 하나님과 대화하기 시작했고, 구세군 여름 캠프에서 상담사로 일하게 되었다. 어느 날 오후에 심한 폭풍이 몰아쳐서 한 건물 안으로 대피하게 되었다. 처음에는 거기에 나 혼자 있는 줄 알았는데 자세히 보니 한 사람이 바닥

에 누워 웅크리고 있었다. 놀라서 달려가 보니 다른 여성 상담사였다. 그녀는 숨을 쉬고 있었지만 반응이 전혀 없었다. 그 순간 나는 "예수님, 도와주세요!"라고 외쳤다.

그러자 그녀가 눈을 번쩍 뜨더니 어떻게 된 거냐고 물었다. 나는 내가 본 대로 얘기해 주었다. 그녀가 자신에 대해 설명했다. "제가 아기일 때 창밖의 나무가 번개에 맞는 일이 있었는데 그 후로 지금과 같이 되어요. 폭풍이나 번개를 만나면 웅크리고 아무런 반응도 없대요. 아기 때 그랬던 것처럼 말이죠. 그런데 지금 당신은 어떻게 하신 건가요?"

"내가 '예수님, 도와주세요!'라고 했더니 당신이 눈을 뜨고 일어섰어요. 그러면 지금까지 비바람을 직접 본 적이 한 번도 없는 건가요?" 그녀가 고개를 저으며 말했다. "없어요."

"이건 내 일생에서 제일 큰 태풍이에요. 어서 가서 보세요."

여름 방학이 끝난 후 나는 전공을 생물학에서 심리학과 종교학으로 변경했다. 그러면서 왜 그 여성이 태아처럼 웅크린 자세를 취했는지 배우게 되었다. 그러나 "예수님, 도와주세요!"가 왜 효과가 있었는지에 대한 설명은 수업 시간에 듣지 못했다. 나는 심리학 박사와 신학 석사 코스를 밟았지만, 여전히 그에 대한 답은 찾지 못했다.

그러던 어느 날 셰퍼드하우스(Shepherd's House)에서 일할 때였다. 제인이 말했다. "당신이 심리학자인데 이런 얘기를 해도 될지 모르겠지만, 우리 상담실에서는 상담 중에 예수님을 초청해서 놀라운 치유가 일어나는 일을 자주 보아요." 바로 그것이 내가 오랫동안 찾던 것이었다!

콘퍼런스 개회식 때, 15분 동안 달라스를 소개하였다. 덕분에 제인이 예수님께 애착을 갖도록 사람들을 이끌어 준다는 점을 소개할 시간이 부족했다. 또 다음과 같은 비화도 있었지만 소개할 시간이 없었다. 남성에게 학대를 당한 여성들은 남성인 예수님께 애착을 갖지 못한다. 그러나 제인이 예수님의 역할을 대신했을 때는 그녀에게 애착을 갖게 되고, 치유가 일어나기 시작하여 마침내 예수님께 애착하게 되었다. 제인의 경험은 어떻게 사람들과 애착하고 예수님과 애착할지에 대해 시사하는 바가 크다. 그것에 대하여 이 책에서 다룰 것이다.[1]

나는 달라스의 책 《하나님의 음성》(*Hearing God*)에 대해 얘기했다. 그 책에서 달라스는 하나님과의 소통, 그리고 그것을 돕는 영성 훈련을 말한다. 콘퍼런스에서 우리는 달라스에게 질문했다. 트라우마가 치료되고 생활 속에서 영성 훈련까지 하지만 정서적으로 미성숙한 사람들은 왜 그런 것일까? 영적 성숙과 정서적 성숙의 관계는 무엇인가?

달라스는 일어서서 설교대에 몸을 기댔다. 그의 뒤로 거대한 십자가와 반짝거리는 오르간 파이프가 빛났다. 그는 어떻게 사람이 예수님처럼 되느냐는 주제로 곧장 이야기를 시작했다.[2] 그것은 다음과 같다.

하나님은 성경을 통해 우리가 속한 문명에 대한 그림을 제시하셨다. 즉 성경은 어떻게 살아야 하는가에 관한 지침이다. 그 지침은 실생활에서 경험할 수 있다. 만약에 우리가 잠자기 전에 "예수님, 도와주세요!"라고 외친다면, 다음날 예수님이 정말로 도와주신 것을 경험할 정도로 성경은 권위기 있다.

성경에서 "천국이 가까이 왔느니라"(마 4:17)라는 구절로 살펴 볼 수 있다. 예를 들어, 짐(Jim)이 웅크려 있는 아가씨를 발견하고 도우려고 "예수님, 도와주세요!"라고 했다. 흥미롭게도, 대개 달리 취할 방법이 없을 때 이렇게 부르짖는 것이 더 효과가 크다. 만일, 짐이 그 아가씨를 어떻게 도울지에 관해 자신의 생각이 있었다면 "예수님, 도와주세요!"라고 하지 않았을 것이다.

성경의 한 구절을 가지고 시험해 보자. "너희 가난한 자는 복이 있나니"(눅 6:20)라는 말씀을 보자. 가난해서 복 받은 사람을 본 적이 있는가? 가난해서 복 받은 사람을 아는가? 이 구절을 이해하려면, 축복이 뭔지 제대로 알아야 한다. 그러면 축복을 더 깊이 이해하게 되고 다른 사람에게도 알려 줄 수 있을 것이다.

당신이 성경을 시험해 보려고 한다면 많은 사람들이 하지 말라고 할 것이다. 아마도 그들은 성경의 진리가 경험으로 검증될 수 있다고 믿지 않을 것이다. 만일 그들이 믿는다면, 그들의 삶은 급격히 변화될 것이다. 성경이 하나님을 실제로 경험해서 기록한 것이라는 점을 이해한다면, 성경을 어떻게 살아야 할 것인가에 관한 주된 지침으로 삼게 될 것이다. 이 점을 이해하려면 성경을 다른 모든 책이나 조언과 비교해 봐야 한다.

예를 들어, 《시크릿》(*The Secret*)이라는 책이 있다. 그 책을 쓴 호주 여성은 부자가 되었다. 최소한 그녀 한 명은 확실히 비밀을 찾아낸 것이다. 그러나 만일 《시크릿》이 정말 효과가 있다면, 지금 세상은 부자들로 가득해야 한다. 그러므로 《시크릿》이 믿을만한 지침인지 시험해 보면 한참 부족하다는 사실을 발견할 수 있다.

성경이든, 《시크릿》이든, 다른 무엇이든 그게 정말인지 시험해 보지 않고 무조건 맹신하지 않도록 주의하라. 여기 등장하는 성경의 가르침에 대해 "이건 바울이 말했으니까, 혹은 예수님이 말씀하셨으니까, 모세가 말했으니까 권위가 있어"라고 하지 말고 "이것을 시험해 보자"라고 생각해 보자.

성경은 실제 인간의 상황 속에서 어떻게 살아야 할지의 문제를 다룬다. 이 점을 시험하려면 심리학, 뇌 과학, 진화론 등 대안이 될 만한 모든 것을 살펴보아야 한다. 그 각각을 성경과 비교해서 대안이 될 수 있는지 확인해 보아야 한다.

요한복음에서 예수님이 받아들이기 힘든 가르침들을 펼치자 사람들이 썰물처럼 떠나갔다. 그러자 예수님이 가장 가까운 제자들과 친구들에게 물으셨다. "너희도 떠나겠느냐?" 베드로의 대답은 우리가 늘 던져야 할 가장 중요한 질문이다. "우리가 누구에게로 가야

합니까?"(요 6:67-68 참고) 예수님이나 바울의 가르침을 정말로 이해하려면 여러 대안이 될만한 것들과 비교해 보아야 한다. 성경에 대해서도 그렇게 해 보라. 성경을 인용하거나 성경을 근거로 가르칠 때 확인해 보길 바란다.

네 가지 큰 개념부터 살펴보겠다. 첫째, 우리가 다룰 질문은 "영적 성숙은 무엇인가? 정서적 성숙은 무엇인가? 그 두 가지가 어떻게 관련되는가?"이다. 정서의 '기능'에 대해 알아볼 것이다. 감정, 정서, 욕구에 대한 논의다. 정서적으로 미성숙한 사람은 감정, 정서, 욕구에 의해 지배된다.

또한 '정서적 성숙'을 '영적 성숙'과 대조해 보고자 한다. 영적으로 성숙한 사람이 어떻게 행동하고, 반대로, 영적으로 미성숙한 사람이 어떻게 행동하는지 살펴보려 한다.

둘째, 인간의 여러 측면에 대해 살펴보자. 먼저 성숙과 미성숙의 개념을 보자.

- 의지(매우 중요하다)
- 정신: 생각과 감정을 포함한다.
- 몸: 하나님이 우리가 잘 살도록 몸에 에너지를 불어넣어 주셨다.
- 사회적 연결(필수적이다)
- 영혼

이 요소들이 항상 제대로 기능하는 것은 아니다. 이 요소들이 무엇이고 어떻게 기능하는지 혹은 기능하지 않는지, 어떤 역기능을 하는지 혹은 해야 할 것을 하지 않는지 알면, 어떻게 사람이 몸은 어른이지만 정서적 혹은 영적으로는 아기일 수 있는지 알 수 있다. 솔직히 세상 사람들의 대부분은 정서적 유아지만, 스스로 그것을 잘 깨닫지 못한다.

신학적으로 볼 때 근본적 미성숙은 죄의 결과다. 그건 매우 심각한 문제다. 만일 당신이 죄에 대해 말하기 싫어한다면, 그것은 농부가 잡초나 해충에 대해 말하기 싫어하는 것과 같다. 그러면 해충이 늘어나고 잡초가 무성해질 것이다. 그러므로 우리는 죄에 대해 말해야 한다. 왜냐하면 죄는 의지가 전인(혹은 우리의 존재 전체)을 왜곡시키는 것이기 때문이다.

셋째, 구원 및 복음에 대한 우리의 관점을 다룬다. 그 관점 때문에 교회는 영적 성숙의 문제를 다루지 못했다. 교회의 리더가 정서적으로 유아 상태일 때 교인들은 항상 긴장 상태다. 교회가 인격의 문제를 다루지 않고 영적·정서적 미성숙을 당연한 것처럼 여기는 경우가 종종 있다.

영적·정서적 성숙을 위해 부르짖은 사람들이 역사 속에 존재한다. 우리는 이 문제를 해결해야 하고, 복음과 구원에 이 문제가 중요하지 않다고 하는 견해를 극복해야 한다.

일찍이 성숙의 중요성을 설파한 선각자들이 있었다. 그들은 두려움을 극복해야 한다고 했다. 인간은 두려움이라는 동기로 움직일 때가 많다. 성경에는 "두려워 말라"라는 구절이 자주 등장한다. 왜냐하면 우리는 하나님이나 천사를 만나는 것 같은 좋은 일에도 "아이고, 무서워!"라는 반응을 먼저 보이는 존재이기 때문이다. 우리는 그렇게 두려움에 기초해 살아간다. 이 사실을 직시해야 한다.

일반적으로 교회는 영적·정서적 성숙에만 초점을 두지는 않는다. 그런데 놀라운 점은 성숙에 초점을 맞추면 성숙이 일어난다는 것이다. 이건 뭐 대단한 일도 아니다. 마법이 아니다. 우리가 충분히 이해할 수 있고, 실천할 수 있으며, 다른 사람들에게 전해 줄 수 있는 일이다.

그러나 이는 기계적으로 되지 않으며 자기 노력으로 되지 않는다. 하나님 나라의 모든 일은 성령이 개입하셔야만 한다. 그렇다고 해서 우리가 성령을 무작정 기다리고만 있어야 하는 것이 아니다. 성령이 이미 우리 안에 계신다. (기독교 신학을 보면, 특히 미국의 경우에, 갑자기 성령이 우리에게 임하셔서 우리를 그리스도의 화신으로 만들어 주실 것이라 생각하는 것 같다.) 사실은 우리가 그리스도의 형상을 닮고자 할 때 성령님의 역사가 시작된다. 우리의 역할은 배우고, 주의하여 모든 일에 최선을 다하는 것이다.

영적·정서적 성숙은 사람들이 그리스도를 닮게 하는 것 뿐 아니라, 사람들을 건강하게 한다. 건강이란 인간이 온전히 기능하는 상태이고 우리의 모든 요소(의지, 마음, 몸, 사회적 연결, 혼)가 정렬되어 "그리스도를 따르게" 되는 것이다. 바울은 고린도전서 11장 1절에서 "내가 그리스도를 따르듯이 너희도 나를 따르라"(고전 11:1 참고)라고 했다. 이처럼 아주 간단하다.

그런데 혹시 이렇게 생각하는가? '당신이 그리스도를 따르듯이 우리더러 당신을 따르라고요? 윌라드, 어떻게 감히 그런 말을 해요?' 여기서 짚고 넘어가야 할 것이 있다. "내가 그리스도를 따르듯이"가 조건이다. 솔직히, 나는 나 자신을 숨기지 않고, 사람들이 나의 틀린 부분을 찾아서 바로잡아 주는 것을 좋아한다. 그것이야말로 그리스도와 동행하며 성장하는 방법이기 때문이다. 영적·정서적 성숙을 이루는 구원과 복음에 대해 살펴볼 것이다.

넷째, 영적·정서적 성숙의 수단을 살펴볼 것이다. 영적·정서적 성숙에 대한 큰 그림을 그려보기 바란다. 그것을 살펴보기 위해, 어느 불편한 감옥으로 가 보자. 그곳에서 바울은 빌립보 교인들에게 어떻게 살지 조언한다. "주 안에서 항상 기뻐하라. 내가 다시 말하노니 기뻐하라"(빌 4:4 참고). 이것이 영적·정서적으로 성숙한 사람의 특징이다.

"너희 관용을 모든 사람에게 알게 하라. 주께서 가까우시니라. 아무것도 염려하지 말고"(빌 4:5-7). 모든 사람은 두려움과 싸운다. 그러나 그리스인은 "주께서 가까우시니라"라는 확신이 있다. 주께서 가까이 계시므로 평안할 수 있다. 아무것도 염려하지 않을 수 있는 근거가 이어진다. "다만 모든 일에 기도와 간구로, 너희 구할 것을 감사함으로 하나님께 아뢰라"(빌 4:6).

바울은 영적·정서적 성숙에 대해 말한다. "모든 지각에 뛰어난 하나님의 평강이 그리스도 예수 안에서 너희 마음과 생각을 지키시리라"(빌 4:7). 성숙의 궁극적 기반은 예수 그리스도와 그분의 나라와 영적으로 연결되는 것이며, 하나님 나라는 당신이 있는 바로 그 자리에 있다. "주께서 가까우시니라."

흥미롭게도, 예수님이 복음을 선포하실 때도 같은 헬라어 단어가 등장한다. "회개하라 천국이 가까이 왔느니라"(마 4:17). 천국이 앞으로 올 것이라는 의미가 아니라, 이미 왔다는 뜻이다. 그러므로 영적·정서적 성숙의 열쇠는 예수님의 임재 연습이다.

하나님의 임재 안에서는 죄를 짓고 살 수 없다. 어떤 사람들은 말할 것이다. "죄를 짓지 않는다면 내 삶이 매우 지루할 거예요. 만일 죄를 짓지 않으면, 뭐로 시간을 때워야 해요?" 그것에 대해 바울이 이렇게 말한다.

> 무엇에든지 참되며 무엇에든지 경건하며 무엇에든지 옳으며 무엇에든지 정결하며 무엇에든지 사랑 받을 만하며 무엇에든지 칭찬받을 만하며 무슨 덕이 있든지 무슨 기림이 있든지 이것들을 생각하라(빌 4:8)

이것은 영적·정서적으로 성숙한 사람의 삶이다. 이 모든 좋은 것들을 누리려면 인생에서 하나님의 자리를 차지하려 하지 말고 영적·정서적 유아기에서 벗어나 성숙을 이루어야 한다. 그러면 주변의 모든 좋은 것들을 받아들이고 그 안에 거할 수 있다.

정서적으로 성숙한 사람은 메마르고 각박한 사람이 아니라, 모든 좋은 것에 다가가고 그것들을 받아들이고 발전시키는 사람이다. 좋은 것을 나열하자면 끝이 없다. 아주 간단한 아름다움부터 생각해 보자. 아름다운 장미꽃을 보면서 불만이 가득하기는 어렵다. 영적·정서적으로 성숙한 사람은 삶에 가득한 좋은 것에 눈길을 돌린다. 영적으로 성숙하면 하나님의 놀라운 세상에 눈을 뜨고 거기 가득한 좋은 것들을 음미할 시간도 부족하다.

교회에서는 흔히 그것을 거룩, 성화라고 부른다. 그런데 많은 사람들이 거룩과 성화를 매우 좁은 관점으로 본다. 왜냐하면 하나님의 충만한 임재와 모든 선한 것을 경험하지 못했기 때문이다. 그래서 흔히 그런 것을 거룩함이라고 생각하지 않는다. 그 생각을 고친다면 훨씬 더 많은 것을 누릴 수 있다. 바울을 통해 영적·정서적으로 성숙한 사람이 된다는 것에 대해 그려볼 수 있다.

정서적으로 미성숙한 상태에 머무는 대부분의 사람들은 여러 나쁜 것에 집착한다. 그래서 남에게 감추어야 할 비밀이 생긴다. 그러나 건강한 사람들, 영적·정서적으로 성숙한 사람들, 예수님을 따르는 사람들은 그렇게 살지 않는다. 바울은 빌립보서 4장 9절에서 말한다. "너희는 내게 배우고 받고 듣고 본 바를 행하라 그리하면 평강의 하나님이 너희와 함께 계시리라."

영적·정서적으로 성숙한 사람의 모습을 살펴보자. 심지어 바울은 로마의 비참한 감옥에서도 이렇게 썼다. "어떠한 형편에든지 나는 자족하기를 배웠노니"(빌 4:11). 이것이 가능한 일인가? 바울은 '감옥 안에서' 풍성한 삶을 살았다. 그것이 성경이 제시하는 삶의 지침이고, 바울은 그것을 경험으로 확인했다. 그 삶이 우리에게도 가능하다. 하나님 나라를 바라보고, 예수님을 믿고, 그런 삶을 생생히 경험으로 배우면 된다.

성경에는 이런 부분이 여럿 있다.[3] 그런데 흔히 우리는 그것을 경험해 보려 하지 않고, 실현할 수 없는 이상으로 치부한다. 그러니 고린도전서 13장을 읽으면 자괴감이 드는 것도 당연하다. "사랑은 오래 참고 사랑은 온유하며"를 읽으면서 그렇지 못한 자신에게 좌절하고 낙심할 때가 많다. 그러나 그 본문은 "내가 이 모든 것을 다 잘 한다"고 하는 것이 아니라 사랑이 그렇게 한다고 말한다. 그러므로 고린도전서 13장은 '사랑을 받아들이고 나서 시간이 흐를수록 고린도전서 13장에서 말하는 참된 사랑이 당신에게서 흘러나올 것이다'라는 명제다.

우리는 그 원리를 배워야 한다. 먼저 뭘 하려고 할 게 아니라, '그런 사람이 되면' 자연히 하게 된다. 당신이 그렇게 하려고 덤벼들면 아무것도 되지 않는다. 그러나 당신의 모든 면에 사랑을 삶의 원리로 받아들이면, 당신에게서 사랑이 흘러나오는 것을 볼 것이다. 온유하며 시기하지 아니하는 것을 비롯해서 모든 종류의 사랑이 나올 것이다. 사랑을 받아들였기에 사랑할 줄 아는 사람으로 변화될 것이다.

영적·정서적 성숙에 이르는 길

우리는 정서적 성숙과 정서적 미성숙을 어떻게 구별할지 논의해 왔다. 그러나 "정서적 성숙"이라는 말로는 좀 부족한 감이 있다. 정서는 퍼즐의 한 부분에 불과하기 때문이다. 우리의 관심 영역은 인간의 본질 전체이다. 즉 우리의 감정, 욕망, 정서가 본질을 이룬다. 이 3가지는 서로 다르므로 따로 고려해야 한다.

감정은 인간 행동의 많은 부분을 결정한다. 우리는 감정과 거리를 두고 객관적으로 다루기가 어렵다. 한편, 감정은 특별한 취급을 받기도 한다. 사회는 감정을 찬양한다. 심지어 이런 유명한 노래도 있다.

> 사랑의 감정 오로지 그 감정밖에 없습니다....
>
> 필링즈, 오 필링즈[4]

이 노래에 따르면 감정은 인간 삶의 중심을 차지한다. 실제로 그렇기도 하다. 예를 들어, 폭동에는 격앙된 감정이 나타난다. 카이로 광장에서 폭도들의 집단 행동이 나타난다(2천 년대 들어서 이집트 카이로의 타흐리르 광장에서 그런 일이 많이 발생했다-역주). 하지만 평범한 회의장에서도 폭력적인 상황이 벌어지곤 한다.

감정은 맹목적이다. 우리는 종종 감정의 이유를 모를 때가 많다. 물론 나는 하나님이 우리에게 감정을 주셨다고 믿는다. 감정이 나쁘다고 생각하지 않는다. 다만, 감정대로 살려고 하면 죽은 사람이나 다름없다. 감정대로만 살아서는 안 된다.

욕망도 마찬가지다. 욕망은 특정한 대상에 초점을 맞춘다. 욕망이란 특정한 것을 원하는 마음이다. 배고프면 음식을 원하고, 졸리면 쉬고 싶어진다. 욕망의 특징은 다른 것에 신경 쓰지 않는다는 것이다. 욕망은 본질적으로 충돌을 빚는다. 야고보서 4장에서 "다툼이 어디로부터 나느냐"(약 4:1)라고 묻는다. 그리고 욕망(정욕)에서 나온다고 말한다. 욕망은 무엇이 선한가에 신경 쓰지 않고 그저 "나는 이것을 원해"라고 말할 뿐이다.

우리 문화에서 잘 놓치는 것은 욕망과 의지의 차이다. 의지(will)의 원래 역할은 욕망을 조정하는 것이다. 그래서 의지라는 단어는 '신중'이라는 단어를 연상시킨다. 신중(deliberation)이라는 단어의 영어 구조를 생각해 보라. de-liberation은 의지가 자유를 준다는 점을 보여 준다. 의지는 우리에게 선택의 자유를 준다. 그러나 욕망은 다른 것을 선택하려 하지 않는다. 오직 특정한 것에만 집중한다. 특정한 대상에 초점을 맞추고 "나는 이것을 원해"라고 한다.

어린이는 욕망에 지배된다. 그래서 부모는 시시때때로 "아니, 그걸 원하면 안 돼"라고 말해 줘야 하다. 그러나 아이는 "아니야, 나는 가질 거야"라고 한다. 그때 때로는 부모가 아이에게 져 주고 아이가 원하는 걸 갖게 해서 그것이 자신이 정말로 원한 게 아니었음을 깨닫게 해 줘야 한다. 우리는 그렇게 아이의 의지를 훈련시킨다. 어떻게 심사숙고할 것인지 가르쳐 주어야 한다. 의지는 의식적인 선택을 내릴 수 있도록 주어진 것이다.

의지의 지배를 받지 않고 욕망만 날뛰면 삶을 망친다. 사회의 공인이나 교단, 교회의 리더가 욕망을 품어 키우면서 심사숙고하지 않을 때, 자신과 공동체의 삶을 망치는 일이 일어난다. 욕망은 우리에게 이롭지 않다.

그러나 학생들은 욕망이 좋은 것이라고 믿는다. 욕망에 지배되면 인생을 망친다는 사실을 깨우칠 수 있는 질문이 있다. "내일 시험을 봐야 하는데, 오늘 시험 공부를 하겠습니까, 아니면 친구와 영화관에 가겠습니까?" 원하는 것을 하고 욕망에 지배되면 문제가 생긴다는 것을 곧 깨닫는다. 처음부터 윤리학의 존재의 목적은 원하는 것을 하지 않고 원하지 않는 것을 할 이유를 인간에게 제시하기 위함이다. 어느 분야에서든 어느 정도 성공한 사람은 원하는 것을 하지 않고 원하지 않는 것을 할 줄 아는 사람이다.

이것에 공감하는가? 원하지 않는 것을 하는 것이 정서적 성숙의 열쇠다. 사랑, 미움, 수치심 같은 정서는 중립적인 힘이다. 정서는 당신의 정체성과 인격의 깊은 뿌리다. 하지만 정서도 충돌을 일으킨다. 그리고 정서에 지배되어 살면 삶을 망친다.

물론 정서는 좋은 것이고, 정서는 있어야만 한다. 정서적 풍요가 정서적 성숙의 열쇠다. 그러나 정서, 혹은 욕망과 감정의 노리개가 되지 않도록 조심해야 한다. 만일 그렇게 된다면 삶을 망칠 것이다. 뿐만 아니라 주변 사람들도 불행해진다. 함께 사는 가족이 정서적 유아 상태에 있으면 좋지 않다. 선한 것을 추구하기 위해 정서, 감정, 욕망을 다스릴 줄 알아야 한다.

정서, 욕망, 감정은 '육신'(flesh)의 모습들이다. 성경에서 육신은 인간의 자연적 힘이다. 육신은 나쁜 것이 아니다. 그러나 육신에 삶이 지배를 당해서는 안 된다. 육신이 삶을 지배하게 허용하면 갈라디아서 5장에 기록된 무시무시한 육신의 일이 일어난다.

> 육체의 일은 분명하니 곧 음행과 더러운 것과 호색과 우상 숭배와 주술과 원수 맺는 것과 분쟁과 시기와 분냄과 당 짓는 것과 분열함과 이단과 투기와 술 취함과 방탕함과 또 그와 같은 것들이라 전에 너희에게 경계한 것 같이 경계하노니 이런 일을 하는 자들은 하나님 나라를 유업으로 받지 못할 것이요(갈 5:19-21).

이는 보고 싶지 않은 일들이다. 하지만 이런 일이 인간의 일상생활 속에 일어난다고 바울은 경고한다. 바울은 인간의 자연적 능력을 방치하면 벌어지는 일을 설명해 준다. 그렇게 하는 사람은 하나님 나라를 유업으로 받지 못한다. 즉 하나님 나라와 소통하지 못하고, 하나님 나라 안에서 살지 못한다고 말한다. 하나님 나라 안에 살지 못하는 사람은 정서, 욕망, 감정에 지배되는 삶 외에 대안이 없다.

물론 바울은 곧이어 사랑, 희락, 화평 등 성령의 열매에 관해서도 말한다. 이때 성령의 열매는 영적·정서적으로 성숙한 사람의 특징이다. 정서적 성숙은 감정, 욕망, 정서가 선하고 옳은 것에 통제되는 것이다. 의지는 무엇이 선한지를 심사숙고하여 자연적 성향을 향해 "아니야, 그건 선하지 않아"라고 말한다. 선한 것을 위해 사는 것이 정서적으로 성숙한 사람의 특징이다.

그것을 절제(self-control)라고 부른다. 그것은 자아가 넓은 시야를 가져서 자신이 원하는 것만이 아니라 선한 것을 보는 것이다. 정서적으로 성숙하다는 것은 선한 것을 위해 자신이 원하는 것을 통제할 수 있는 힘이다.

세상의 학문은 이 문제를 해결하지 못했다. 그래서 오늘날 우리 문화 속에는 무엇이 선하고 옳으냐에 대한 혼란이 크다. 그것을 놓고 정치적 대결이 일어난다.

우리는 대법원이 판결을 내려 주기를 기다릴 때가 많다. 사실 대법원의 결정은 선하고 옳다는 것에 대한 진술이 아니라 정치적 판단일 뿐이다. 요즘은 교회에도 아주 간단한 선과 의조차 선하고 의롭다고 말하기가 어렵다. 도둑질하지 말라, 거짓말하지 말라고 하면 으레 "정말로요? 글쎄요, 어쩌면 … "이라고 이견이 일어난다.

우리는 선에 대한 확신을 잃었다. 2백 년이 좀 넘는 세월 동안 세상은 선을 따라 정서를 다스리지 못하게 되었다. 무엇이 선한지에 관한 확신을 잃었기 때문이다. 그러나 정서적으로 성숙한 사람은 선한 것으로 자신이 "원하는 것"을 다스린다. 영적으로 성숙한 사람은 하나님 나라 곧 하나님 통치 아래에 살면서 선한 것을 선택한다. 그들은 하나님 나라 안에 선한 것을 성취하고 선한 것을 위해 목숨을 건다. 그들은 늘 하나님과 그분의 역사를 바라보고 기대하는 지식과 습관을 기른다. 그것을 통해 자신과 세상에 대한 방향을 찾고 힘을 얻는다. 예를 들어, 영적으로 성숙한 사람은 잘못된 행동을 보면 "어쩌다가 저렇게 했을까? 저주하지 말고 축복해 주자"라고 말한다. 항상 하나님의 세계와 하나님의 임재에 집중하면 그렇게 된다.

주기도문이야말로 영적으로 성숙한 사람이 하는 말이다. 주기도문은 "하늘에 계신 우리 아버지"로 시작하는데, 성경에서 그 의미는 "늘 가까이 계신 우리 아버지"다. 우리 아버지가 늘 우리 가까이에 계신다.

"이름이 거룩히 여김을 받으시오며." 이는 하나님의 선하심을 인정하는 것이다. '거룩히 여기다'는 '높게 생각하다, 소중히 여기다'라는 의미다. 하나님은 가까이 계시고 선하시다. 그것이 우리의 출발점이다.

"나라가 임하시오며"는 마지막 때를 말하는 것이 아니다. 이것은 현재(지금)을 위한 기도다. 내가 있는 곳에 "나라가 임하소서" "뜻이 하늘에서 이루어진 것 같이 (내가 있는 이) 땅에서도 이루어지이다"라는 의미다. 하나님 뜻이 내 삶에, 내가 지금 어디서 무엇을 하든, 완벽히 이루어지기를 기도해야 한다. 하나님 나라가 내 삶 속에 임하기를 기도해야 한다.

"오늘 우리에게 일용할 양식을 주시옵고 우리가 우리에게 죄 지은 자를 사하여 준 것 같이 우리 죄를 사하여 주시옵고." 이는 기본적인 공급하심과 잘못에 대한 용서를 받으려는 우리의 욕구를 인정하는 기도다. 이 욕구는 의지의 과정을 거친 욕구다. 다시 말해, 이는 단순히 용서를 바라는 것이 아니라 용서의 삶을 살기로 결단한 것이다.

"우리를 시험에 들게 하지 마시옵고 다만 악에서 구하시옵소서." 주기도문은 하나님이 모든 삶의 문제보다 우리에게 더 가까이 계심을 인정하면서 시작된다. 그렇게 가까이 계신 하나님은 선하시고 모든 나쁜 것에서 우리를 구해 주실 능력이 있으시다.

주기도문은 예수님이 영적·정서적으로 성숙하심을 보여 주는 기도다. 이런 종류의 기도는 영적·정서적으로으로 성숙할 때 가능하다. 그래서 이런 기도를 드리면 성숙의 길에 오를 수 있다.

하나님 나라에 대해 잠시 살펴보고 싶다. 하나님 나라를 잘못 제시하는 경우가 더러 있기 때문이다. 하나님 나라를 잘 모르면 영적·정서적 성숙에 이를 수 없다.

하나님 나라에 살기

하나님 나라에서 사는 것만이 두려움 없는 삶을 가능하게 한다. 하나님 나라는 하나님의 역사(役事) 즉 하나님이 일하시는 곳이다. 하나님 나라는 하나님이 통치하셔서 하나님이 원하시는 것이 이루어지는 장소다. 다시 말해 하나님 뜻이 실현되는 영역이다.

표현은 다르지만 모두 같은 의미다. 하나님 나라는 하나님이 역사하시는 곳이며, 하나님은 다양한 방식으로 역사하신다. 자연이 좋은 이유는 하나님이 자연 속에 역사하시기 때문이다. 사람들은 자연 속에 있으면 몸과 마음이 새로워지는 경험을 한다. 그러나 그 이유는 알지 못한다. 그것은 자연 속에서 역사하시는 하나님 때문이다. 나도 그런 경험을 할 때 자주 놀란다. 사실 산이라는 것은 흙과 돌의 무더기에 불과하다. 그런데 그것을 보고 있으면 나도 모르게 심기일전하게 된다. 이상하지 않은가? 그것은 산이 하나님의 위대하심, 하나님의 위엄을 나타내기 때문이다. 우리가 잘 인식하지 못할지라도 변함이 없다.

하나님 나라는 정치적인 곳이나 사회적인 곳이 아니다. 교회도 아니다. 오랜 세월 동안 사람들은 교회가 하나님 나라라고 생각했다. 그러나 가만히 교회를 보노 있으면 하나님이 원하시는 뜻이 이루어지는 곳이 아님을 알 수 있다. 기껏해야 교회는 병원과 같다. 병든 사람들이 교회를 통해 도움을 받아 건강해져서 세상으로 파송되기 때문이다. 그러므로 교회가 하나님 나라는 아니다. 그것을 숙지하는 것이 중요하다. 그렇다고 해서 교회를 무시하는 것이 아니다. 다만 사실을 올바로 알아야 한다. 하나님 나라는 교회와 다르다. 예수님이 천국 혹은 하나님 나라가 가까이 왔다고 하셨을 때, 교회가 가까이 왔다고 하신 것이 아니다.

하나님 나라는 영원한 형이상학적 현실이다. 하나님과 그 통치는 영혼의 본향이다. 그래서 우리는 하나님 나라 안에 살고 하나님 나라를 본향이라고 불러야 한다. 그것은 무슨 의미인가? 하나님 뜻이 실현되는 영역에 살라는 것이다.

이것을 깨달으면, 온전한 의지와 관련된 예수님의 많은 가르침을 이해하게 된다. 바울이 "아무것도 염려하지 말"라고 했지만, 사실 그것은 바울 이전 예수님의 가르침이다. 공급에 대해 걱정하지 말라고 바울이 선포했지만, 그에 앞서 예수님은 꽃이나 새 같은 것을 가리키며 우리가 하나님 나라 안에 있으면 안전하다고 안심시키셨다.

어려운 일이 닥치면 이 진리를 망각하기 쉽기 때문에 마음에 깊이 새기는 것이 정말 중요하다. 또한 바울의 다음 말을 늘 기억해야 한다. “하나님을 사랑하고 하나님이 하고 계신 일 안으로 인도와 부름을 받은 자에게는 모든 것이 합력하여 선을 이룬다”(롬 8:28 참고). 하나님 나라에서는 모든 것이 합력하여 선을 이룬다. 어떻게 그럴 수 있는가? 하나님 나라에 영원한 미래가 있고 그곳에서는 그 자체로는 좋지 않은 것도 속량(贖良 redeem)되기 때문이다. 바울은 모든 것이 좋다고 말하지 않는다. 하나님을 사랑하고 그 뜻대로 부르심을 입은 자들, 하나님의 생명에 참여하는 자들에게는 모든 것이 합력하여 선을 이룬다고 말한다. 하나님이 지금 이 땅에서 우리 삶에 동참하시는 것이 구원이다. 그런 삶 속에서는 우리에게 일어나는 모든 일, 그 자체로는 별로 달갑지 않은 일조차 모두 속량된다. 물론 이런 일은 좋아 보이지 않는다. 좋아 보이지 않는 것을 “좋다”고 하라는 게 아니다. 다만 이 모든 일을 하나님 나라라는 더 큰 배경에서 보라는 것이다.

영적으로 성숙한 사람은 하나님 나라 안에서 사는 법을 안다. 하나님 나라 안에서 살기를 선택한다는 것은 자신이 원하는 것을 포기하게 하는 영적 능력으로 사는 삶이다. 모든 유혹은 “이것을 하지 않으면, 정말 좋은 것을 놓칠 거야”라고 한다. 잘못된 욕망을 품는 것은 “너는 정말로 이것을 가져야 해”라는 사탄의 속삭임에 귀를 기울이는 일이다. 그러나 하나님 나라는 이런 의미다. "아니야, 너에게 모든 것이 항상 풍성하게 공급되고 있어. 설령 지금 네가 원하는 것을 갖지 못하더라도, 네가 진정으로 원하는 것은 네게 유익한 것이고 바로 그것을 얻게 될 거야."

자신을 바라보는 시각도 속량되어야 한다. 당신은 자신을 어떻게 보는가? 자신을 하나님 나라 안에서 사는 자로 보지 않으면, 자신이 원하지만 갖지 못하는 것 때문에 항상 속상할 것이다. 그리고 자신에게 유익하지 못한 것을 가지려는 유혹을 받을 것이다. 그것을 갖지 못하면, 실망하고 상처받고 화가 나서 의욕을 잃고 자신과 주변 사람을 모두 거부할 것이다. 곁에 있는 사람을 사랑하지 못할 것이다. 그리고 자신의 나라를 지키기 위해 애를 쓰느라 늘 두려워할 것이다.

건강한 삶의 원천은 하나님 나라다. 그러한 삶은 하나님이 공급해 주신 것 안에서 자신의 영혼에 맞는 것을 찾을 줄 아는 삶이다. 그러므로 영적으로 성숙한 사람이 되려면, 자신을 다르게 생각해야 한다.

이 말을 당신에게 적용해 보기 바란다. "나는 하나님의 거대한 우주 안에서 영원한 운명을 품고 있는 영원한 영적 존재다." 당신의 입으로 직접 고백해 보기 바란다. 자신을 그렇게 이해하면 영적 성숙이 가능해진다. 당신은 하나님의 거대한 우주 안에서 영원한 운명을 품고 있는 영원한 영적 존재다.

하나님 나라나 자신에 대한 올바른 개념이 없으면, 예수 그리스도의 인격을 닮은 견실한 삶을 영위할 수 없다. 따라서 우리가 말한 정서적 성숙을 이루지 못하게 된다. 그러니 아침저녁으로 거울 앞에 서서 자신에게 말하라. “나는 하나님의 거대한 우주 안에서 영원한 운명을 품고 있는 영원한 영적 존재다.” 이 말을 할 때마다 이렇게 점검해 보라. ‘내가 정말로 그렇게 믿는가?’

교회에서는 이런 말을 별로 하지 않는다. 이런 말은 많은 사람들을 불편하게 만들기 때문이다. 그러나 자신이 누구인지 모르면 인생에 대한 하나님의 목적을 발견하고 안식할 수 없다. 자신을 누구라고 생각하느냐에 영적·정서적 성숙이 달려 있다. 하나님 나라는 하나님과 다른 사람들과 영원히 함께할 미래로 들어가게 해 준다.

요한계시록 22장 5절을 읽고 당신이 앞으로 1천 년 후에 무엇을 할 것인지 생각해 보라. 그에 대한 계획이 있는가? 우리가 잘 부르는 찬송가가 있다. “거기서 우리 영원히 주님의 은혜로 해처럼 밝게 살면서 주 찬양 하리라.” 그러나 나는 천국에 가면 찬양 외에도 할 일이 많을 것이라 생각한다. 하나님 나라에서 장차 무엇을 하고 싶은지 생각해 보기 바란다.

그리스도 안에서 영적으로 성숙한 사람은 내면이 정서, 감정, 욕망의 지배로부터 자유로우며, 타락한 세상의 전통과 습관으로부터도 자유롭다. 우리 대부분은 태어나고 가정에서 살고 그 다음에 친구나 이웃과 살고 학교에 가고 어른이 되면서 자연스럽게 세상의 지배를 받는다. 대부분의 사람은 감정, 정서, 욕망의 압력에 굴복한다. 그것은 다른 설 자리가 없기 때문이다. 그러나 하나님 나라에 당신의 자리가 있다는 것을 알면 “나는 거기에 지배될 필요가 없어”라고 말할 수 있다.

성경에서 말하는 '세상'(the world)의 주된 의미 중 하나는 육신(정서, 감정, 욕망)의 목표를 조직적이고 체계적으로 추구하는 육신의 활동들이 가능한 곳이다. 세상, 육신, 마귀는 모두 오래된 실재다. 요한은 서신서에서 "세상에 있는 모든 것이 육신의 정욕과 안목의 정욕과 이생의 자랑"(요일 2:16)이라고 말했다. 그러나 예수님께 집중하면 생각이 새로워지기 시작한다. 그러면 다른 방식의 삶을 알게 된다.

정욕은 포괄적인 단어 ἐπιθυμία(에피투미아)로, 사람들의 삶을 지배하는 여러 욕망을 뜻한다. 육신의 정욕은 체현되고 사회화된 자아의 자연적 욕망이다. 안목의 정욕은 자신을 좋게 보고 자신이 좋게 보이기를 갈망한다. 인간 삶의 많은 부분이 "나는 어떻게 보는가?"와 "당신은 어떻게 보는가?"로 이루어진다. 예를 들어, 어린이에게 멍청하다거나 못됐다는 식의 부정적인 말을 하면 (혹은 반대로 어린이의 예쁜 외모나 높은 지능을 너무 추켜세워서 어린이가 그것만을 자신의 특징으로 여기게 되면) 어린이의 자아상이나 행동에 지대한 영향을 미치며, 때로는 그 영향이 평생 이어지게 된다. 그러나 하나님 나라에 들어가면 그 영향에서 벗어나서 "아, 이건 육신의 정욕과 안목의 정욕과 이생의 자랑이구나"라고 말할 수 있게 된다. 이생의 자랑은 남을 지배하거나 남에게 지배되게 한다. 그것은 한 사람의 정체성을 다른 사람과의 관계라는 한 측면으로만 축소시키는 일이다. 이생의 자랑이 보통 사람들의 삶에서 얼마나 큰 역할을 하는지 생각해 보라.

그러나 하나님 나라 안에서 예수님과 함께 살면 자신을 남과 비교하며 시기하거나 속상해하지 않게 된다. 예수님께 일치됨으로 생각이 바뀌면, 다른 삶의 방식이 있다는 것을 깨닫게 되기 때문이다. 하나님 나라에 내 자리가 있다는 것을 알기에 남들의 자리에 신경을 쓰지 않게 된다. 그것을 깨달으면, 영적·정서적 성숙으로 한 발 더 나아간다. 더 이상 기분에 따라 살지 않고 하나님 나라를 향해 나아가게 된다. 그리고 성경을 그 목표를 위한 지침서로 삼는다.

전에는 어떤 사람이 스포츠나 사업이나 뭐든 잘하는 것을 보면 육신의 정욕과 안목의 정욕과 이생의 자랑이 부추겨서 시기했지만, 이제 우리는 하나님 및 다른 사람들과 함께하는 영원한 미래에 발을 들여놓았다. 성경은 우리에게 이 영원한 삶 속에서 무엇을 하라고 가르치는가? 기뻐하는 자들과 함께 기뻐하고, 시기하지 말고, 분노하지 말라고 가르친다. 이 가르침을 받아들일 때, 우리 인격이 한 차원 고양된다. 이제 우리는 남들을 사랑하고 이해하는 마음 안에서 칭찬할 것을 칭찬할 수 있고 돌봐야 할 것을 돌볼 수 있게 된다. 그러면서도 육신의 정욕과 안목의 정욕과 이생의 자랑에 따르는 모든 부정적인 것에 빠지지 않을 수 있다. 이제 우리는 다르게 산다. 하나님 나라에서 살기 때문이다.

그때 성령의 열매가 육체의 노력을 대체한다. 열매는 노력이나 은사가 아닌 본질에서 나온다. 성령의 열매가 우리 안에 생기는 것은 노력의 결과가 아니고 은사가 나타난 것도 아니다. 그것은 자연스러운 표출이다. 우리는 감정의 지배나 그에 수반되는 모든 타락한 것에서 벗어나 하나님 나라의 진리 안으로 점점 더 깊이 들어간다. 사랑, 희락, 화평, 오래 참음, 자비, 양선, 충성, 온유, 절제는 하나님 나라의 시민이라는 우리의 본질이 자연스럽게 표현된 결과다.

영적·정서적으로 성숙한 사람은 세상의 본질과 다른 사람이다. 성령으로 살면, 하나님 나라의 빛이 삶을 가득 채운다.

영적·정서적으로 성숙한 사람은 아무것도 숨기지 않는다. 그렇다고 해서 지나가는 사람마다 잡고서 할 말, 안 할 말을 다 한다는 뜻이 아니다. 정직하고 솔직하다는 말이다. 그들은 속내가 따로 있지 않다.

우리가 하나님 안에서 살면 남들이 우리 앞에서 편하게 본모습을 드러낸다. 그리고 우리도 있는 모습 그대로 살아갈 수 있다. 하나님 나라에 나 자신을 맡기게 된다. 그런 확신을 가지고 늘 하나님과 함께하기 때문에 육신의 일이 야기하는 혼란과 파멸에서 벗어나게 된다.

정욕과 자유는 그렇게 대조된다. 자유는 하나님께 복종하고 구속되는 데서 나온다. 베드로후서 1장 2절은 이 자유에 대해 다음과 같이 말한다. "하나님과 우리 주 예수를 앎으로 은혜와 평강이 너희에게 더욱 많을지어다." 지식이란 대상을 정확히 설명할 수 있는 것을 가리킨다. 쉽게 말해 안다는 것은 이해하고 정확히 설명할 수 있다는 뜻이다. 무엇보다도 우리는 성경을 통해 하나님이 사랑 그 자체임을 안다. "하나님이 세상을 이처럼 사랑하사 독생자를 주셨으니"(요 3:16). 그리고 예수 그리스도는 이 세상에 나타난 하나님 사랑과 임재의 현신이다. 하나님과 예수님에 대한 이런 지식은 우리로 하여금 믿음으로 행동할 수 있게 해 준다.

하나님이 우리에게 얼마나 풍성하게 공급해 주시는지 보라. "그의 신기한 능력으로 생명과 경건에 속한 모든 것을 우리에게 주셨으니"(벧후 1:3). 생각해 보면 엄청나지 않은가? 생명과 경건에 속한 모든 것을 주셨다. 우리에게 없는 것이 무엇인가? 아무것도 없다. 영적으로 성숙한 사람에게 임하는 하나님 나라는 그렇게 풍성하다. 그래서 그는 영적·정서적으로 모든 면에서 성숙할 수 있다.

"자기의 영광과 덕으로써 우리를 부르신 이를 앎(true knowledge)으로 말미암음이라"(벧후 1:3). 영어 성경에서, 이 앎이 "참되다고"(true) 강조하는 것에 주목하라.

"이로써 그 보배롭고 지극히 큰 약속을 우리에게 주사 이 약속으로 말미암아 너희가 '정욕'(에피투미아) 때문에 세상에서 썩어질 것을 피하여 신성한 성품에 참여하는 자가 되게 하려 하셨느니라"(벧후 1:4). 헬라어 에피투미아를 번역할 좋은 영어 단어가 없어서 대부분 "정욕 때문에 세상에서 썩어질 것"이라고 번역한다. 썩어질 것(corruption)의 의미는 와해, 완전성의 상실이다. 어그러진 것이다. 썩어짐은 기능이 작동하지 않는 것이다. 타락한 인간의 기능은 잘 작동하지 않는다. 예를 들어, 어떤 사람들은 의지에 대하여 잘 몰라서 욕망이 의지라고 생각한다. 그런 사람은 기능을 제대로 못하게 된다. 그런 사람은 욕망에 지배되는데 야고보가 말한 대로 욕망은 온갖 갈등과 실패를 낳기 때문이다. 그들은 의지가 작동하지 않고 존재 전체가 와해된다. 그것이 '썩어짐'이고, 정서적으로 미성숙한 사람의 특징이다.

영적으로 성숙한 사람은 역량과 지식이 있어서 모든 면, 즉 몸이나 사회적 관계에서도 잘 기능한다. 그들은 그저 자신이 원하는 것을 따르는 것이 아니라 선한 것을 따른다(물론 다른 사람이 원하는 대로만 하는 것도 심각한 문제다).

"너희가 정욕 때문에 세상에서 썩어질 것을 피하여 신성한 성품에 참여하는 자가 되게 하려 하셨느니라"(벧후 1:4). 신성한 성품에 참여하는 자는 세상에서 썩어질 것을 피한 자다. 즉 우리는 정서에 지배되지 않는다. 정서적 풍요를 누리려면 정서에 지배되지 말고, 정서, 욕망, 감정이 모두 선한 방향을 향하게 해야 한다. 정서적으로 풍성한 삶은 진선미(眞善美)를 구체적으로 추구하는 삶이다. 사회, 교육, 정치, 예술 분야의 중요한 명분에 헌신하더라도 삶이 풍성해지려면 선한 것을 따라야 한다. 그때 하나님 나라 안에 살게 된다. 그때 삶의 모든 측면에 점점 하나님 나라가 임한다. 하나님은 우리에게 이렇게 되기 위해 필요한 모든 것을 차고 넘치도록 공급해 주신다.

그리스도인의 삶에 대해 이렇게 얘기하면 사람들은 때로 우리가 과장되게 말한다고 생각한다. 그것은 하나님 나라 안에서 직접 살아보지 않았기 때문에 모르는 것이다. 정서적으로 성숙한 삶을 살아봐야 정서적 성숙이 얼마나 중요한지 알 수 있다. 정서적으로 성숙하면 잘못된 것에 사로잡히지 않게 되고 관계 속에서 다른 사람들을 힘들게 하지 않는다. 우리는 하나님이나 다른 사람들과 영원히 함께 이어갈 미래에 발을 들여놓았기에 우리의 모든 필요가 임재하시는 하나님과 예수 그리스도로 말미암아 넉넉히 채워진다.

정리하자면 정서적으로 성숙한 사람은 욕망, 감정, 정서로 말미암는 모든 긴장이 해소되었고 선하고 옳은 것을 따라 산다. 그들은 욕망에 지배되지 않고 옳고 선한 일을 한다.

일반적으로 사람들은 기독교와 상관없이 그런 사람을 선하고 좋은 사람으로 여긴다. 어떻게 그런 사람이 될 수 있는가? 영적으로 성숙한 사람이 되어야 하고, 하나님이 좋은 것을 지금만 아니라 영원히 공급해 주심을 믿어야 한다.

달라스는 말을 마치고 자리에 앉았다. 사람들은 그에게 질문하려고 줄을 섰다. 나도 달라스와 대화를 나누고 싶었지만, 그럴 때가 아니었다. 그 대화를 위해 나는 그 다음 1년 동안 준비를 했다. 바이올라대학교 기독교사상센터(the BIOLA Center for Christian Thought)에서 달라스 윌라드의 지도하에 신경과학과 신학을 접목하도록 1년 동안 연구비 지원이 있었다. 나는 달라스의 조언대로 그 연구에 지원했지만, 달라스는 결국 나와 함께하지 못했다. 다음 장에서는 신경신학에 관해 내가 달라스와 논의하려고 했던 것을 살펴보겠다.

3.

하나님 마음 갖기

짐 와일더

하나님에 대해
'생각'만 하는 삶에서
하나님과 '함께'하는 삶으로

콘퍼런스에 참가한 사람들은 달라스에게 질문을 하기 위해 통로까지 길게 줄서 있었다. 제인은 장의자 반대편 끝에 서서 달라스에게 휴식시간을 주려고 기다리고 있었다. 달라스는 시선을 바닥에 두고 골똘히 생각하며 질문에 대답하거나 사람들의 말에 귀 기울였다. 그의 목소리는 부드럽고 따듯했다.

제인(그리고 달라스의 스케줄을 짜는 팀)은 달라스를 중간 중간에 쉴 수 있게 해 준다는 조건으로 이 콘퍼런스에 동의했다. 나는 그가 누워 쉬며 먹고 마실 수 있는 방을 가까이에 제공했다. 그 조건대로 나는 달라스를 쉬게 해야만 했다. 그러나 그는 쉬지 않았다. 그가 방금 마친 강의는 "원하지 않는 일을 하는 것이 정서적 성숙의 열쇠다"였다. 그는 그것을 실제로 보여 주고 있었다.

나는 달라스 부부 사이에 서있었다. 그것은 25년 전에 우리 셋이 알게 된 후 그 사이에서 나의 위치가 어땠는지를 상징적으로 보여 주었다. 나는 달라스 부부, 각 사람과 공유하는 면이 있었다. 나는 철학 박사 학위의 소지자였고(철학은 달라스의 분야) 전공은 심리학이었다(심리학은 제인의 분야). 박사 과정에서 철학은 거의 공부하지 않았지만, 나의 형제 티모시(Timothy)가 추천해 준 철학 책을 읽은 덕분에 무지는 면할 수 있었다. 티모시는 석사 과정에서 철학과 신학을 공부했다. 티모시와 나는 비판적이고도 생산적인 이야기를 많이 나누었다. 티모시가 신학의 원어 해석을 좋아해서 나의 신학 공부에도 도움이 되었다.

제인이 셰퍼드하우스의 훈련 책임자일 때, 우리는 꾸준히 찾아오는 미성숙한 내담자들과 상담을 했다. 제인은 달라스가 가르친 것을 사람들의 다사다난한 삶에서 시험해 봤다. 제인의 상담 '실험실'에서 우리가 곧 발견한 사실이 있다. 트라우마로 인해 정체성이 변하면 해당 부분에 대한 성숙이 중단된다는 것이다. 트라우마의 원천은 두 가지다. 일어나지 말아야할 나쁜 일이 일어난 것과 일어나야 할 일, 꼭 필요하고 좋은 일이 일어나지 않은 것이다. 두 가지 경우 모두 중요한 시기에 욕구가 채워지지 않고 방치된다. 나쁜 일의 트라우마에서 벗어나기는 비교적 쉽다고 할 수 있다.[1] 자신만 고통을 받는 것이 아님을 알게 되면 트라우마(혼자만 고통을 겪는 것)가 인간 고통의 문제(악한 세상에서 모든 인생이 겪는 것)로 바뀐다. 반면에, 일어났어야 할 중요하고도 좋은 일이 일어나지 않아서 생긴 트라우마를 치료하는 일은 훨씬 더 어렵다. 예를 들어, 사랑받지 못한 것보다 살인 목격의 트라우마를 해소하기가 더 쉽다.

트라우마가 해소된다고 해서 갑자기 성숙해지는 것이 아니다. 트라우마 때문에 성장이 멈췄던 곳에서부터 다시 성숙을 위한 노력이 필요하다. 어린이가 손을 다쳤다고 생각해 보자. 그 어린이가 깁스를 하고 있는 동안에 다른 아이들은 피아노를 배운다면, 그 아이는 깁스를 풀고 난 다음에도 다른 아이들처럼 피아노를 치지 못할 것이다. 그 아이는 이제부터 피아노를 배워야 한다. 그리고 손이 나았지만 아직도 좀 불편해서 다른 아이들보다 배우기 더 힘들 수 있다.

콘퍼런스에서 달라스는 영적·정서적 성숙 간의 긴장을 매우 시각적으로 생생히 보여 주었다. 달라스는 성숙한 사람은 욕망, 감정, 정서가 아니라 의지에 따라 움직인다고 강의했다. 그리고 그 성숙을 몸소 보여 주었다. 그는 가서 음료수를 마시거나, 몸을 관리하거나, 쉬는 대신에 줄선 사람들을 응대했다. 그는 의지력을 발휘해서 자신보다 다른 사람들을 더 챙겼다. 그 모습은 그가 평소에 가르친 그대로였다.

달라스는 의지가 욕망을 이기는 실례의 본이 되었다. 그러나 우리의 상담 실험실의 미성숙한 내담자들에게는 의지가 전혀 작동하지 않았다. 상처받은 미성숙한 사람에게 꼭 필요한 것이 의지건만, 그들은 의지가 없었다. 강한 의지(will)가 성숙의 증거이긴 하지만, 의지력(willpower)으로 성숙에 이르려 하면 실패할 뿐이다. 얼마 후 달라스도 의지력으로 성숙에 이르려 하면 끊임없이 실패할 뿐이라고 말했다. 그 부분은 5장에서 다룰 것이다. 그 전에 먼저 인간의 구성 요소들에 대한 달라스의 강의를 살펴볼 것이다.

공통적인 마음 상태로
하나님과 함께하기

그날 예배당 앞쪽에서 유심히 관찰해 본 사람이라면 그곳에 모인 사람들의 신경 활동에서 뭔가 특이한 점을 눈치 챘을 것이다. 그들의 행동에서 영적 성숙을 위한 뜻밖의 단서를 얻을 수 있었다. 내가 '달라스가 어서 쉬어야 할 텐데 ... ' 하고 조바심을 내는 와중에도 눈에 들어온 현상이 있었다. 그의 오른쪽에 있는 사람들(달라스의 사역 관계자들)은 모두 달라스에 대해 걱정하고 있는 것 같아 보였다. 반면에, 그의 왼쪽에 있는 사람들은 무신경한 것 같았다. 내가 그것을 어떻게 알 수 있었을까?

대니얼 씨걸(Daniel Siegel) 박사에 의하면, 내가 그걸 인식한 것은 "마음의 통찰"(mindsight)에 의해서다.[2] 우리는 흔히 그것을 "신체 언어"라고 부른다. 그러나 사실 언어라기보다 다른 사람이 무슨 생각을 하고 있는지를 파악하는 행동이다. 사람의 뇌는 다른 사람의 뇌 속에서 벌어지고 있는 일을 어떻게 알 수 있을까?

예를 들어, 나는 제인이 자리에 앉지 않고 서서 달라스를 보다가 출구 쪽으로 눈길을 돌리는 것을 봤다. 나는 그의 행동을 "제인은 달라스가 쉬기를 원한다"로 해석했다. 다른 사람이 무슨 생각을 하는지 "아는 것," 즉 그 사람이 아직 생각하는 중이고 아무 말도 하지 않았는데도 그 생각을 아는 것은 우리에게 지대한 영향을 미친다. 정말로 우리는 다른 사람이 하는 생각에 자주 영향을 받는다. 그들이 함께 있는 것도 아니고 심지어 죽은 지 오래되었더라도 말이다.

두 사람의 마음이 서로 맞으면 "공통적인 마음"(mutual mind)이 이루어진다. 앨런 쇼어(Allen Schore) 박사는 '상호주관성'(intersubjectivity)이라는 고전적 용어로 어떻게 공통적인 마음이 정체성을 형성하는지 설명하였다.[3] 공통적인 마음은 인간의 생각, 동기, 에너지, 활동을 서로 일치하게 만든다. 그 방법은 두 사람의 뇌가 동시에 똑같은 내적 활동 상태를 경험하도록 돕는다. 이런 일치가 이루어지지 않으면 협동 작업이 이루어질 수 없다. 두 사람 간의 팀워크나 친밀감 등 모든 것이 서로 간의 공통적인 마음을 기반으로 한다.

공통의 뇌 활동 상태에 관한 한 예는 서로에게 공을 패스하며 달리는 것이다. 그러려면 마음이 자신의 속도와 의도를 감지하는 동시에 다른 사람의 속도와 의도를 감지하여 함께 페이스를 조정해야 한다. 이 협동 작업이 이루어지려면 각 사람의 뇌가 에너지를 높이고 낮추는 것을 조절할 수 있어야 한다. 그래야 함께 움직일 수 있다. 공통적인 마음을 형성할 수 있는 뇌의 부위는 에너지를 조절할 수 있다.

달라스가 정서, 감정, 욕망이라고 말한 것은 마음의 관계적(emotional maturity) 에너지다. 성숙한 인격은 이런 에너지를 조절하여 자신의 욕망대로 하지 않고 선한 행동을 할 수 있다. '마음의 통찰'과 '공통적인 마음'을 만들어내는 뇌 시스템이 관계적 에너지를 관장한다. 공통적인 마음을 만들어 내는 이 메커니즘은 생후 5개월부터 작동하기 시작한다. 이 관계 형성 시스템이 성장하면 자신을 스스로 조절할 줄 알게 된다. 그렇다면 달라스가 말하는 정서적 성숙이란 자기 조절이라고 볼 수 있다. 그리고 뇌는 자기 조절(정서적 성숙)을 관계적인 것으로 받아들인다.

영적 성숙은 어떤가? 달라스는 영적·정서적 성숙을 이루면 정서적 에너지를 조절할 수 있다고 말했다. 그에 따르면 영적·정서적 성숙은 뇌 기능을 사용하는 것이다. 다른 사람과의 관계에서 정서적 조절을 잘 하려면 그 순간 다른 사람의 입장을 이해할 수 있어야 한다. 인간관계를 할 때 우리의 정서를 잘 조절하려면 공통적인 마음 상태를 가질 수 있어야 한다. 다시 말해 다른 사람과의 관계 속에서 자신을 얼마나 잘 조절하느냐가 곧 '인격'이다.

공통적인 마음과 인격의 상관관계는 새로운 가능성들을 보여준다. 적절한 조건 하에서 인간의 뇌는 서로 공통적인 마음을 형성하여 삶에 어떻게 반응할 것인지 배운다. 그런데 공통적인 마음은 인간관계에서만 필요한 것일까? 하나님과의 사이에서도 공통적인 마음이 필요할 것인가?

달라스는 하나님이 우리 가까이에 계신다고 역설했다. 하나님의 뜻이 계속적으로 땅에서도 이루어지려면, 인간의 뇌가 하나님과 공통적인 마음 상태여야 할 것이다. 하나님과의 공통적인 마음이 가능하려면 하나님이 우리와 함께하시고 하나님의 생각을 우리가 이해할 수 있는 형태여야 할 것이다. 모든 상황 속에서 하나님과 공통적인 마음 상태가 되지 않으면, 우리는 하나님이 반응하시는 것처럼 반응할 수 없을 것이다. 그렇지 않으면 우리는 모든 상황이 지나간 후에야 하나님이 무엇을 원하셨는지 깨달을 것이다. 그러나 그때는 이미 우리가 그리스도의 인격 없이 반응해 버리고 난 후일 것이다.

하나님이 우리와 함께하신다고 생각하는 것과 우리의 현실에 대해 하나님과 '함께' 생각하는 것은 큰 차이가 있다. 하나님과 공통적인 마음 상태에 있으면 '하나님과 함께하는 삶'이 이루어진다. 그러면 우리는 단지 하나님에 '대해' 생각하는 것이 아니라 하나님과 '함께' 생각하게 된다. 하나님이 과거에 우리에게 무엇을 원하셨는지 생각하면, 후회가 막급할 뿐이지만, 만일 우리가 하나님과 함께 생각할 수 있다면 우리의 반응이 달라지고 '인격'이 변화될 것이다.

하나님이 뇌 안에 만드신 공통적인 마음을 사용하셔서 우리로 하여금 더 하나님처럼 생각하게 하시고 우리의 반응이 더 하나님과 같이 되게 하신다. 그런 친밀한 인격 훈련을 하려면 관계적인 복음을 받아들여야 한다. 이 질문에 대답해 보려면 먼저 공통적인 마음 상태의 본질과 그것이 어떻게 이루어지는지 살펴보아야 한다.

공통적인 마음
상태의 형성

나는 달라스의 앞쪽에 서 있으면서 제인을 바라보았다. 나는 아무 말도 하지 않았지만 표정으로 "저도 달라스를 좀 쉬게 하려고 애쓰고 있어요"라고 말했다. 제인의 마음은 순식간에 나와 공통적인 마음 상태를 이루었다. 나는 제인을 안 지 25년이나 되었고 그 콘퍼런스 전에도 수많은 대화를 나누었기 때문에 의식할 수 없을 정도로 빨리 알아챌 수 있었다. 우리의 소통은 말보다 훨씬 더 빨랐다.

제인이 약간 고개를 기울이며 표정으로 대답했다. "알아요. 달라스는 늘 이래요." 제인이 사람들 앞에서 예의상 짓고 있던 미소를 나에게도 보인 것을 통해 나는 달라스를 계속 이렇게 두는 것을 제인이 좋아하지 않는다는 것을 알 수 있었다. 그 순간 제인과 나는 공통적인 마음 상태였다. 나는 제인에 '대해' 생각하기보다 제인과 '함께' 생각하고 있었다. 나는 공통적인 마음으로 반응한 것이다.

"생각한다"고 하면, 우리의 마음은 의식적 생각을 떠올리지만, 사실 우리가 의식적으로 관찰하는 것은 정신 작용의 지극히 작은 부분에 불과하다. 지금은 잠재의식적 생각이나 전의식적(preconscious, 개인이 어떤 순간에 의식하지 못하지만 쉽게 의식화될 수 있는 사고로서 의식과 무의식의 중간지대-역주) 생각에 대한 논의가 많이 이루어지고 있지만, 1990년대까지만 해도 의식적 생각보다 빠른 정신 활동에 대해서는 잘 알려지지 않았다. 하지만 마음의 한 부분은 우리가 누구인가, 우리 주변에 무엇이 있는가, 의식적 분석이 시작되기 전에 어떻게 반응할 것인가를 감지한다. 예를 들어, 갑자기 뒤에서 굉음이 들리면 우리는 의식적으로 그것에 대해 생각하기도 전에 펄쩍 뛸 것이다.

> 앗, 고막이 진동하는구나. 이건 엄청나게 큰 소리야. 부드럽지 않은 큰 소리는 뭔가 강력한 데서 나올 가능성이 높아. 내 뒤에 뭐가 있는지 생각해 봐도 강력한 것은 없었어. 그러면 뭔가 강력한 것이 갑자기 나타난 것일테니 조심해야 해. 이 갑작스러운 상황에 대해 아드레날린을 분비해 대비해야겠어. 그걸 분비하는 밸

브가 어디더라? 그 강력한 게 크다면, 나도 펄쩍 뛰어서 크게 보여야지. 그 다음에 휙 돌아서서 그게 뭔지 알아보겠어. 소리를 지르는 것도 도움이 될 거야. 자 시작하자!

전의식(前意識, supraconscious) 뇌 프로세스는 의식적 생각보다 앞선다. 그 빠른 프로세스를 의식이 따라갈 수 없기 때문에 우리는 그것을 인식하지 못한다. 사실 우리는 대부분의 생각이 뇌의 어디에서 일어나는지 잘 모른다. 예를 들어, 우리는 자신이 누구인지 늘 안다고 생각한다. 그러나 우리는 의식하지 못하지만 사실 우리의 뇌는 '지금 나는 누구인가?'에 대한 질문의 답을 끊임없이 하고 있다. 그리고 '내가 누구인가?'에 대한 뇌의 빠른 계산에 따라 자신도 모르게 반응한다.

그러한 뇌의 빠른 프로세스를 우뇌가 관장한다. 이 빠른 프로세스의 중심에는 우측 대상피질이 있다. 이 시스템이 빠른 속도로 공통적인 마음을 형성한다. 이 시스템이 대인관계의 정서, 감정, 욕망, 충동을 내외적으로 조절한다는 점은 이미 살펴보았다.

공통적인 마음은 말보다 시각적 단서와 어조를 통해 생긴다. 대부분의 시각적 단서는 우리가 보는 얼굴의 왼쪽에서 나온다. 우뇌에 있는 패스트트랙(fast-track, 목표를 달성하기 위한 빠른 길- 편집자주)의 정서적 상태가 얼굴의 왼쪽에 나타난다. 우리 눈의 광학 때문에 우리가 보는 얼굴의 왼쪽이 망막의 왼쪽에 나타난다. 양 눈의 왼쪽에서 보내는 신호가 우뇌로 간다. 그래서 우뇌에서 우뇌로의 소통 경로가 이루어진다. 우뇌는 관찰한 후 메시지를 돌려보낸다. 최초에 메시지를 보냈던 우뇌가 다시 우뇌의 상태에 대한 시각적 메시지를 받는다.

우뇌에서 다른 사람의 우뇌로 갔다가 다시 돌아오는 데 165밀리세컨드(1초의 6분의 1)가 걸린다. 의식은 누군가의 얼굴을 보았다고 인식하는 데 15밀리세컨드가 더 걸린다. 이러한 패스트트랙을 통해 두 사람의 마음이 일치한다. 몇 초 만에 그들은 같은 회로를 사용하게 되고, 공감하게 되고, 같은 에너지 수준을 경험하게 되고, 같은 경험을 하게 된다.

우뇌에서 우뇌로의 소통은 진정성이 있고, 의식이 따라갈 수 없을 만큼 빠르다. 의식이 작용하기도 전에 우뇌가 반응하기 때문이다. 그래서 자신의 상태가 상대방에 의해 만들어진다고 느낀다. "네가 나를 미소 짓게 해!"라거나 "네가 나를 화나게 해!"라거나 "네가 먼저 시작했어!"라는 말은 모두 공통적인 마음 상태를 나타낸다.

영성 훈련과 마음 챙김

공통적인 마음은 점점 더 호응을 얻어가는 개념인 "마음 챙김"(mindfulness)이나 앞서 언급한 "마음의 통찰"(mindsight)과 다르지만 이 3가지는 상호 관련이 있다. '마음 챙김'은 현재의 순간을 인식하고 집중하게 해 준다. '마음의 통찰'은 우리가 보는 사람의 얼굴 뒤에 마음이 있다는 것을 인식하게 한다. '공통적인 마음'은 그 순간에 우리를 다른 사람과 마음으로 연결시킨다.

공통적인 마음은 마음을 다할 때 형성된다. 현재의 순간에 마음을 다하지 않으면, 다른 사람의 마음이 무엇을 생각하는지 "읽을" 수 없다. 마음의 통찰이 좋지 않으면, 우리의 정신적 상태를 다른 사람과 일치시킬 수 없다. 공통적인 마음은 마음 챙김과 마음의 통찰이 나오는 것과 같은 뇌 부분에서 나온다.

달라스를 만나기 위해 기다리던 사람들 중 한 여성이 큰 가방에서 뭔가 찾으면서 나를 무심히 봤다. 가방 안으로 더 깊이 손을 넣는 그녀의 눈동자가 초점 없이 흔들렸다. 내가 그녀의 바로 앞에 있었지만 그녀는 나를 보지 않았다. 그러나 나는 그녀가 물건을 쉽게 찾지 못해서 점점 더 신경이 곤두서는 것을 알아챘다. 그녀는 전혀 주변에 신경을 쓰지 않고 있었다. 그녀가 그런 것을 내게 말하지 않았지만 나는 그녀를 관찰함으로 그것을 알 수 있었다. 나는 그녀가 내 얼굴에 대해 무반응인 것을 관찰하여 그녀가 주변 상황에 마음을 기울이지 않고 있다는 것을 알았다. 만일 그녀가 마음을 기울였다면 빠른 뇌 시스템의 작동으로 나와 공통적인 마음을 가졌을 것이다.

마음 챙김은 관계를 위해 필요한 기본이다. 수많은 저자들이 마음 챙김이 어떻게 기도에 영향을 미치는지 주목했다. 찰스 스톤(Charles Stone) 박사는 인지 신경과학[4]과 영성 훈련을 연계시켰다. 그리고 그는 기독교의 고전적 전통을 그리스도인이 마음을 다하게 하는 실용적 단계들과 연계시킨다. 그레고리 보타로(Gregory Bottaro) 박사는 마음을 다해 현재를 인식하는 것을 가톨릭 기도문을 통해 가르친다.[5] 이외의 많은 저자들은 그리스도인의 마음 챙김을 동양 종교와 구별한다. 그리고 그들이 말하는 마음 챙김은 달라스가 권유한 영성 훈련들과 조화를 이룬다.

달라스가 곧 영성 훈련에 대해서도 말하겠지만, 마음 챙김도 의로운 행위로 여기지 말아야 한다.[6] 마음 챙김과 영성 훈련은 하나님을 만나기 위한 준비에 불과하다. 정말 중요한 것은 준비가 아니라 준비를 통해 이루어지는 하나님과의 만남이다.

하트앤드소울 콘퍼런스에서도 강연을 한 커트 톰슨(Curt Thompson) 박사는 마음 챙김에 대한 그의 책에서 뇌 과학과 영성 훈련을 연계시키면서 마음 챙김이 관계에 미치는 영향에 특히 주목한다.[7] 콘퍼런스에서 커트는 강연에 그치지 않고 다른 강사들과 관계를 쌓기 위해 애썼다. 그는 영성 훈련으로 영적 성숙이 이루어지면 관계에도 영향을 미칠 수밖에 없다는 점을 이해했다. 따라서 관계를 보면 영적 성숙 여부를 가늠할 수 있다. 이는 매우 중요하다. 그리스도인의 마음 챙김은 관계적이며, 하나님이나 다른 사람들과의 애착을 기반으로 이루어진다. 하나님에 대한 사랑의 애착이 있을 때 하나님과 대화하게 되고 서로의 관점에 진심으로 관심을 기울이게 된다.

묵상이 애착을 기반으로 한 경우와 그렇지 않은 경우

마음 챙김과 묵상(meditation)을 공통적인 마음이 없는 경우와 공통적인 마음인 경우로 구분해 볼 수 있다. 영적 상태에 관한 뇌와 관련된 책들을 볼 때 애착이 없는 상태의 마음 챙김을 연구한 것인지 아니면, 살아 계신 하나님과의 공통적인 마음 상태를 연구한 것인지 구분해서 볼 수 있어야 한다.

주변에 마음을 쏟는 상태에서는 자아의식이 줄어든다. 상대방에 대한 애착 없이 마음을 다해 주변 상황을 인식할 때는 마음이 현실 인식으로 가득 채워진다. 그때 우리는 스스로가 현실의 극히 작은 부분이기 때문에 거의 존재하지 않는 것처럼 보인다. 그런 경험을 흔히 "초월"(transcendent)이라고 한다. 그 순간 우리가 모든 것과 "하나"(one)된 것으로 느끼지만 초월적 상태는 인격 형성에 별반 도움이 되지 않는다.

그러나 공통적인 마음 상태에서는 사랑하는 사람과 애착이 이루어지고, 자아인식을 낮추는 기제가 다르게 작동한다. 공통적인 마음을 가지고 마음을 기울여 묵상하는 상태에서는 상대방의 사랑, 기쁨, 평화, 심지어 고뇌까지 공감할 수 있다. 공통적인 마음 상태에서는 어느 것이 우리의 생각이나 감정이 사랑하는 상대방으로부터 오는 것인지 의식적으로 분별할 수 없다. 공통적인 마음 상태에 있으면 상대방과의 애착을 통해 관계적 정체성이 형성된다.

의식적 행동의 한계

'개념 이해'를 '공통적인 마음 상태'로 착각하기 쉽다. 세 명의 신학자, 모슬렘 성직자, 유대인 랍비, 그리스도인 신학 교수가 예수님이 하나님이라는 개념을 탐구한다고 해 보자. 세 사람이 그 개념과 함축의미에는 동의하더라도 한마음이 아닐 수 있다. 한 개념을 공통으로 이해했다고 꼭 인격과 정체성에 공통적인 마음 상태가 이루어지지 않을 수 있다.

개념은 말의 속도로 전달되지만, 공통적인 마음은 비언어적이고, 주로 시각적이다. 단 한 번 보는 것으로 수많은 말을 전달할 수 있다. 그 콘퍼런스에서 질문에 답하는 달라스의 시선은 바닥에 고정되어 있었다. 그는 자기 앞에 서 있는 여성과 시선을 맞추지 않았다. 그러나 그녀의 질문에 성심성의껏 대답해 주고 있었다. 달라스와 그 여성은 모두 마음을 다해 현재에 집중하고 있었다. 달라스는 그 여성이 의식적 개념에 집중하게 했다. 두 사람은 함께 의식을 한 곳으로 집중시키고 있었다. 달라스는 그녀의 표정을 보려고 고개를 들지 않았다. 그녀의 표정에는 달라스의 생각과 말에 기뻐하며 집중하고 있는 것이 나타났지만 말이다.

두 사람이 깊이 교류하고 있었지만 공통적인 마음 상태는 아니었다. 시각적 소통이 이루어지지 않았기 때문이다. 공통적인 마음일 때는 에너지 수준이 서로 일치하지만, 그들은 그렇지 않았다.

그 여성은 높은 에너지 수준의 기쁨으로 얼굴이 환하게 빛나고 있었다. 그러나 달라스의 말에 그녀가 반색할 때도 그는 생각에 잠겨 심사숙고하였고 어조에 변화가 없었다. 그는 의식에 집중된 상태였다. 그래서 그들은 공통적인 마음 상태가 아니었다.

인격을 만들고 변화시키는 뇌 시스템은 공통적인 마음일 때 작동하지만, 의식적인 집중 상태일 때는 작동하지 않는다. 그래서 달라스가 그 여성과 깊이 교류하며 자신을 이해하도록 돕고 있었지만, 그 대화는 그녀의 인격 형성에 기여하지 않았다.

달라스가 의식적으로 깊은 개념에 집중하다보니 주의집중의 범위가 제한되었다. 반면에 나는 달라스와 얘기하려고 줄서 있는 사람들의 성숙도에 대해 패스트트랙으로 많은 것을 알 수 있었다. 한번만 훑어봐도 누가 마음을 다하고 있는지, 누가 자아에 도취되어 있는지, 누가 다른 사람들의 필요를 알아차리고 있는지, 누가 자기 기분에 빠져 있는지 알 수 있었다. 그러나 달라스는 시각적 커뮤니케이션을 안 하고 있었기 때문에 그런 정보를 얻지 못했다.

서구의 교육과 신앙생활은 뇌의 슬로우트랙에서 형성되는 의식적 생각을 기반으로 한다. 그러나 계속해서 살펴보겠지만, 애착의 구원론(구원은 하나님께 대한 애착 형성이라는 저자의 이론-역주)은 신앙생활을 패스트트랙 활동으로 바꿔 놓는다. 그렇게 되면 신앙 성장의 방식은 얼굴과 얼굴을 마주하고 눈과 눈을 마주치는 것이 된다.

의식적 마음은 세부사항들에 초점을 맞추다보니 큰 그림을 못 보고 제한된다. 의식만으로는 현실을 완전히 파악하지 못한다. 의식보다 빠른 마음을 가져야 현실을 파악할 수 있다. 의식적 마음의 문제는 자신이 보지 못하는 것이 뭔지 '모른다'는 것이다. 과학철학자 마이클 폴라니(Michael Polanyi)는 "모든 것을 명확하게 이해한다고 너무 자신하다보면 복잡한 사안을 이해하지 못하게 된다"고 말했다.[8] 다시 말해서, 세부사항에 집중하다보면, 실체를 놓친다. 의식보다 빠른 그것을 그는 "암묵적 지식"(tacit knowledge)이라고 불렀다.

이앤 맥길크리스트(Iain McGilchrist) 박사는 의식적 마음을 뇌의 "특사"(emissary)라고 부른다.[9] 이 특사는 세부사항을 잘 조사하지만, 큰 그림은 보지 못한다. 의식적 특사는 좌뇌의 슬로우트랙을 사용한다. 마커스 워너(Marcus Warner) 박사와 나는 그런 의식의 시스템을 뇌의 "슬로우트랙"(slow track)이라고 부른다.[10] 맥길크리스트가 "마스터" 시스템이라고 한 것을 우리는 뇌의 "패스트트랙"(fast track)이라고 한다. 그것은 의식의 속도보다 빠르고 우뇌가 관장한다.

뇌의 패스트트랙과 슬로우트랙

패스트트랙(우뇌 주도)과 슬로우트랙(좌뇌 주도)의 차이를 이해해 보자. 당신이 어느 여름밤에 마당에 있다고 상상해 보자. 당신은 그 전부를 음미하고 있다. 반딧불, 별, 미풍, 무성히 자란 풀, 나뭇잎이 바람결에 흔들리는 소리, 한창 무르익어 가는 저녁 식사, 아이들이 즐거워하고, 모기가 물어 가렵고, 예전에 시골 할머니 집에 놀러가서 저녁 무렵에 게임을 하던 것이 떠오른다. 콧노래를 흥얼거리며 숨을 깊이 들이마시자 베란다에 바른 페인트 마르는 냄새가 희미하게 스쳐 지나간다. 당신의 패스트트랙은 모든 것을 받아들여서 현재의 순간을 당신의 사람들이나 과거의 기억과 통합시킨다.

그런데 갑자기 나무들 사이로 어둠 속에서 뭔가 거대한 것이 움직인다. 당신의 슬로우트랙은 곰이 크고, 색깔이 짙고, 숲에 산다는 것을 기억한다. 그 소음을 의식했을 때 당신은 이미 무서워하면서 그 지점에 주목한다. 당신의 슬로우트랙은 특사를 보내서 손전등을 숲에 비추게 한다. 별, 반딧불, 모기에 물린 것, 시골 할머니 집의 실체는 사라졌다. 당신은 세상의 아주 작은 한 부분에 집중할 뿐이다. 손전등으로는 밤의 실체를 파악하지 못한다. 국소적으로만 보인다. 숲속에서 반짝이는 정체불명의 그 두 눈이 세상의 전부가 된다. 그러나 알고 보니, 그건 이웃집 소였다.

의식적 마음(슬로우트랙)은 실체를 파악하지 못한다. 의식적 마음은 손전등처럼 한 번에 아주 조금씩만 본다. 의식적 마음은 주목하는 것만 보기 때문에 실체를 보지 못한다. 그래서 망원경으로 밤하늘을 관찰하는 데 몰두하다가 뒤에서 누가 다가오면 혼비백산한다. 그때 비로소 의식적 마음은 주의를 집중하던 것보다 더 큰 실체가 세상에 있다는 것을 깨닫는다. 의식의 슬로우트랙은 세부사항에 주목해 이해하려고 한다. 그리고 곧 다른 곳으로 주의를 돌린다.

의식적 마음으로 신앙생활을 할 때는 한 가지 덕목이나 죄에 집중하다가 다른 것에 관심을 돌리느라 우리의 전체 인격을 살펴보지 못한다. 우리가 어떤 죄를 짓는지 보는 데만 의식을 집중한다.

슬로우트랙의 특사는 숲은 못 보고 나무만 보기 때문에 실체를 이해하지 못하지만, 패스트트랙의 마스터 시스템은 어느 한 곳에 초점을 맞추지 않는다. 패스트트랙은 모든 자료와 관련된 기억을 한꺼번에 고려한다. 패스트트랙(마스터 시스템)의 목표는 지금 이 순간의 실체나 현실을 파악하여 우리가 이런 상황에서는 어떻게 할지 판단하는 것이다.

성숙이란 이런 상황에서 어떻게 해야 할지 배운 것들의 총합이다. 잘 훈련되고 손상되지 않은 패스트트랙은 여러 정체성을 만들어 낸다. 즉 개인의 정체성, 공동체 정체성, 사회성, 중요한 사람들과의 애착 관계, 다른 사람들의 마음을 인식하고 이해하는 것, 도덕적 생각과 가치, 과거의 중요한 교훈을 기억하는 것, 역할 모델을 찾고 기억하는 것, 즐거운 인간관계 유지, 샬롬과 평화를 지키는 것, 평화를 잃었을 때 되찾는 것, 정서와 감정과 욕망을 조절하는 것 등이다. 그와 대조적으로, 슬로우트랙은 세부사항에 집중하고 그것이 중요한지 알아내고, 어떤 것이 무엇이며 어떻게 작동하는지 설명하고, 문제를 풀고, 경험을 말로 규정하고, 결과를 얻을 수 있는 절차를 발견하고, 의식적 경험을 이야기로 저장해 둔다.

달라스는 슬로우트랙과 언어를 잘 사용하고 있었지만, 패스트트랙을 사용하지 않아서 주변에서 일어나고 있는 수많은 대화들을 보지 못했다. 슬로우트랙은 언어를 사용하여 많은 좋은 개념을 전달한다. 그러나 반면에 사람들의 인격과 성숙도는 패스트트랙 의사소통을 통해 나타난다.

줄 서 있는 두 번째 여성은 점점 더 신경이 곤두섰다. 그녀의 시선은 달라스와 달라스 앞에 앉은 여성 사이를 오갔다. 달라스는 그녀의 질문에 너무 오래 대답하고 있었다. 그녀는 은혜를 받느라 줄 서 있는 나머지 사람들은 고려하지 않고 달라스가 자기와 계속 얘기하게 두고 있었다. 얼마나 배려심이 없는가! 두 번째 여성은 그렇게 생각하면서 나에게 "어떻게 좀 해 봐요"라고 요구하는 표정을 지었다. 물론 그녀는 아무 말도 하지 않았다. 내가 그것을 어떻게 알았는지는 앞서 설명한 바와 같다.

줄 서 있는 네 번째 남자는 나중에 다시 와야 할 것 같다고 생각하고 있었다. 그가 나를 봤다. 그리고 자기 차례는 안 올 것 같다는 표정으로 달라스를 봤다. 그는 다시 걱정스런 표정으로 나를 봤다. 나는 내 시계를 보면서 가볍게 고개를 저었다. 그는 내 뜻을 이해했다. 그는 몸을 돌려 뒤에 있는 남자를 데리고 가려고 했다. "이만 가죠. 달라스 선생님은 좀 쉬어야 해요." 그러나 뒤의 남자는 아랑곳하지 않고 앞 사람이 빠진 자리를 채웠다. 그렇게 그는 마음의 통찰에 실패했다.

패스트트랙과
인격

인격은 패스트트랙에 의해 나타나고 전달될 뿐 아니라, 패스트트랙으로 학습되고 변화된다. 인격은 패스트트랙 구조 안에 존재하고 기억된다. 인격과 성숙은 뇌에서 구별되지 않는다. 모두 정체성의 한 측면이다.

인격과 성숙을 포함한 정체성은 의식적 생각보다 빠른 뇌 시스템에서 작동한다. 그래서 의식적 생각이 어떻게 반응할지 심사숙고하기도 전에 패스트트랙이 상황에 반응한다. 우리가 생각하기도 전에 인격의 원천이 작동한다. 우리의 반사적 반응은 인격을 드러낸다.

그러므로 그리스도를 닮은 인격을 배우려면 우뇌 패스트트랙에서 마음이 생각하고 배우는 방식을 따라야 한다. 패스트트랙에서 인격을 형성하고 변화시키는 메커니즘이 공동적인 마음이다. 우리는 단지 하나님에 '대해'가 아니라 하나님과 '함께' 생각해야 한다. 하나님과 함께 생각하는 것은 영성 훈련에 지대한 영향을 미친다. 이는 그리스도의 인격을 닮아서 원수를 사랑하게 되기 위해 꼭 필요한 일이다.

뇌에서 성숙과 인격이 어떻게 이루어지는지 알려면 패스트트랙과 슬로우트랙이 다르게 작동한다는 것을 알아야 한다. 이런 신경과학의 원리를 볼 때 인격 형성에 관한 질문이 생긴다. 오직 뇌의 작동만으로 다른 사람의 인격을 배울 수 있을까? 하나님이 뇌의 그런 과정을 사용하셔서 성숙하고 그리스도를 닮은 인격을 만드실까? 하나님이 패스트트랙 마스터 시스템을 사용하여 역사하실까? 하나님이 우리의 인격을 다른 사람과의 접촉 없이 개발하실까? 우리의 성숙과 인격에 스스로 더할 수 없는 부분을 하나님이 채워 주실까?

성경의 영성 훈련으로 뇌의 패스트트랙이 훈련될까?

이런 질문은 신경신학(neurotheology)의 질문들이다. 그러나 이 모든 것이 이루어지려면 늘 우리와 함께하시고 소통하시는 하나님과 새로운 헤세드 사랑(hesed love)의 애착을 형성하는 구원을 경험해야 한다.

패스트트랙으로 정체성, 인격, 성숙을 배운다

패스트트랙으로 많은 것이 이루어지는데, 왜 실제로 우리 주변에서는 인격의 변화가 별로 일어나지 않는가? 큰 이유가 있다. 패스트트랙은 "내 사람"(my people)이라고 인식할 때만 접근을 허용하기 때문이다.

뇌는 정체성 형성이 함부로 되지 않도록 자신을 보호한다. 우리는 자신이 누구인가를 다른 사람이 바꾸도록 쉽게 허락하지 않는다. 누가 나의 정체성을 만들거나 바꾸는 것은 애착 관계에 있는 소수에게만 허락된다. 그래서 의미심장한 애착 관계의 사랑하는 사람만이 우리의 인격에 영향을 미친다. 애착 사랑, 즉 1장에서 본 성경의 "헤세드"(hesed)가 열쇠다. 그런 관계에 있는 사람만이 우리의 인격을 변화시키는 데 접근할 수 있다. 헤세드 없이는 접근할 수 없으며 애착은 인격 형성의 기반이다.

기독교 신앙으로 정체성이나 인격이 변화되려면, 하나님이 우리의 패스트트랙에 직접 소통하셔야만 한다. 인격 형성의 통로는 우리가 사랑하는 사람과 공통적인 마음을 갖는 것이다. 하나님과 공통적인 마음을 가져서 우리의 정체성과 인격이 변화되려면, 하나님과 사랑의 애착 관계, 즉 헤세드를 이루어야 한다. 그러한 공통적인 마음을 통해 우리의 패스트트랙은 예수님처럼 반응하게 된다. 그 결과로 형성되는 정체성은 우리의 패스트트랙 마스터 시스템이 되어서 우리의 반응을 그리스도의 인격을 닮게 통제한다. 원수를 기꺼이 사랑하는 반응도 이렇게 이루어진다.

그리스도를 닮은 인격은
고통의 순간에도 사랑을 외친다

인격이 성숙하면 어려운 때도 깨지지 않는 헤세드 애착을 지니게 된다. 인격이 성숙한 사람은 힘든 상황에서도 상대방에게 마음을 다한다. 이는 실로 강한 헤세드 애착이다. "힘든 상황에서도 마음을 다한다"는 것은 곧 상대방이 원수처럼 굴고 원수처럼 느껴질 때도 애착 관계를 유지해 준다는 뜻이다. 그리스도를 닮은 인격은 고통스러울 때도 다른 사람을 적으로 여기지 않는다. 그런 성숙한 인격이 어떻게 이루어질까?

개인에 대한 애착과 공동체에 대한 애착에는 패스트트랙이 필요하다

성숙하려면 우리보다 뛰어난 마음을 가진 사람과 애착이 이루어져야 하고 그와 공통적인 마음을 갖는 시간이 필요하다. 폭풍 속의 제자들을 기억하는가? 그때 예수님은 배에 잠들어 계셨다. 작은 마음을 가진 제자들은 평화를 잃고 예수님을 깨웠다. 그래서 두 종류의 마음이 전쟁을 벌였다. 예수님이 제자들처럼 겁에 질리실까, 아니면 제자들이 예수님처럼 평온해질 것인가? 어느 마음이 이길까?

한쪽 마음은 '예수님, 하나님 아버지, 성령'이고 다른 쪽은 '제자들'인데 어느 마음이 이기겠냐고 물으면 당황할 수도 있다. 나는 단지 뇌가 "내 사람들"과 공통적인 마음을 형성할 수 있다는 말을 하려는 것이다. 공통적인 마음 상태를 통해 패스트트랙에 공동체성이 생긴다. 이 공동체성은 애착 사랑인 헤세드로 유지된다.

마음을 다해 애착하는 상대가 있을 때 공통적인 마음이 생긴다. 예수님은 제자들과 함께 폭풍 속에 계셨다. 따라서 폭풍과 제자들의 상황을 분명히 인식하고 계셨다. 그러나 예수님의 마음은 평화 그 자체였다. 제자들이 예수님과 공통적인 마음을 이룰 수 있는가는 예수님에 대해 갖는 애착 사랑에 달려 있었다. 그러나 제자들은 예수님과 헤세드 사랑에 대한 의심이 커서 "우리가 죽게 된 것을 돌보지 아니하시나이까?"라고 물었다.

예수님은 풍랑을 잠재우는 기적으로 그 질문에 답하셨다. 그런데도 제자들은 예수님께 애착되지 않았다. 제자들은 심지어 예수님이 하나님이시라는 점도 인식하지도 못했다. 그래서 그들은 무서워하며 서로 "이 사람이 도대체 누구냐?"라고 물었다(막 4:35-41 참고).[11] 제자들이 예수님께 애착을 갖지 않았기 때문에 예수님은 폭풍을 잠잠하게 하는 데는 성공하셨지만, 제자들의 마음을 잠잠하게 하는 데는 성공하지 못하셨다.

예수님과 제자들의 이야기에서 개인 애착 및 공동체 애착이 어떻게 정체성과 인격을 형성하는지 나타난다. 제자들은 서로 유대감을 가지고 있었다. 그들은 모두 갈릴리 어부로서 갈릴리 호수와 서로를 잘 알고 있었다. 그들은 폭풍 속에서 서로 구해 주려고 애를 썼다. 서로 간에 애착이 강했고 함께 일한다는 의식이 강했다. 그래서 함께 무서워했다. 그들이 공통적인 마음 상태에 있었기 때문이다.

제자들이 예수님(더 뛰어난 마음의 소유자)과 공통적인 마음을 가져서 새로운 패스트트랙 정체성을 가질 기회가 생겼다. 새로운 정체성(예수님의 인격)은 예수님에 대한 애착 사랑의 강도만큼만 강해질 수 있었다. 가령 베드로의 경우에는 시간이 지나면서 예수님을 향한 애착이 강해졌다. 다음 폭풍 이야기에서 베드로는 예수님을 보면서 물 위로 걸었다(눈과 눈을 맞출 때 공통적인 마음이 가장 잘 생긴다).

이 첫 번째 폭풍 이야기에서 제자들의 패스트트랙 정체성은 예수님께 샬롬(평화)를 보았다. 그리고 이어서 예수님과의 공통적인 마음을 "우리 사람들" 즉 다른 제자들과의 공통적인 마음과 비교했다. 그중 더 강한 애착이 이겼다. 우리는 사람들이 믿지 않는 것을 믿으라고 하면 불안해한다. "우리가 탄 배에 하나님이 함께 탔을 리 없어"라는 것이 제자들의 정체성이었다. 그런 정체성 때문에 그날 제자들에게는 인격의 변화가 일어나지 않았다. 그들은 여전히 무서워했다.

인격 성장을 위해서는 더 뛰어난 마음(이 경우에는 예수님)과의 즐거운 사랑 애착과, 다른 사람들(이 경우에는 제자들)과의 즐거운 사랑 애착이 둘 다 필요하다. 만일 제자들과 예수님이 이 사건을 같은 식으로 보았다면, 그들 전부가 평화로웠을 것이다. 모든 것이 합력하여 선을 이루기 때문이다. 이런 조화로운 상태를 성경에서는 "샬롬"이라고 부른다.

패스트트랙과 성숙

뇌에서 모든 부분이 조화를 이루어 함께 작동하는 것을 '공시성'(共時性, synchronicity, 일치)이라고 한다. 그것은 마음을 다해 현재에 집중하고, 다른 사람들과 공통적인 마음 상태를 이루고, 관계를 잘 돌보는 것이다. 성숙이란 압박과 고통이 커질 때 패스트트랙 시스템이 관계적 일치인 샬롬을 내적으로나 외적(다른 사람들과의 관계)으로 이루는 것이다. 성숙은 압박에서도 관계를 잘 유지하는 능력이다. 즉 남들이 등을 돌릴 때도 나는 사랑하는 일이다.

트라우마는 관계가 소원해지고 다른 사람들과 잘 일치되지 않는 상태를 만들어 낸다. 그럴 때는 다른 사람을 원수로 느끼게 되고, 뇌가 패스트트랙에서 공시성을 잃게 되며, 곧 샬롬을 잃는다. 그럴 때는 예수님의 존재마저 무서워할 수 있다. 제자들이 그랬다. 공통적인 마음을 만드는 패스트트랙 시스템은 트라우마를 통해 흐트러지고, 관계를 돌보지 않을 때 개발되지 않으며, 두 사람 간에 애착이 부족할 때 망가진다. 제인이 고민했던 문제에 대한 답이 거기에 있다. '왜 트라우마 배경이 있는 사람은 달라스의 가르침을 적용해도 결과가 일정하지 않을까?' 관계적 정체성이 트라우마로 인해 손상되어서 성숙이 방해받는 것은 아닐까?

최소한 뇌에게 성숙이란 무슨 일이 일어나더라도 상대를 '내 사람'으로 대하는 것이다. 패스트트랙을 통합하는 중심 기능은 정체성이다.[12] 우리의 정체성은 근본적으로 관계적이다. 패스트트랙이 잘 작동하면 정체성이 일관되고 샬롬을 경험한다. 의지가 아닌 일관된 정체성이 감정, 정서, 욕망을 다스린다.

패스트트랙과 트라우마

트라우마는 뇌의 패스트트랙 과정을 방해한다.[13] 패스트트랙이 방해를 받거나 작동을 멈추면, 자기 통제가 이루어지지 않는다. 트라우마는 공통적인 마음 상태를 방해해서 다른 사람이나 하나님과 "함께"하는 능력을 약화시킨다. 일관된 정체성을 가지면 스트레스를 받아도 관계를 유지할 수 있지만, 그렇지 못하면 감정이 조절되지 않는다. 달라스도 미성숙은 감정, 정서, 욕망을 조절하지 못하는 것이라고 했다.

관계를 잘 유지하고 정체성이 일관되려면, 다른 사람과 '함께' 공통적인 마음으로 생각할 줄 알아야 한다. 성숙한 사람은 공통적인 마음 상태를 많이 경험한다. 많은 실습, 연습, 경험은 사회생활을 잘하게 한다. 잘 훈련된 뇌는 스트레스 속에서도 관계에 유지할 수 있다. 관계가 잘 이루어져 안정된 어른은 어린이나 유아보다 트라우마를 잘 겪지 않는다. 성숙한 사람은 관계가 더 안정된다.

'나와 나의 사람들이 이런 상황 속에서 어떻게 해야 할까?'라는 질문에 마스터 시스템이 대답하기 어려우면, 의식적인 슬로우트랙에게 해결책을 찾으라고 신호를 보낸다. 그러면 그 해결책을 찾는 작업이 느리게 이루어진다. 느리지만 초점에 집중하는 시스템이 이때 필요하다. 이때 패스트트랙이 아직 작동하고 있으면, 슬로우트랙이 집중해서 찾은 답이 자신이나 사람들의 정체성과 부합하는지 살펴볼 것이다. 그것을 "인격 체크"(character check)라고 한다.

그러나 만일 마스터 시스템이 트라우마로 손상되었으면, 인격 테스트를 하지 않는다. 그리고 욕망, 감정, 정서대로 반응한다. 의식이 집중하고 있는 것이 뭐든 그것에 초점을 맞춰 반응하게 된다. 그래서 바로 우리 앞에 있는 사람이 누구든 그 사람을 탓하게 된다.[14] 콘퍼런스에서 달라스와 접견하려고 줄선 짜증이 난 두 번째 여성이 그런 "탓하는 반응"(blaming reaction)을 보였었다.

관계의 성숙

미성숙은 정서, 감정, 욕망을 잘 조절하지 못한다. 우리는 무엇이 달라스가 말한 미성숙, 즉 정서, 감정, 욕망에 지배되는 상태를 만드는지 구별해야 한다(철학자는 구별하기를 좋아한다). 우리는 미성숙이라는 단어를 두 가지로 사용한다. 달라스가 말한 한 가지 의미는 발달하지 못한 상태다. 두 번째 의미는 어리다는 것이다. 어린이의 미성숙은 패스트트랙에서 자아가 발달하지 않았기 때문이다. 어린이의 미성숙은 대개 현재의 상태에 마음을 다하고 늘 즐겁고 평화롭다. 사랑의 애착을 가진 어린이는 정체성이 형성되어 가는 중이다.

반면, 트라우마를 겪어서 정체성에 일관성이 없는 성인은 현재에 집중해 마음을 다하지 못하고 사랑의 애착이 이루어져 있지 않다. 트라우마로 인해 미성숙할 때는 발달되어 있어야 할 것이 발달되어 있지 않고 정체성에 일관성이 없다. 뇌 연구에 따르면 트라우마를 겪은 뇌는 원만한 공시성을 갖지 못한다.[15] 패스트트랙이 원만하게 작동하지 않을 뿐 아니라, 패스트트랙과 슬로우트랙이 서로 맞아 들어가지 않는다. 정체성의 혼란은 안정된 사랑의 애착을 갖지 못한 어린이에게도 나타난다.

트라우마의 기억이 있지만 든든한 사랑의 애착이 회복되면, 트라우마가 해소될 뿐 아니라, 패스트트랙이 다시 공시성을 갖게 된다. 그래서 정체성이 불안하다가 안정된다. 그러면 뇌가 정체성을 성숙시키고 발달시켜서 정서, 감정, 욕망을 조절할 수 있게 한다. 회복의 관건은 사랑의 애착이 이루어지는 것이다.

관계적
모드 되기

콘퍼런스에서 달라스의 왼쪽과 오른쪽을 보았을 때, 애착으로 '마음의 통찰'(mindsight)이 어떻게 변화하는지를 볼 수 있었다. 달라스의 왼쪽에 줄선 사람들은 일반 청중이었다. 그들은 달라스를 믿었고, 달라스를 스승으로 받아들였고, 달라스의 책을 들고 있는 것으로 봐서 그의 책을 읽고 있었다. 그들은 달라스가 그들을 위해 무엇을 해 주고 어떤 진리를 말해 줄지 기대하고 있었다.

제인과 그 일행은 달라스의 오른쪽에 있었다. 그들은 달라스의 사역 팀이었다. 그들은 달라스에게 깊은 애착을 가졌고 오랜 관계를 통해 달라스에 대하여 알았다. 그들은 달라스의 왼쪽에 있는 사람들과 상당히 달랐다. 달라스와 애착 관계에 있는 사람들은 단지 달라스에 대해 안 것이 아니라 '달라스를 개인적으로 알았다.' 그들은 달라스와의 애착 유대감 때문에 사실을 왼쪽에 있는 사람들과 매우 다르게 바라보았다.

우리는 상대방이 낯선 사람이라도 그 사람의 보디랭귀지를 읽을 수 있지만(그것을 상대방의 마음 바라보기라고 한다) 정체성과 인격을 만들어 내는 공통적인 마음 상태는 뇌가 상대방의 마음에 애착을 가질 때만 일어난다. 상대방에 대해 애착을 갖지 않으면, 상대방이 우리의 정체성에 영향을 미치지 못한다. 상대방이 "우리 사람"이어야 한다. 우리가 헤세드 사랑을 품고 있는 사람과 있을 때만 뇌의 패스트트랙의 사회적 시스템이 열려서 정체성과 인격의 변화가 일어난다. 우리가 무엇을 믿는가보다 우리가 누구를 사랑하느냐가 인격에 지대한 영향을 미친다. 우리가 누구를 아가페 사랑으로 사랑하느냐가 패스트트랙의 마스터 시스템을 좌우한다. 우리가 무엇을 믿느냐는 특사 역할을 하는 슬로우트랙에 영향을 미친다.

애착을 통해 아는 사람(가족 등)과 지식적, 분석적으로만 아는 사람은 인간의 뇌에 미치는 영향이 매우 다르다. "내 사람"이 미치는 영향은 "내 사람이 아닌 사람"이 미치는 영향보다 엄청나게 크다. 인격이 변화되려면, 우리가 애착하는 상대, 즉 우리 사람과 공통적인 마음 상태가 되어야 한다. 뇌가 설계된 방식을 활용하려면 기독교는 예수님 및 교인에 대한 사랑의 애착을 증진시키는 다양한 방법을 개발해야 한다. 새끼 오리들이 엄마 오리를 따라가듯이 애착 사랑이 깊어지면 공통적인 마음을 갖는 삶이 이루어진다.

제인의 영적 치유 방법은 예수님과 신자들에 대한 애착을 갖게 하는 것이었다. 즉 트라우마를 입은 사람에게 예수님과 제인이 "내 사람"이 되어 주었다. 그런 애착이 트라우마를 해소한다는 것이 입증되었다. 고통스러웠던 사건 속에 예수님이 함께하셨음을 알면, 내담자는 더 이상 자신을 외톨이라고 느끼지 않는다. 트라우마를 입은 사람이 예수님 및 제인과 공통적인 마음 상태가 되면 적이 있더라도 자기 사람도 있으므로 예수님 및 제인과 공통적인 마음 상태를 가져서 정체성과 인격이 변화된다. 그렇게 해서 마스터 패스트 트랙이 복구되면, 성숙의 과정이 재개된다.

헤세드 애착을 통한
구원이 주는 해결책

하나님과 그리스도인들과 공통적인 마음을 가진다면, 애착과 정서적 성숙처럼 영적인 성숙도 이루어질까? 신경신학에서는 다음 사항들이 가치가 있다고 본다.

1. 하나님께 애착하는 것
2. 하나님과 '함께' 생각하는 것
3. 하나님의 사람과 하나 되는 것
4. 하나님에 '대해' 생각하는 것

하나님에 '대해' 생각하는 것이 인격에 미치는 영향은 하나님과 '함께' 생각하는 것과 매우 다르다. 애착이 없으면 우리는 하나님과 '함께' 생각하지 않는다. 그래서 하나님께 애착하지 않으면 영적인 개념들을 이해하더라도 (정서, 감정, 욕망에 대한) 우리의 반응과 인격은 크게 변하지 않는다. 오히려 우리의 인격은 세상에서 우리가 "우리 사람"이라고 부르는 이들의 영향을 훨씬 더 많이 받는다.

하지만 하나님에 '대해' 생각하는 것은 가치가 있다. 만일 우리가 하나님에 '대해' 생각하지 않는다면, 다음 사항을 깨닫기 어려울 것이다. 먼저 하나님의 생각은 우리의 생각과 다르다. 하나님 인격의 특징은 우리의 인격과 다르다. 하나님의 길은 우리의 길과 다르다. 하나님께 사랑으로 애착하면 하나님을 더 닮는다.

구원받아서 하나님과 우리 사이에 새로운 애착 사랑이 생기면 하나님과 공통적인 마음을 갖게 된다. 이사야서 1장 18절에서 "오라 우리가 서로 변론[יָכַח, 야카흐]하자"라고 하는 것이 "공통적인 마음을 갖자"라고 하는 것은 아닐까? 하나님은 우리가 야카흐를 통해 선을 행하기를 바라신다. 앞의 17절에서 "선행을 배우며(לָמַד, 라마드, 혹은 숙련되다)"라는 구절이 증명한다. 야카흐는 선행의 기술을 연습하는 것이다. 다음 19절에서는 하나님이 "만일 네가 동의하면"(אָבָה, 아바, 혹은 개역개정에서는 '즐겨 순종하면') 다 잘될 것이라고 하신다. 아바는 '일사불란하게 함께 가다'를 의미한다. 야카흐가 하나님과의 공통적인 마음이라면, 패스트트랙 속의 우리 정체성이 점점 더 하나님의 인격을 닮을 것이다.

하나님께 사랑으로 애착하는 것은 우리가 죄에서 구원을 받는 방식이지 않을까? 달라스는 "죄"를 현대의 언어로 "기능장애"라고 말한 적이 있다. 무엇이든 패스트트랙의 기능을 망가뜨리는 것은 인격을 손상시키고 정서, 감정, 욕망이 통제되지 못하게 한다. 패스트트랙의 기능이 망가지거나 패스트트랙 정체성이 잘 훈련되지 않으면 정서, 감정, 욕망을 조절하지 못한다.

물론 우리의 반사적 반응도 조절하지 못한다. 달라스는 "미성숙은 죄의 결과다"라고 말했다. 헤세드 애착을 통한 구원이 죄에 대한 해결책, 그리고 죄가 정체성과 인격에 미치는 악영향에 대한 해결책일 수 있다.

하나님과 함께 생각할 때 정체성이 변한다

달라스에 따르면, 영적·정서적 성숙은 모두 감정, 욕망, 정서를 선한 것에 따라 통제한다. 영적으로 성숙하지 않은 사람은 감정, 욕망, 정서에 의해 지배된다. 신경과학에 따르면, 우뇌의 패스트트랙 마스터 시스템이 정서, 감정, 욕망을 조절한다. 정서적 성숙처럼 영적 성숙도 이 패스트트랙 시스템을 조절함으로 이루어진다.

정서적 성숙은 오직 타인을 모델로 삼아 성숙해지는 것이다. 그런 일반적인 성숙에 하나님의 성령과 하나님의 사람으로 말미암아 추가되는 것이 바로 영적 성숙이다. 영적 성숙은 별개가 아니라, 정서적 성숙에 다른 면이 추가된 것이다. 예수님이 말씀하시길 이방인도 이웃을 사랑할 줄 안다고 하셨다. 많은 그리스도인들은 이것을 잘 다루지 않지만, 영적 성숙은 원수를 진심으로, 자발적으로 사랑하는 것으로 표현된다.

사회적 뇌는 그 뇌가 사랑하는 사람들을 통해 평생 형성되어 간다. 관계적 상호작용의 질에 따라 정체성과 인격의 변화가 이루어진다. 사랑의 관계는 즐겁고 감사하는 상호작용을 통해 발달한다. 그러나 우리에게 기쁨을 주는 사람만 사랑하는 것을 넘어설 때

비로소 그리스도의 인격을 닮기 시작한다. 원수를 사랑하려면, 반드시 하나님과 공통적인 마음을 가져야 한다.

달라스는 첫 강의에서 하나님이 우리에게 임재하신다고 말했다. 신경과학적으로 질문하자면, '하나님이 우리와 공통적인 마음 상태를 가질 정도로 가까이 계신가?' 만일 그 답이 '그렇다'라면, 신경과학적으로 이렇게 말할 수 있다. 사랑하지 않는 사람을 사랑하게 되려면 하나님과 공통적인 마음이 있어야 한다.[16] 정체성과 인격이 변하려면 헤세드 애착 사랑이 있어야 한다. 하나님에 대한 애착이 충분해서 하나님에 '대해' 생각하지 않고, 하나님과 '함께' 생각하면 하나님이 우리의 정체성에 깊이 영향을 미치신다.

"나의 사람들"과 공통적인 마음을 가질 때 패스트트랙이 일관된 정체성(성숙한 인격)을 발달시킨다. 이때 "나의 사람들"이란 나와 사랑으로 애착하여 내가 정말 누구인지 나에게 말해 줄 "권리"를 가진 사람들이다. 예수님과 그리스도인이 "나의 사람들"로 애착될 때 애착 사랑이 나의 정체성 안에 그리스도의 인격을 형성한다. 그리스도인이 하나님의 성령을 통해 하나님과 공통적인 마음을 갖는 연습을 하면 사람으로부터 얻을 수 있는 것보다 더 훌륭한 인격을 형성할 수 있다. 우리가 그런 훌륭한 인격을 다른 인간들(특히 원수)에게 보여 주지 못한다면, 어떻게 우리가 구원받았다고 주장할 수 있겠는가?

달라스는 하나님 나라에 산다면 마땅히 변화되어야 한다고 단언했다. 그는 현재 교회의 상태에 대해 통탄하면서 온 교회들이 미성숙한 리더와 교인 때문에 살얼음판 위를 걷고 있다고 말했다. 그는 성령을 통해 은혜로 예수님의 제자가 되어 의지를 포함한 전인이 변화되는 방법을 제안했다.

이제 뇌에서 애착이 의지보다 훨씬 더 강하고 의지와 별개라는 사실을 살펴보려고 한다. 우리는 질문해 보아야 한다. "성숙과 그리스도를 닮음의 기초는 무엇인가? 의지인가, 아니면 애착 사랑인가?"

콘퍼런스에서 달라스는 쉬는 시간이 끝날 때까지 사람들의 질문에 일일이 대답해 주었다. 그는 의식적 의지로 정서, 감정, 육체의 욕망을 다스렸다. 달라스는 성숙한 의지로 욕망을 극복할 수 있다는 것을 보여 줬다. 그러나 달라스가 말한 "의지"는 상식적 개념과 다를 수 있다. 그것을 비롯하여, 계속해서 달라스의 강의를 살펴볼 것이다. 그 전에 인간의 구성요소들을 다룰 것이다.

해질녘의 9분(실습)

이 실습은 9분 동안 함께 해질녘의 노을을 바라보면서 마음을 다해 현재에 집중하고, 하나님에 대한 애착 사랑을 활성화시키고,

하나님과 공통적인 마음의 상태가 되어 보는 훈련이다. 이 실습의 세 번째 단계는 하나님과 함께 표정 짓기인데 의식적 마음의 슬로우트랙으로는 이해하기 어려울 수 있다. 어떻게 내 얼굴로 다른 이와 함께 미소를 지을 수 있는가? 어떻게 하나님이 내 얼굴에 나타날 수 있는가? 제자들도 '어떻게 하나님이 우리 배에 계실 수 있어?'라고 했던 것을 기억하기 바란다. 제자들의 생각은 그랬지만, 하나님은 분명 그곳에 계셨다. 하나님의 임재를 경험하면서 당신의 뇌와 몸(얼굴)으로 그것을 표현해 보라.

해질녘에 이 실습을 해 보라. 이 실습은 세 단계로 이루어진다. 각 단계별로 3분씩 실행하라. 먼저 하나님의 인도하심을 구하라.

1단계. 하나님이 주신 좋아하는 선물을 생각해 보라. 그것을 소중히 여기며 감사할 때 당신의 몸이 어떻게 반응하는지 주목하라.

2단계. 하나님이 특히 가깝게 느껴졌던 때를 기억해 보라. 그때 하나님의 임재가 당신에게 어떤 영향을 미쳤는지 주목하라.

3단계. 당신의 얼굴을 하나님과 공유하여 당신의 얼굴에 하나님의 표정이 나타나게 하고 하나님이 당신, 저녁노을, 주변 사람들에게 어떻게 반응하시는지 당신의 표정에 나타나게 하라. 말을 할 필요는 없다.

Part 2

,

인간은
어떤
존재인가

4.

전인적 존재

달라스 윌라드

누가
성숙한
사람인가

이번 장에서 달라스는 인간이 어떻게 기능하는지에 대한 모델을 제시한다. 그가 제시하는 심리학 및 인간의 구조는 중세 전부터 철학 및 신학의 한 부분이었다. 주목할 점은 달라스가 '의지(will) , 마음(heart), 영(spirit)'을 서로 교차해서 쓸 수 있는 단어로 본다는 것이다. 중세의 심리학을 참고하면 이 점을 이해할 수 있다. 그중 '의지'는 오늘날 대부분의 사람들이 사용하는 의미와 상당히 다르다. 철학자들은 어떤 단어를 나름대로 정의하고 나서 독자가 책 안에서 단어를 그 의미로 이해해 주기를 바란다(그런 면에서 달라스도 마찬가지다). 지금까지 달라스는 '욕망'이나 '의지'를 일반적인 용례와 다르게 사용했다. 우리가 생각하는 '의지'의 의미와 달라스가 생각하는 의미가 다르다는 점을 알면 달라스의 글을 더 쉽게 이해할 수 있다.

Dallas Willard

영적·정서적으로 성숙해가는 사람에게 어떤 변화가 일어나야 할지 더 자세히 살펴보자. 그러기 위해 먼저 성숙의 개념을 더 면밀히 살펴보자. '성숙'은 성장 과정을 가리킨다. 미성숙에서 성숙으로 나아가는 것이다. 성장하여 성숙하려면 인간의 핵심 요소들 간의 상호작용이 필요하다.

앞서 살펴본 핵심 개념은 영적 · 정서적 성숙이 '의지력'으로 되지 않는다는 것이다. 그런데 이것을 받아들이기가 참 어렵다. 우리는 사람들이 잘못한 것에 대해 그들의 의도를 공격하며 꾸짖는 경향이 있다. 그렇게 공격하면 고쳐질 것이라고 생각한다. 물론 자신의 의지를 사용할 줄 알아야 하지만, '사실 의지는 매우 힘이 약하다.' 의지를 최대한 효과적으로 사용하는 방법은 마음(mind), 몸(body), 사회적 관계(social relations), 혼(soul)을 바꿀 경험을 하는 데 의지를 사용하는 것이다. 그렇게 해서 일어난 변화들은 서로 상호 작용을 한다. 그러므로 만일 어떤 사람이 영적, 혹은 심리적 변화가 아주 간단하게 일어나는 방법을 제시한다면 조심하라. 하지만 분명 의지는 힘을 가지고 있다. 이 힘을 이해하여 변화에 활용하라.

내가 다시 강조하고 싶은 것은 성령께서 항상 이 과정에 활발히 역사하신다는 점이다. 그리고 하나님 나라를 이루기 위한 모든 수단들도 여기에 작동한다. 그러므로 당신은 혼자가 아니다. 사실, 가장 성장해야 할 부분은 다른 사람과의 관계다. 그것이 하나님 뜻이요 설계다. 강조하고 싶은 것은 영적·정서적으로 성숙하려면 '의지'를 사용할 줄 알아야 하지만, '의지력'이 영적 성숙의 열쇠는 아니라는 점이다.

의지력을 열쇠로 삼으면, 율법주의에 빠질 수밖에 없다. 또한 '의지'를 성숙의 열쇠로 보면 실패의 연속일 수밖에 없다. 베드로가 예수님께 "저는 주님을 부인하지 않겠습니다"라고 했을 때 예수님이 "너는 부인할 거야. 너는 부인할 거야. 너는 부인할 거야"라고 말씀하신 것을 생각해 보라(마 26:31-35 참고). 베드로는 자신의 의지와 의도를 표명했을 뿐이다. 그러나 베드로는 자신에 대해 알지 못한 것이 있었고, 예수님은 그것을 아셨다. 예수님은 의지와 상관없이 베드로의 몸이 어리석은 행동을 할 소지가 다분하다는 것을 아셨다.

이것이 로마서 7장이 전하는 이야기다. 본문에서 바울은 "내가 원하는 것은 행하지 아니하고 … 내가 원하지 아니하는 것을 행"한다고 말한다(롬 7:14-25). 이 성경 구절은 매우 분석적이다. 바울은 몸이 자신의 의도보다 앞서간다는 것을 깨달았다. 영적 성장에 관해 이해하고 깨달아야 할 사실로 이보다 중요한 것은 없다. 즉 몸이 가장 취약한 부분이라는 사실이다. 또 의와 성숙이 이루어지려면 많은 것이 필요한데, 특히 눈앞의 상황을 정확히 파악하는 침착성이 필요하다.

베드로는 그런 침착성이 없었다. 그래서 소녀가 "당신도 그들 중 한 사람이죠?"라고 했을 때 베드로는 상황을 침착하게 파악하고 어떻게 반응할지 고민할 여유가 없었다. 그냥 몸이 먼저 반응했다(마 26:69-75). 이처럼 우리의 몸이 평소 습관에 따라 먼저 반응할 때가 많다. 그래서 우리는 몸이 다급한 순간에 올바로 반응하도록 의지를 사용해서 훈련해야 한다.

영적 성숙에 대해 얘기할 때, 사실은 영적으로 '성숙해 간다'고 말해야 할 것이다. 영적 성숙은 그렇게 해서 미래의 어느 시점에 도달하는 것이기 때문이다. 좀 우려되는 부분은 나도 내 안에 있는 것을 다 모른다는 점이다. 나도 배우는 중에 있다. 그래서 하나님께 감사한다. 사실 나는 엉망으로 살았다. 10대 시절을 돌아보면 '그때는 도대체 어떻게 그렇게 생각했지?'라는 의문이 든다. 다른 사람에 비하면 그래도 좀 덜한 편이었는데도 말이다. 뒤돌아보면 우리가 미래에 대해 얼마나 근시안적이었는지 깨닫게 된다. 가령 베드로는 예수님과의 관계에 대해 질문을 받고서 자신이 어떻게 반응할지 전혀 예측하지 못했다. 그러므로 성숙이 당장 이루어지는 것이 아니므로 성숙해 가는 과정에 초점을 맞추는 것이 낫다. 특히 자신의 성장에 대해서는 더욱 그러해야 한다.

이제 자아의 본질적 측면들이 무엇이고 그것을 어떻게 변화시킬지 살펴보자. 성경에서 한 가지 결론을 강조할 때가 있다. 예를 들어, 로마서 12장은 우리 자신 곧 우리의 몸을 산제물로 드리라고 한다(롬 12:1 참고). 이것은 어떤 의미일까? 개인의 성장이든 교회의 성장이든 영적·정서적 성장 과정을 중요하게 생각한다면 이 구절을 자세히 살펴보아야 한다. 몸을 산제물로 드린다는 것이 무슨 의미인가? 또 바울이 말한 유명한 다른 구절을 생각해 보자(그런데 이 구절에 대한 설교를 들어본 적이 없다). "내가 내 몸을 쳐"(고전 9:27). 이것은 무슨 의미일까? 이는 곧 몸을 훈련해서 몸이 나를 지배하지 않게 한다는 뜻이다.

대부분의 사람들은 자동적인 반응으로 살아간다. 보통은 사회적 환경이 우리의 선택을 결정한다. 우리는 그 패턴에서 벗어나야 한다. 그러려면 인간의 특정 측면들을 살펴보면서 변화시켜야 한다.

지금까지 살펴본 것을 바탕으로 질문하겠다. "정서적 성숙은 사람의 어느 부분에서 나타날까?" 갑자기 머리에 성숙이 임하는 게 아니다. 성숙은 우리의 마음과 감정 등 사람의 모든 부분에서 복합적으로 이루어진다. 이 과정이 어떻게 이루어지는지 이해하면 성숙을 위한 계획을 세울 수 있다.

내가 항상 어떤 유혹에 시달린다고 해 보자. 어떤 때는 유혹이 나를 사로잡아서 고질적인 죄가 될 수 있다. 아니면 내게 그냥 뭔가 무거운 짐이 있을 수 있다. 히브리서 12장 1절은 죄와 무거운 것을 구별한다. 우리를 괴롭히는 모든 게 다 죄는 아니다. 어떤 것은 그냥 어리석은 것이다. 시간이나 돈을 사용하는 방식이 어리석을 수 있다. (나는 사람들에게 단순한 어리석음을 마귀 탓으로 돌리지 말라고 말하곤 한다.) 자신의 고질적인 죄나 어리석은 습관을 찬찬히 살펴보면 변화가 시작한다. 우리 몸을 어떻게 산제물로 드릴 수 있고 그것이 시간이나 에너지 관리와 어떻게 관련되는지를 보게 된다. 그리고 어떤 것들은 실질적으로 죄의 영역 안에 있는 문제들에서 비롯한 것임을 깨닫는다.

예를 들어, 너무 바쁘면 누군가를 사랑할 수 없다. 너무 바쁘면 잠을 잘 시간이 없는 것과 마찬가지다. 그러므로 '어떻게 해야 더 사랑할까? 어떻게 해야 더 잠을 많이 잘까?'라고 하지 말고, 더 기본적인 질문을 하라. '어떻게 해야 정신없이 바쁜 상황에서 벗어날까?' 그러면 우리가 정신없이 바쁜 것이 주로 몸이나 사회와 관련이 있음을 알게 된다.

사람을 동심원으로 생각해 보자. 동심원 바깥쪽은 무한한 환경이다. 그것은 우리 외부를 가리킨다. 그 다음에 그 원들이 어떻게 서로 관련되고, 무한한 환경과 상호작용을 하는지 살펴보자.

전인(全人)에 대한 다음 도표를 안쪽에서부터 살펴보자. 이것에 대한 관점이 다양하지만, 나는 의지, 영, 마음을 인간을 구성하는 하나의 기본 요소로 본다. 이 요소를 가장 중심에 둔 이유는 우리의 가장 작은 부분이기 때문이기도 하고 그 역할이 다른 무엇보다 중요하기 때문이기도 하다.

<그림1 무한한 환경>

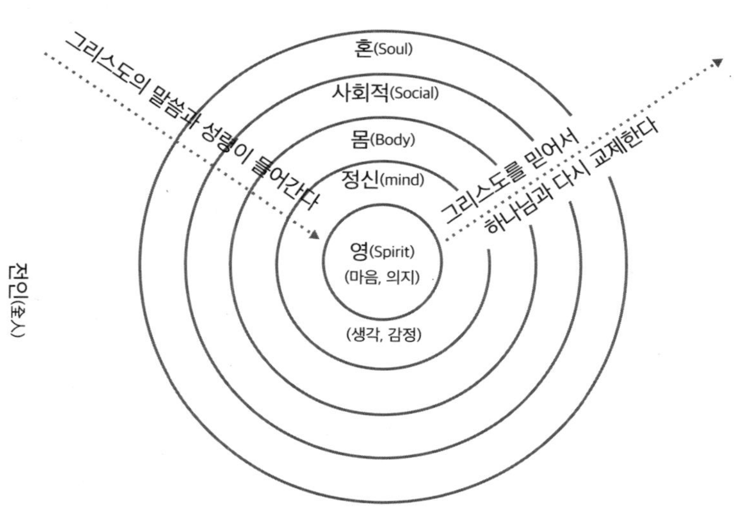

의지(Will), 영(Spirit), 마음(Heart) 바깥의 원은 "생각과 감정"이다. 나는 그 둘을 함께 묶었다. 이것을 "정신"(Mind)이라고 부를 수도 있다. 이 원은 뭔가에 대해 생각하는 능력을 나타낸다. 의지와 마음은 서로 별개로 작용하지 않는다. 사실 이 중 어느 것도 나머지와 별개로 작용하지 않는다.

우리는 지금 사람을 분석하고 있는데, 사람에게는 여러 측면이 있고, 우리는 그 각각의 측면을 살펴보아야 한다. 그 다음 원은 몸(Body)인데, 몸은 인간의 필수적인 부분이다. 몸이 없으면 활동할 수 없다. 가끔 어떤 행동이 몸에 익어서 저절로 나오기도 하는데, 그것은 좋은 일이다.

몸 다음의 원은 사회적 측면(Social relationships) 즉 다른 사람들과의 관계다. 이것도 필수적이다. 사회적 측면은 부모를 비롯한 가족에서 시작되어 퍼져나간다. 우리가 어떤 사람이 되고 어떻게 행동할지에서 사회적 관계는 핵심적이고 근본적인 역할을 한다.

나는 혼(Soul)을 가장 바깥에 두었다. 혼은 가장 포괄적인 부분이기 때문이다. 혼은 주변 공간에까지 영향을 미친다. 혼의 기본 기능은 인간의 이 요소들을 통합하여 하나의 삶을 만들어 내는 것이다. 만약 혼이 망가지면 삶의 부분들이 통합되지 않는다. 이것을 '통합성의 상실'(loss of integrity)이라고 한다. 통합성은 모든 요소들이 잘 통합되어 있는 것이다. 통합성은 진리 안에 살지 않을 때 길을 잃는다. 진리를 떠나면, 삶의 경로가 잘못된다.[1] 일반적으로 인간의 삶은 진리와 동떨어져 있다. 우리는 숨어서 살 때가 많은데 이는 가정에서 시작되는 경우가 많다. 어떤 명백한 진리들을 부인해야만 하는 가정에서 살면 인격의 와해가 일어난다. 그것은 혼을 파괴한다.

상한 혼이 성숙해지려면 상했던 것이 치료되어야 하고 핵심 요소들이 재통합되어야 한다.

자아의 전반적인 성향을 인격이라고 하며, 인격은 행동으로 나타난다. 그것은 위의 구성요소들의 상호작용에서 나온다. 행동을 제어하려 한다면, 행동 이면에서 자아의 요소들이 어떻게 개입되어 있는지 살펴보아야 한다. 인간은 매우 복잡하고, 그 역학은 무한히 흥미롭다. 소설이나 실화가 그렇게 흥미로운 이유는 인격을 이루는 구성요소들이 흥미롭게 상호작용하기 때문이다.

만일 "그런 분석은 어디서 나온 거죠?"라고 질문한다면, 예수님이 "어느 계명이 크니이까?"라는 질문을 받으셨을 때 이 구성요소들을 언급하셨다는 점을 생각해 보라. "네 마음을 다하고 혼을 다하고 마음을 다하고 힘을 다하여 주 너의 하나님을 사랑하고 네 이웃을 네 자신 같이 사랑하라"(마 22:36-40 참고).

나는 이 말씀이 프로이드 박사나 융 박사 같은 딱딱하고 무미건조한 어느 박사의 분석보다도 도움이 된다고 생각한다. 예수님은 이 요소들에 관해서 더 자세히 설명하지 않으셨다(설명은 제자들에게 그것을 맡기셨다. 게다가 예수님은 다른 할 일이 많으셨다). 다만, 인간의 중요한 요소들이 무엇인지만큼은 분명히 밝혀 주셨다.

창조를 통해 선을 이루는 수단인 의지(The Will)

이제 각 요소를 더 깊이 살펴보자. 각 요소는 인간 능력의 특정한 측면이다. 의지(나는 성경에 근거해서 의지를 영, 마음과 같은 것으로 본다)[2]는 사물과 사건을 만들어 내는 핵심적인 능력이다. 의지는 하나님을 본받아 선한 것을 위해 창조력을 발휘하도록 주어졌다. 어린아이들은 시키지 않아도 그렇게 한다. 물론 어른들도 그렇게 하고 싶어 한다. 우리는 인생의 마지막에 "내가 세상을 더 좋게 만들었어"라고 말하고 싶어 한다. 그것은 창세기 1장 26절의 창조 언약에서 유래하는 인간의 깊은 욕구다. 그 언약에서 하나님은 "우리의 모양대로 우리가 인간을 만들자"라고 하셨다. 이 구절에서 모양은 하나님의 무엇을 닮았을까? 바로, 책임감(responsibility)을 닮았다. 어떤 번역에서는 그것을 "통치권"(dominion)이라고 한다. 하나님이 인간에게 주신 통치권은 선을 위한 것이었고 피조물에 대한 것이었다. 당신은 창조하도록 창조되었다. 그래서 당신은 뭔가 창작하고 창조하길 좋아한다. 의지는 창조하여 선을 이루기 위한 수단이다. 우리는 창조할 때 행복하다.

의지의 주된 역할은 하나님을 의지하는 것이다. 그래서 하나님을 의지하는 가운데 주변 모든 것에 유익을 끼친다. 우리는 하나님의 피조물에 대한 책임이 있다. 그러나 의지가 하나님으로부터 분리되어 독자적인 길을 가게 되면 힘들어진다. 삶을 스스로 책임져야 하는데 그건 누구라도 감당할 수 없는 무거운 짐이다. 그러나 하나님이 원래 뜻하셨던 종류의 통치로 돌아갈 수 있다. 은혜를 통해 우리는 하나님이 의도하신 대로 기능하고 성취할 수 있게 된다. 자신의 힘으로 사는 사람과 하나님 아래 있는 사람을 비교하면서 은혜의 개념을 소개하는 구절이 로마서 5장 17절이다. "한 사람의 범죄로 말미암아 사망이 그 한 사람을 통하여 왕 노릇 하였은즉." 이 구절을 보면, 우리는 하나님으로부터 소외되어 하나님과 단절되었다. "더욱 은혜와 의의 선물을 넘치게 받는 자들은 한 분 예수 그리스도를 통하여 생명 안에서 왕 노릇 하리로다." 이 구절에서 우리는 예수 그리스도가 하신 일을 통해 은혜로 하나님과의 관계가 회복되었다.

약속에 주목하라. "생명 안에서 왕 노릇 하리로다"라고 하셨다. 하나님만 나라를 갖지 않으셨다. 당신도 나라를 가졌다. 별로 그런 것 같지 않더라도, 사실 인간은 관할 범위, 통치 영역을 갖고 그 안에서 의지를 실현하려는 본능이 있다. 우리는 기본적으로 그렇게 살도록 설계되었다. 하나님과 소원할 때는 그렇게 하지 못했지만, 그리스도를 통해 하나님과 다시 연합하면, "한 분 예수 그리스도를 통하여 생명 안에서 왕 노릇"한다.

의지의 비밀은 엄청나게 많은 것을 할 수 있다는 것이다. 그것은 건설 장비로 흙더미를 옮기는 사람과 같다. 그들은 기계에 앉아서 버튼을 누르거나 작은 레버를 움직일 뿐이다. 그들의 의지와 기계의 힘이 결부되어 있다. 인간의 발달에는 통치권을 갖는 것이 포함된다. 또 인간은 피조 세계의 큰 힘을 사용한다. 영적인 것도 마찬가지 원리로 움직인다. 의지를 올바로 사용하면 영적으로 위대한 일을 이룰 수 있다. 그러려면 우선 하나님을 신뢰하고 하나님께 감사해야 한다.

의지로 인해 우리는 더없이 중요한 존재가 되었다. 그래서 우리는 의지를 소중히 여긴다. 우리는 인간을 사고 파는 일이 잘못이라는 데 동의한다. 그것은 우리의 법에도 적시되어 있다. 인간의 가치는 다른 어느 것에도 비견되지 않기 때문이다. 인간을 다른 인간으로 대체하는 것도 안 된다. 당신의 의지 때문에 당신은 엄청난 가치가 있다. 그래서 하나님조차 인간의 의지를 소중히 여기신다. 너무 소중해서 존중해 주신다. 하나님은 인간이 의지를 바꿀 수 있도록 역사하시고 이야기하시고 중요한 것을 이해시켜 주시지만, 결국에는 그 사람의 의지를 존중하신다. 그래서 사람이 하나님을 거부하기로 결정하면 그렇게 하게 허락하신다.

나는 하나님이 아무도 지옥에 보내지 않으신다고 개인적으로 믿는다. 다만 사람들이 지옥에 가고 싶어 하면 가게 허락하실뿐이다. 지옥은 요컨대 하나님을 멀리 떠난 곳이다. "지옥에 가고 싶어 하는 사람이 누가 있겠어요?"라고 말하겠는가? 그러나 하나님을 좋아하지 않는 사람에게는 천국이 지옥일 것이다. 하나님을 싫어하는 사람이 천국에 가서 하나님을 피할 수 없게 되었다고 생각해 보라. 좋겠는가? 하나님을 좋아하고 사랑해야 하나님과 함께 있는 것이 좋다. 이 땅에서나 죽음 이후에나 마찬가지다.

까다로운 문제를 다루었지만, 요컨대 내 말은 의지가 중요하다는 것이다. 의지는 선한 것을 창조적으로 시작할 수 있는 역량이다. 물론 인간의 의지로 큰 해를 끼칠 수도 있다.

의지는 하나님께 복종하고 하나님을 의지하여 선을 창조하기 위해 존재한다. 위대한 미술가들이 걸작의 공로를 하나님께 돌렸다. 위대한 과학자들도 그랬다. 그건 자연스럽고 좋은 일이다. 자녀를 둔 부모도 그렇게 할 수 있다. 자녀, 사랑하는 이, 친구, 교회의 선하고 아름다운 것에 대한 공로를 하나님께 돌리고 하나님이 그 모든 것을 붙들어 주시고 이끌어 주신다고 인정할 수 있다.

반면에 하나님께 복종하지 않는 의지는 절망적이다. 그러면 의지가 원래 이루어야 할 선을 이루지 못한다. 물론 그래도 어떤 좋은 일들을 할 수는 있다. 그런 일이 많을수록 좋다. 왜냐하면 우리 그리스도인들은 어떤 상황에서든 최대한 많은 선이 이루어지길 바라기 때문이다. 그러나 영적·정서적 성숙의 큰 증표는 의지를 하나님께 복종시키는 것이다. 하나님께 복종하는 의지야말로 구속받은 사람의 핵심이다.

같은 이유로 시편과 신약에서 감사를 그렇게 강조한다. 하나님께 감사하는 것은 온전한 헌신자의 핵심이다. 그것은 하나님께 복종하고 하나님이 공급하시며 돌보신다고 시인하는 의지의 증표다. 데살로니가전서에서는 '범사'에 감사하라고 말한다. 그것이 당신을 향하신 하나님의 뜻이기 때문이다(살전 5:18 참고). 믿음의 가장 큰 표현은 어떤 것을 좋아하지 않더라도 감사하는 것이다. 정서적으로 성숙한 사람, 영적으로 성숙한 사람만이 그렇게 할 수 있다.

정신(Mind)

의지는 선을 창조하는 능력이다. 정신(the mind)의 중심이 의지다. 생각해 보라. 만일 당신이 하나님에 대해 잘못 생각한다면, 의지를 하나님께 더 복종시킬 것인가, 덜 복종시킬 것인가? 우리가 하나님의 형상을 어떻게 이해하느냐가 매우 중요하다. 나는 인간의 모든 악은 하나님에 대해 잘못 생각하는 데서 나온다고 자주 말한다. 살다보면 하나님에 대해 잘못 생각하게 된다. 우리는 하나님이 누구이신지에 관한 오해를 무의식적으로 받아들인다. 그러나 하나님에 대해 잘못 생각하고 '싫어 하는' 경우도 있다.

다소 학문적인 자리에서 하나님의 존재에 대해 얘기하고 싫어하고 그에게서 진지함이 보일 때 내가 먼저 묻는 한 가지는 "당신은 하나님이 있기를 원하나요?"라는 것이다. 흔히 그들은 "아니요"라고 대답한다. 그렇게 되면 더 토론할 필요가 없어진다. 내가 아무리 논증하고 증거를 제시하더라도 그들은 하나님의 존재를 감지하는 순간 회피하기 때문이다. 그들은 논증하거나 증거를 제시할 때 왜곡이 얼마나 심한지 모른다.

유명한 무신론자들을 생각해 보라. 그들이 얼마나 비논리적인지 놀랄 때가 많다. 물리적 우주가 원인 없이 존재한다는 개념을 생각해 보라. 그들에게 물어보라. "어떤 물리적인 것이 원인 없이 존재하는 것을 본 적이 있나요? 예를 들어, 아무것도 없었는데 이 한 잔의 차가 갑자기 나타날 수 있나요?" 그들은 유구무언일 것이다.

정신은 증거와 논리로 작동한다. 아주 자연스럽다. 그러나 의지도 이미 거기에 개입되어 있다. 의지가 진리를 받아들이려고 해야 한다. "나는 진리를 받아들일 거야. 진리를 받아들이기 위해 필요하다면 나의 신념이나 희망도 포기할 거야"라고 하는 의지여야 한다. 의지와 마음이 함께 작동한다. 의지가 작동하려면 정신이 뭔가 제시해 주어야 한다. 그러나 의지가 진리를 거부하는 쪽으로 치우쳐 있다면, 정신이 사실을 사실대로 제시해 주지 않는다. 그런 상호작용이 의지와 정신 사이에 일어난다.

감정, 정서, 욕망도 여기에 개입한다. 이것들이 우리가 무엇을 '생각할 것인가' 혹은 무엇을 '생각할 수 있는가'를 결정하는 경우가 많다. 그래서 우리의 정신을 어디에 두려고 선택하느냐가 영적·정서적으로 얼마나 성숙할지를 결정하는 데 지대한 영향을 미친다. 예를 들어, 인간관계에서 다른 사람을 어떻게 생각할지는 선택이다. 다른 사람을 경제력이나 성적으로만 볼 건가, 아니면 전인으로 볼 것인가를 결정해야 한다. 우리의 정신을 어디에 두느냐는 우리의 자유다. 단, 우리의 정신은 무한하지는 않다. 그래서 우리는 어떤 생각에 완전히 사로잡힐 수 있다. 그 유한한 생각을 어디에 두느냐에 따라 우리 삶의 방향이 결정된다고 해도 과언이 아니다.

그래서 바울이 "새로워지라. 마음(정신)을 새롭게 함으로 변화를 받으라"고 말한다(롬 12:2 참고). 바울은 몸을 사용해서 생각의 방향을 어느 쪽으로 집중하라고 한다. 가령 혼자만의 시간을 갖기 위해 어딘가로 갈 수 있다. 혹은 교회에 갈 수 있다. 이건 좋은 생각이다. 우리의 생각을 올바른 곳에 두기 위해 교회에 갔다가 예배에 빠져 들지도 모른다. 그것은 당신의 일생에 영향을 미칠 것이다.[3] 우리 정신을 어디에 두느냐의 선택은 영적·정서적 성숙을 결정하는 중요한 요소다.

우리가 하는 가장 중요한 일은 하나님에 관해 생각하는 것이다. 로마서 12장에서 몸을 산제물로 드리라고 하는 은혜로운 구절은 이렇게 시작한다. "그러므로 형제들아 내가 ... 너희를 권하노니"(롬 12:1) 왜 여기에 "그러므로"가 나오는가? 그 앞의 11장 36절을 봐야 알 수 있다. "이는 만물이 주에게서 나오고 주로 말미암고 주에게로 돌아감이라 그에게 영광이 세세에 있을지어다 아멘." 그것이 로마서 12장으로 이어진다. "너희의 마음(정신)이 그것을 생각하고 있으니 형제들아, 내가 너희를 권한다. 너희 몸을 산제물로 드리라"(롬 12:1 참고).

하나님에 관해 올바로 생각하는 것, 즉 하나님을 우리의 근원이요 공급해 주시는 분으로 생각하는 것이 출발점이다. 만일 하나님에 관해 그렇게 생각하지 않으면, 몸을 산제물로 드리지 않게 될 수 있다. 그러면 정신이 새로워지지 않을 것이고 당신은 변화되지 않을 것이다.

자아의 요소들은 이렇게 상호작용을 한다. 그래서 정신과 감정과 의지가 나의 일생을 결정한다. 하나님에 대해 잘못 생각하는 것이 가장 큰 실수다. 복음을 들을 필요가 있다. 하나님이 정말로 선하시고 정말로 전능하시다고 누군가가 내게 말해 주어야 한다. 만일 그렇지 않으면, 나는 그렇게 생각하지 않을 수 있다. 그러면 내 일생이 잘못된 방향으로 갈 것이다. 그러므로 우리가 복음을 증거하는 것이 정말로 '중요하다.' 특히 우리 시대에 가장 중요하다. 예수님의 복음이 심각하게 왜곡되고 있기 때문이다. 우리는 하나님에 대한 참된 지식을 사람들에게 전하고, 그들이 올바른 생각을 듣게 하고, 말씀을 듣게 해야 한다. 그것은 우리가 다른 인간에게 할 수 있는 가장 좋은 일이다.

몸(Body)

당신의 정신은 뇌가 아니다. 내가 하나님은 뇌가 없으시다고 하면 사람들이 듣고 놀란다. 그러나 하나님은 뇌가 없어도 하나도 아쉽지 않으시다!

뇌는 몸의 한 부분이다. 몸은 앞에 본 동심원 도표(106p)에서 마음 다음에 있다. 전 세계 곳곳의 사람들이 뇌를 이용해서 사람들의 인격과 삶을 바꾸려고 연구한다. 그런 연구를 하나님의 뜻에 따라서 할 수도 있고, 하나님 없이 할 수도 있다.

여러 경우에, 가령 음란물 중독을 다룰 때, 몸과 마음을 함께 치료해야 한다. 그런데 뇌는 몸의 한 부분이므로 여러 면에서 뇌는 직접적, 총체적으로 다룰 수 있다. 몸은 대계명에서 "네 마음을 다하고 목숨을 다하고 뜻을 다하고 힘을 다하여 주 너의 하나님을 사랑하라"(막 12:30)라고 할 때 '힘'에 해당하는 부분이다.

몸을 악하거나 나쁘다고 (잘못) 생각하는 경우가 있는데, 그렇지 않다. 몸은 좋은 것이고, 하나님의 걸작품이다. 나는 하나님이 몸에 힘을 담아 우리에게 선물로 주셔서 우리 각자가 활동하게 하신다고 생각한다. 우리가 하나님을 거슬러 행동하기를 선택할 때조차 하나님이 그런 능력을 주신다. 몸은 삶의 방향을 재조정하는 출발점이다. 모든 영성 훈련은 가령 성경 암송 같은 것조차 신체적 에너지나 힘이 필요하다. 몸이 거기에 참여한다.

당신의 몸은 생각하지 않고도 작동할 수 있도록 설계되어 있다. 만일 어떤 행동을 할 때마다 일일이 생각해야 한다면, 아무것도 못할 것이다. 대부분의 사람들은 생각하지 않고 행동할 수 있다. 예를 들어, 운전하면서 모든 동작마다 생각해야 한다면, 그런 사람이 운전하는 차에 타고 싶지 않을 것이다. 그런 사람은 언제 액셀러레이터가 아닌 브레이크를 밟을지, 언제 회전하고 언제 직진할지 일일이 생각해야할 것이다. 그러나 그렇지 않고, 생각하지 않고도 행동할 수 있는 몸이 있어서 감사하다.

가령 어떤 언어를 말하는 것에 관해 생각해 보라. 처음에는 어떤 언어를 말하기 위해 모든 것을 일일이 생각해야 했다. 단어를 선택하고 적절히 조합하여 주어와 동사와 목적어를 맞춰야 한다. 그러나 익숙해져서 더 이상 그런 것을 생각하지 않아도 되면 얼마나 편한가! 혹은 신입 직원이 들어와서 뭘 하라고 일일이 지시해야 했던 때를 생각해 보라. 당신은 그들이 뭘 해야 하는지 잘 배워서 별로 생각하지 않고도 할 수 있길 바랄 것이다. 예수님이 제자들을 "친구"라고 부르신 것은 "이제는 내가 하는 일을 너희가 이해하기 때문"이라고 하셨다(요 15:15 참고). 제자들의 사역이 일취월장하여 몸에 익어서 생각하지 않고도 예수님의 명령을 수행하게 되었다. (베드로의 경우에 그렇게 되기까지 평생이 걸린 것 같지만, 베드로도 결국은 그렇게 되었다! 베드로전서에서 그가 얼마나 성숙해졌는지 보라.)

우리는 몸이 본능적으로 선하고 옳은 것을 하게 되기를 바란다. 그러나 몸은 오히려 생각하지 않고도 잘못을 저지를 줄 알게 되었다. 우리 몸은 새로운 본능을 배워야 한다. 로마서 6장에서 그것을 말한다. "그러므로 너희는 죄가 너희 죽을 몸을 지배하지 못하게 하여 몸의 사욕에 순종하지 말고"(롬 6:12). 그렇게 하지 못하게 하라! 타락한 세상에 살다보니 몸이 그렇게 세팅되었다. 그러나 바울은 말한다. "또한 너희 지체를 불의의 무기로 죄에게 내주지 말고 오직 너희 자신을 죽은 자 가운데서 다시 살아난 자 같이 하나님께 드리며 너희 지체를 의의 무기로 하나님께 드리라 죄가 너희를 주장하지 못하리니 이는 너희가 법 아래에 있지 아니하고 은혜 아래에 있음이라"(롬 6:13-14).

몸은 삶을 가능하게 한다. 그것이 몸의 기본적인 기능이다. 구체적으로 몸은 에너지와 힘을 제공하고, 좋은 습관이나 성향을 받아들인다. 그래서 생각하지 않고도 좋은 일을 하게 된다. 만일 그렇게 되지 않으면, 생각하기도 전에 잘못된 것을 하게 된다. 이처럼 성숙은 몸의 변화도 포함한다.

사회적
관계(Social)

사회적 관계(social relations)를 가지려면 다른 사람과 함께 살아야 한다. 아리스토텔레스(Aristotle)는 혼자 사는 사람은 인간이 아니라고 했다. 혼자 사는 사람은 신이나 괴물일 수 있지만 인간은 아니라고 했다.[3] 인간이라면 다른 사람과 함께 살아야 한다는 사실을 인정한다면, 우리가 서로를 어떻게 대하는지의 문제를 살펴보아야 한다. 관계 속에서 공격이나 거부가 일어날 때가 있다.

세상에 두려움이 팽배한 이유는 인간의 삶에 공격이 많기 때문이다. 공격은 은밀할 수도 있다. 다른 사람이 우리를 어떻게 생각하는가가 그렇다. 생각도 상처를 준다. 그 생각이 겉으로 표현되면 더 그렇다. 우리의 사회적 관계에서 공격이나 거부가 사라지고 돌봄, 사랑, 공감이 나타나야 한다.

우리는 함께 살고 서로 돌보도록 창조되었다. 그것이 자연스러운 일이고 우리가 기대하는 바다. 우리는 아동 학대에 대한 이야기를 들을 때마다 슬퍼진다. 원래 그래서는 안 된다고 생각한다. 어른 사이에서도 마찬가지다. 우리가 서로 받아들이고 사랑할 때 사회적 관계가 풍성해지고 굳건히 세워진다.

공격과 거부는 타락한 세상에서 인간 삶의 일반적인 모습이다. 그러나 그것을 돌봄과 공감으로 바꿀 수 있다. 공감은 다른 사람과 함께 있을 때 그 사람이 어떻게 느끼는지 아는 것이다. 그 사람의 관심, 희망, 두려움 등을 아는 것이다. 그래서 내가 그 사람과 함께 살 수 있고 그 사람이 사랑과 돌봄으로 나와 함께 살 수 있다. 결혼은 사회적 관계가 원래 어떠해야 하는지 보여 주는 아름다운 그림이다. 나는 하나님이 그렇게 의도하셨다고 생각한다. 그러나 수많은 부부가 결혼 생활 속에서 상처를 주고받고 고통을 당한다. 그 상처가 너무 커서 회복되기 어렵다. 많은 가정에 돌봄과 공감이 없는 것을 생각하면 마음이 아프다. 그러나 사실 우리는 서로 사랑하고 돌보도록 창조되었다.

다른 사람에게 거절당하는 것이야말로 인간에게는 가장 해롭다. 거절당하는 대신 무엇이 필요할까? 안전한 곳이 필요하다. 그래서 히브리서 13장 말씀을 보자. "하나님이 내가 결코 너희를 버리지 아니하고 너희를 떠나지 아니하리라 하셨느니라 그러므로 우리가 담대히 말하되 내가 무서워하지 아니하겠노라 사람이 내게 어찌하리요 하노라(히 13:5-6 참고). 또 로마서 8장은 "만일 하나님이 우리를 위하시면 누가 우리를 대적하리요"(롬 8:31)라고 한다.

이와 같은 말씀 안에 든든히 서지 못한다면, 우리는 어그러진 삶을 살게 된다. 예를 들어, 수치심은 인간에게 매우 잔인한 것으로서, 거절의 아픔을 내면에 품는 것이다. 수치심은 동심원 도표에서 마음의 한 요소인 감정에 해당하고 매우 고통스러우며 그 뿌리는 자신을 어떻게 생각하느냐다. 그러나 수치심과 교만 등도 사회적 맥락 속에서도 보아야 한다. 바울이 빌립보서 2장에서 "각각 자기보다 남을 낫게 여기라"라는 말로 남을 거절하고 수치를 주려는 유혹에 저항하라고 한다. 주목하라. 바울은 "그들이 더 낫다고 믿으라"라고 하지 않는다. 다른 사람이 나보다 낫지 않을 때도 있다. 그러나 나보다 나은 것처럼 대하라고 한다. 주와 함께 사랑 안에 거하는 사람은 사랑으로 그렇게 행할 수 있다.

혼(Soul)

마지막으로 혼(soul)이 있다. 혼은 모든 요소들을 통합하여 하나의 삶을 만든다. 우리가 경험하는 혼은 내면의 에너지의 흐름이나 방향이다. 혼은 개념을 잡기가 매우 어렵다. 그러나 우리는 언제 혼이 강하거나 약한지 느낀다.

혼은 회복과 관련 있다. 시편 23편은 "내 영혼을 소생"(시 23:3)시킨다는 약속의 말씀이다. 이어 시편 19편 7절에서는 "여호와의 율법은 완전하여 영혼을 소성시키며"라고 한다. 율법을 그렇게 생각해 본 적이 없을지 모른다. 성경의 율법은 하나님의 길을 말한다. 하나님의 길은 방향과 에너지의 원천이다. 그것이 우리 영혼을 소생시킨다. 그래서 매일같이 여호와의 율법을 묵상하는 사람은 시냇가에 심은 나무가 잎사귀가 마르지 않으며 열매를 맺는 것과 같다(시 23:3). 그런 사람의 혼은 깊은 원천에 닿아 있다. 여호수아 1장 8절을 생각해 보라. "이 율법책을 네 입에서 떠나지 말게 하며 주야로 그것을 묵상하여 그 안에 기록된 대로 다 지켜 행하라"라고 명령하신다.

하나님의 존재 자체에 당신의 혼을 맞추라. 그러면 당신의 혼이 회복된다.

혼이 회복되어 방향이 뚜렷하고 에너지가 넘쳐흘러야 제대로 기능할 수 있다. 그러면 삶의 모든 요소를 통합하여 하나의 삶을 이루게 된다. 바울이 로마서 7장에서 증언했다. "내가 원하는 바 선은 행하지 아니하고 도리어 원하지 아니하는 바 악을 행하는도다." 깨어진 혼은 하나로 통합되지 않고 중구난방인 삶으로 나타난다. 지금 여기서 우리가 살펴보는 것은 어떻게 그리스도를 닮아서 영적 능력과 성숙에 이르러 회복된 혼이 하나님 나라와 조화롭게 기능할 것인가다.

기만과 거짓 속에 살면 통합된 온전한 삶이 불가능하다. 혼이 분열되기 때문이다. 그러면 자아가 자신이 아는 것과 반대로 행동한다. 감정이 현실의 실상과 일치하지 않게 된다. 몸이 의지와 감정이 반대로 행동한다. 사람들이 이 세상에서 저지르는 끔찍한 일들은 혼이 깨진 결과이자 증거다. 그건 아동기에 겪은 일 때문일 수 있다. 다 알듯이, 학대당한 어린이가 학대하는 어른이 될 가능성이 크다. 왜 그런가? 그들의 혼이 깨졌기 때문이다. 그들이 옳다고 생각하는 것과 그들이 실제로 행동하는 것이 충돌한다. 그것이 깨진 영혼의 상태다. 그런 혼은 하나님 나라와 연합될 때 치료받을 수 있다.

예수님이 "먼저 하나님 나라와 그 의를 구하라"(마 6:33 참고)라고 하신 것은 혼 전체를 하나님의 방식으로 살고 행동하게 하라는 것이다. 그럴 때 혼이 회복된다. 알다시피, 그렇게 되려면 예수 그리스도를 믿고 성령이 들어와 역사하시도록 마음을 열어야 한다. 성령이 새로운 생각을 주시고 나쁜 감정에서 해방시키시거나 다른 감정을 주시고 몸이 스스로 못하는 것을 할 수 있게 해 주시고 사회적 관계를 변화시켜 주셔야 한다. 하나님이 도와주시려면 우리가 자아의 구조를 하나님 뜻에 일치시켜야 한다. 하나님 나라를 추구할 뿐 아니라 발견해야 한다. 그때 우리가 영적 성숙을 향해 나아간다.

5.

신경과학과 인격 발달

짐 와일더

변화의 핵심은
믿는 것보다
사랑하는 것이다

하트앤드소울 콘퍼런스의 점심시간에 달라스와 청중이 식사를 하기 위해 움직이며 이런 대화를 한다고 상상해 보자. 전통적으로 철학에서는 어떤 것을 설명할 때 상상의 대화를 이용한다. 우리도 근처의 멕시코 음식 맛집에서 대화를 나눈다고 가정해 보겠다. 물론 줄을 서야 하지만, 6월의 아름다운 캘리포니아에서 줄을 서 있는 것은 나쁘지 않다.

우리는 왜 달라스가 '의지'(will)에 대해서는 긍정적으로 말한 반면에 '의지력'(willpower)에 대해서는 부정적으로 말했는지에 관해서 대화를 나눈다. 그가 강의를 시작하면서 말했다. "지난 시간에 살펴본 핵심 개념은 영적·정서적 성숙이 의지력으로 이루어지지 않는다는 것이다." 이어서 그는 말했다. "지금 강조하고 싶은 것은 성장하여 영적·정서적으로 성숙하려면 '의지'를 사용할 줄 알아야 하지만, '의지력'이 영적 성숙의 열쇠가 아니라는 점이다. 만일 그것을 열쇠로 삼으면, 율법주의에 빠지고 말 것이다."

그것에 대해 나의 일행이 말했다. "율법주의도 나쁘지만, 의지력도 문제가 있어요. 믿을 수가 없다는 거예요. 의지력은 필요할 때 없어요. 설사 의지력이 효과가 있다고 해도 율법주의에 빠지게 할 뿐이라고 달라스도 말했어요."

음식점 앞에 줄선 사람은 모두 콘퍼런스의 참석자일 것이다. 앞에 줄선 여성이 뒤돌아보며 말한다. "의지력은 실생활 속의 단어이고 철학적 전문 용어는 아니에요. 그것은 사상적 측면에서 새로운 개념이에요. 불굴의 자세나 결의라고 할 수도 있을 거예요. 하지만 고집을 부리는 것이라면 또 다른 이야기가 되요."

당신이 그녀에게 질문할 것이다. "의지력 없이 어떻게 의지가 작동하죠?"

그녀가 대답한다. "실제로 작동해서 효력을 발휘하는 건 의지가 아닐 수 있어요."

그때 그녀의 일행은 자리가 나서 가고, 우리만 남았다. 점심을 먹으면서 우리의 이야기는 달라스가 말한 인간의 구성요소와는 다른 방향으로 흘러간다. 달라스가 우리의 얘기를 들었다면 그것을 "애착의 구원론"(Soteriology of attachment)이라고 했을 것이다. 반면에 방금 있었던 강의에서 달라스가 제시한 것은 애착의 구원론이 아니었다.

구원론이라 함은 구원이 어떻게 이루어지는가에 대한 설명이다. 우리의 무엇이 구원받는 것이고 그 메커니즘은 무엇일까? 성경에서 인간의 중심은 마음(heart)이다. 그러므로 구원은 최소한 마음을 구원해야 한다. 그러나 마음은 스스로를 구원할 수 없다. 때문에 마음이 하나님께 어떤 식으로든 반응하여 구원을 얻어야 한다.

마음은 어떤 메커니즘으로 하나님의 구원에 반응할까? 우리가 오늘날 교회에서 가장 많이 듣는 답은 '의지'다. 그래서 달라스는 의지를 인간 중심에 둔다. 그러나 내가 제안하는 애착의 구원론에서는 의지대신 '애착'을 중심에 둔다. 그래서 이제 달라스의 이론이 애착의 구원론을 통해 어떻게 달라지는지를 살펴보겠다.

신경과학에서는 뇌가 의지가 아니라 애착을 중심으로 기능한다고 말한다. 애착은 관계적이므로 달라스의 원도표에서 네 번째 관계적(social) 원, 즉 우리가 다른 사람들과 연결되는 부분에 존재한다고 볼 수 있다. 그러나 좋은 공동체나 가정에 속한다고 구원을 받지는 않는다. 구원을 주는 애착은 마음에서 일어난다. 그러므로 우리는 애착을 마음의 중심원으로 옮겨야 한다. 그러면 애착이라는 메커니즘을 통해 마음이 하나님께 응답하고 그리스도의 인격을 이루게 된다. 이때 의지는 마음과 몸 사이의 다른 곳으로 옮겨야 한다. 논리적으로 볼 때 의지는 마음과 연계되고, 신체적으로 볼 때는 뇌의 일부다. 의지와 선택은 뇌에서 작동한다.

종업원의 안내에 따라 자리로 가는 도중에 당신이 내게 질문한다. "동심원 도표에서 의지의 위치를 바꾸면 결정론에 빠지는 것 아닌가요?"

"전혀 아니에요. 사람들이 애착에 대해 잘 모르지만, 사실 애착은 인간 삶의 큰 동인(動因)이에요. 애착은 자유롭고도 활동적인 힘입니다. 애착은 나름의 방식으로 생기고 사라지죠. 우리가 누구에게 애착을 가질 것인가는 미리 정해져 있지 않아요. 사람이 의식적으로 무엇을 선택하느냐로 애착이 결정되지도 않아요. 부부는 서로 선택해서 결혼했지만 애착이 사라지기도 해요."

우리는 음식점의 자리에 앉으면서 얼굴을 아는 주변 사람들에게 목례와 미소를 건넸다. 그들도 답례로 미소를 보내왔다. 그럴 때 주변 사람들의 뇌 속에서 패스트트랙이 그 시각적 신호를 받아들여 유대감이 형성됐다.

다시 당신이 내게 말한다. "내가 보니까 달라스의 강의는 주류 기독교와 일치해요. 그가 주도면밀하게 전개한 사상, 적용, 논증은 하나님과 친밀한 관계에 있는 전인에 대한 것이에요. 내가 지금까지 읽거나 들은 기독교의 내용과 일치해요."

"맞아요. 신학과 철학 모두 오랫동안 의지에 중점을 뒀어요. 달라스는 의지의 개념을 심사숙고하여 개발했는데, 그것을 여기서는 다루지 않을 거예요. 다만, 이제 우리는 일반적 구원론을 애착 구원론으로 바꾸려고 하기 때문에 지금까지 서구 기독교의 주류 사상이 어떻게 발전되었는지 살펴보아야 겠어요."

의지를 중심 요소로 본 서구 기독교

어떤 물체가 떨어진 것이 천사가 밀었기 때문이냐, 당겼기 때문이냐를 놓고 대사상가들이 논쟁하던 옛 시대에는 사람이 어떻게 작동하는가에 대한 답을 신학에서 찾았다. 헬라 철학이 인간 심리에 관한 중세의 모델인 신학을 형성했다. 헬라 철학에 따르면, 사람은 여러 '기능'(faculties) 혹은 능력을 갖는다. 기독교 사상가들은 그 기능들을 마음(Heart), 혼(Soul), 영(Spirit), 정신(Mind), 몸(Body) 등과 연결시켰다. 중세 이후로, 아니 그 전부터 인간에 대한 이 고전적 관점은 수많은 조정과 발전을 거쳐서 신학과 신앙생활의 핵심을 형성했다.

계몽주의 시대 전까지는 인간의 활동을 중시하지 않았다. 하나님 뜻이라는 개념이 다른 모든 것을 압도했다. 그러다 낭만주의 시대 사상가들이 인간의 선택에 초점을 맞추기 시작했다. 동시에 아메리카 대륙의 식민지들이 독립했다. 그리고 제2차 대각성 운동이 미국을 휩쓸었다. 특히 침례교와 감리교에서는 예수님을 따르기로 결정하는 것을 구원으로 여겼다. 그래서 예수님을 구주로 모시는 것은 의지를 하나님께 복종시키는 것으로 여겼다. 생각과 선택은 '의지'라는 기능의 작용으로 간주되었다. 그렇게 해서 옛 신학과의 조화가 이루어졌고, 의지가 미국 신학의 중심 요소가 되었다. 제2차 대각성 운동과 더불어 의지와 선택이 매우 중시된 것이다.

기능과 덕

플라톤(Plato)이나 아리스토텔레스 같은 옛 철학자들은 어떤 기능이 인간의 능력들로 이루어지는지를 탐구했다. 기능은 지성, 애정, 열정, 상상, 인식, 직관, 이성, 기억 등을 포함한다. 이 기능들은 좋은 쪽으로도 나쁜 쪽으로도 사용될 수 있기 때문에 좋은 행동(용기, 자선 등)과 바람직한 지적 특징(지혜, 성찰 등)을 설명하기 위해 덕이라는 개념이 사용되었다. 그리스도인들은 인간의 어느 부분에 이런 기능과 덕이 작동하는지 알아야 한다고 생각했다. 성경의 용어를 빌리자면, 마음, 영, 혼, 정신, 몸이 후보들이다.

기독교에서는 기능들에 대한 다른 질문들도 등장했다. 어느 기능이 악한가? 어느 기능이 구원받을 수 있는가? 몸, 정서, 감정, 욕망, 의지는 모두 타락했기 때문에 혼을 구원할 수 없다. 그러나 구원받으려면 무엇인가 하나님께 응답해야 한다. 논리적으로 볼 때, 그 무엇인가를 선택할 수 있어야 한다. 그래서 결국 많은 사람들은 의지는 구원받을 수 있지만, 인간의 나머지 부분은 우리를 지옥으로 이끌 뿐이라고 결론지었다. (물론 모든 사람이 거기에 동의하지는 않았다.) 이어서 많은 사람이 주장하기를, 타락한 기능은 경건을 이루지 못하므로 하나님이 의지를 통해 역사하셔야 한다고 했다. 그리고 성경에서 하나님이 마음을 구원하신다고 하므로 의지와 마음은 같을 수밖에 없다고 했다.

우리는 달라스가 이렇게 말한 것을 이미 들었다. "욕망은 당신의 친구가 아니다." "몸을 악하거나 나쁘다고 (잘못) 생각하는 경우가 있는데, 그렇지 않다." "가끔 어떤 행동이 몸에 익어서 저절로 나오기도 하는데, 그것은 좋은 일이다." 그의 전반적 결론은 인간의 기능 자체가 나쁜 것이 아니지만, 몸, 욕망, 감정, 정서에 지배되면 끝이 나쁘다는 것이다.

인간의 여러 기능이 어떻게 작동하는지 생각해 보면 도착하는 결론은 모두 생각이 필요하고, 그렇지 않으면 기능이 작동되지 않는다는 것이다. 생각 없는 행동은 우연이나 자연적 법칙으로 일어난 물리적 사건일 뿐이다. 나의 형제 티모시는 이것을 이렇게 요약했다. "기능 심리학의 문제는 특정한 기능을 철저히 분석해 보면 결국 그 기능에는 의지와 이해력이 둘 다 필요하다는 것이다. 그렇다면 그 기능은 결국 별개의 기능이 아니다."

계몽주의 시대의 도래와 더불어, 인간을 인간답게 하는 것은 지성이라는 사상이 등장했다("나는 생각한다. 고로 나는 존재한다").[1] 이런 새로운 사상 때문에 구원받을 수 있는 것의 폭을 확대하여 지성이라는 기능도 구원받을 수 있다고 포함하게 되었다. 의지도 진리를 아는 데 필요하다고 보았다. 진리를 기억하려면 기억력도 중요한 기능이 되었다. 이성도 구원받아야 우리가 진리를 깨달을 수 있다고 보았다. 그러나 믿음의 신비는 버려져서 신화로 치부되었다. 그 외에 다른 기능들도 부정적으로 여겨지게 되었다. 예컨대, 예술가나 창의적인 사람의 흐트러진 삶으로 인해 상상력, 욕망, 몸은 구속받을 수 없는 마귀의 도구로 간주되었다.

자신이 옳다는 주장이 점점 신학을 지배했다. 자칭 "옳다는" 사람들은 어울리기 싫은 사람들이지만, 안타깝게도 그들이 영향력을 발휘했다. 그들이 목사도 되고 신학교 교수도 되었다. 그런 잘못된 "옳음" 때문에 많은 사람들이 믿음을 떠났다.

경건한 삶, 영적·정서적 성숙, 그리스도의 인격 형성이 다른 모든 기능의 이면에 있는 의지에 달려 있다고 여겨졌다. (성령의 영향력 아래서) 의지로 해내는 것을 유일한 소망으로 삼았다. 그러나 달라스는 이렇게 말했다. "자신의 의지를 사용할 줄 알아야 하지만, '사실 의지는 매우 힘이 약하다.' 의지를 최대한 효과적으로 사용하려면, 마음, 몸, 사회적 관계, 혼을 바꿀 경험을 하는 데 의지를 사용하라."

내가 이렇게 설명하면 당신은 말할지도 모른다. "나는 변화의 속도가 너무 느려서 낙심이 돼요. 내가 콘퍼런스에 오는 이유는 영적 삶을 원활하게 하고 더 깊이 성장하기 위함이에요. 나의 의지나 영으로 할 수 있는 게 별로 없다는 말은 듣고 싶지 않아요."

그 말에 나는 "다행히 영적 삶의 중심을 의지에서 애착으로 바꿀 수 있다는 좋은 소식이 있어요"라고 말했다. 달라스는 늘 분명히 말했다. 전통적인 영성 훈련이나 신앙생활은 효과가 빠르지 않지만, 그것들은 의지를 통해 직접 해낼 수 없는 것을 전략적으로 이룰 수 있다. 그의 다음 강의에서 이것에 관해 더 자세히 말할 것이다.

주의주의적(Voluntarist) 신학의 등장

왜 의지에 이렇게 많은 관심을 쏟는가? 메이플라워 호를 타고 영국에서 미대륙으로 건너온 청교도들이 의지한 정신적 지주는 윌리엄 에임스(William Ames)였다. 그의 저서 《신학의 정수》(*The Marrow of Theology*)는 그 시대에 소수파 의견이었지만,[2] 식민지 미국의 초기 정착민들은 그의 책과 성경을 올바른 신앙생활에 필요한 전부로 여겼다.

계몽주의 시대에 이르자 의지와 지성의 두 가지 기능이 신학과 철학의 초점이 되었다. 인간을 인간 되게 하고 그리스도인을 그리스도인 되게 하는 것이 무엇인지를 이 두 가지로 설명했다. 그런 관점으로 볼 때 그리스도인의 삶의 기반은 진리와 올바른 선택이었다. 죄는 하나님께 불순종한 선택으로 여겼고, 구원은 예수님을 자신의 구원자로 영접하는 선택으로 여겼다. 진리의 미명하에 상상력을 억눌렀고, 교육으로 더 많은 진리를 습득하는 것이 모든 문제의 해결책이었으며, 교단은 누가 옳으냐는 논쟁 때문에 갈라졌다. 설교자는 교인에게 진리를 외우고, 진리에 초점을 맞추고, 진리를 이해하고, 진리에 근거해 결정하라고 했다. 이러한 경향을 '주의주의'(主意主義, Voluntarism)라고 하는데, 이는 라틴어에서 의지를 뜻하는 단어에서 유래했다.[3]

주의주의는 현재에도 미국 기독교 세계관의 기저에 있는 주된 흐름이다. 이 시스템 하에서 변화의 메커니즘은 (뇌의 슬로우트랙에 있는) 의식적 생각을 사용하고, 진리에 초점을 맞추고, 더 나은 선택을 하는 것이다.

그렇게 진리를 강조하면 잘못될 수 없을 것만 같다. 하지만 가장 앞장서서 진리를 선포했던 그리스도인들이 연달아 실패하자 미국 교회는 풀이 죽어 버렸다. 리더들이 연달아 도덕적 잘못을 저질렀다. 그들은 진리와 옳은 선택을 아는 사람들이었다. 비단 거물급만 그런 것이 아니었다. 그런 실패에서 '주의주의적' 해결책은 더 많은 시간과 더 많은 에너지를 쏟아서 진리와 올바른 선택에 더욱더 주의를 기울이라는 것이었다. 하나님에 대해 더 많이 생각하기를 선택하라는 것이었다.

어떻게 우리 삶 속에 그리스도의 인격을 이룰 것인가에 대한 '주의주의'와 애착 구원론의 차이가 더 분명해진다. '주의주의' 사상에서는 성경을 공부하고 순종하라고 한다. 또 잘못 믿는 것을 고치고 순종하기를 선택하라고 한다. 그렇게 하면 그리스도인의 인격이 형성된다고 한다. 어떤 진리를 알아야 하고 어떤 성경 구절에 순종

해야 하는지는 기독교 내의 분파마다 다를 수 있지만, 모두 한결같이 기저에 '주의주의적' 세계관이 흐르고 있다.

반면에 애착 사랑은 옛 성인에게서 찾아볼 수 있다. 아시시의 성녀 클라라(Sanit Clare of Assisi)가 말했다고 하는 애착에 관한 명언이 있다. "우리는 우리가 사랑하는 것을 닮게 되고, 우리가 누구를 사랑하느냐가 우리가 어떤 사람이 되는가를 결정한다."

신경과학적으로 말하자면, 우리가 사랑하는 사람이 우리의 삶 자체요 욕망의 대상이 되고 그에게서 우리의 정체성을 찾게 된다. 하나님께 애착이 형성되면 이렇게 고백하게 된다. "하나님이여 사슴이 시냇물을 찾기에 갈급함 같이 내 영혼이 주를 찾기에 갈급하니이다."[5] 당신이 가까이 계시지 않으면, 나는 죽습니다. 당신이 제 정체성의 근원이십니다!

'주의주의적' 사상은 하나님에 대해 올바른 생각을 하면 하나님을 사랑하게 된다고 결론을 내린다. 하나님에 대해 나쁜 생각을 하면 나쁜 인격을 갖게 된다고 한다. 그러나 사실은 하나님을 모르는 이유가 하나님을 사랑하지 않기 때문이 아닐까? 하나님에 대한 애착이 부족해서 하나님을 보지 못하거나 하나님의 성품을 닮지 못하는 것은 아닐까? 하나님은 "이는 내가 선택한 신자이니 그가 설명하는 것을 이해하라"고 하지 않으셨다. "이는 내 사랑하는 아들이요 내 기뻐하는 자니 너희는 그의 말을 들으라"(마 17:5)고 하셨다.

애착의 구원론으로
모델을 바꾸다

지금까지 서구 철학과 신학의 수천 년의 역사를 간략히 보았다. 인간 이해의 이 고전적 모델에는 최소한 두 가지의 큰 문제가 있다. 첫째, 이 모델을 적용해도 기대하는 변화가 일어나지 않는다. 둘째, 이 모델은 뇌가 작동하는 방식과 일치하지 않는다. 뇌가 작동하는 주축은 의지가 아니라 애착 사랑이다.

상상 속의 그 음식점에서 내가 웃으며 말했다. "우리는 지금 관계적 애착 모델에 대해 얘기하고 있는데, 애착 모델의 중심 개념은 우리에게 먹을 것을 주고 마실 것을 주는 사람에게 우리가 애착을 갖는다는 거예요. 아담과 하와가 하나님이 아닌 뱀이 주는 것을 먹었을 때 인간 역사가 잘못됐어요. 이 새로운 애착은 우리에게 전혀 유익하지 않았어요. 예수님께 애착을 갖는다는 의미는 예수님이 우리에게 먹을 것과 마실 것을 주신다는 거예요. 하나님의 백성이 서로 애착을 가지려면 함께 식사를 해야 해요. 얘기를 더 나누기 전에 먼저 주문을 할까요? 저는 런치 부리토 스페셜과 레모네이드로 하겠어요. 그러고 나서 예수님께 감사 기도를 합시다."

우리가 주문하고 난 후에 당신이 내게 요청한다. "의지를 애착으로 바꾸면, 달라스가 말한 인간 구성요소들이 어떻게 바뀌는지 얘기해 줄래요? 그러면 좀 정리가 될 것 같아요."

의지

달라스는 말했다. "나는 의지(Will), 영(Spirit), 마음(Heart)을 인간의 기본 요소로 본다." 과거에는 의지를 "우리의 완전하거나 가장 깊은 정체성"으로 보았다. 그러나 뇌에 대한 최신 발견들을 보면 다르다. 그것을 살펴보자. 첫째, 뇌는 의지를 가장 깊은 정체성과 매우 다르게 본다. 둘째, 의식이 작동하기 전에 패스트트랙이 의지가 고려할 선택사항들을 미리 결정해 준다.

우리가 현재 의지라고 부르는 것은 의식적 생각 영역에 존재하므로 의지는 상당히 변덕이 심한 대뇌피질에 존재한다. 뇌의 대뇌피질에는 많은 의지들이 있는데 그것은 욕망과 잘 구분되지 않는다. 우리가 원하는 것은 운동을 더 많이 하고, 당분을 덜 섭취하고, 더 친절하게 말하고, 의자에서 일어서고, TV를 멀리하는 일이다. 우리는 정말 그렇게 하기를 원한다! 그러나 동시에 의지의 다른 조각들은 우리로 하여금 앉아서 TV를 보고 탄수화물을 섭취하게 만든다. 우리는 그렇게 하면서 자신이 뭘 선택하고 있는지 다 안다.

기존 신학에서는 불굴의 의지를 강조한다. 가령 《부족함이 없는 삶》(*Life without Lack*)에서 달라스는 예수님이 겟세마네 동산에서 유혹을 이기신 것이 "예수님의 의지가 강력함"을 증명한다고 했다.[4] 그러나 사실 거기서 예수님은 "내 원대로 마시옵고 아버지의 원대로 되기를 원하나이다"(눅 22:41)라고 기도하셨다. 예수님은 자신의 의지를 '거부'하신 것이다.

흔히 그것을 예수님이 자신의 뜻을 아버지께 복종시키셨다고 해석한다. 그러나 현재의 뇌 과학으로 다른 설명을 해 볼 수 있다. 즉 예수님은 여기서 인간의 뇌를 사용하셨고 인간의 뇌의 가장 큰 힘은 애착이다. 부모는 자녀에 대한 애착 사랑 때문에 자녀를 구하려고 불길로 뛰어든다. 자신의 의지가 아니라, 하나님 아버지께 대한 애착 사랑의 힘으로 예수님이 굳건하셨다고 볼 수 있다. 누가복음 본문에서는 예수님이 어떻게 끝까지 신실하셨는지 자세히 말해주지 않으므로 히브리서 12장 2절을 보자. 이 구절에서는 예수님이 기쁨 때문에 승리하셨다고 말한다.

다시 가상의 대화로 돌아가서, 우리가 음식이 나오기를 기다리고 있을 때 당신이 불쑥 말한다. "거기까지 잘 듣고 있었는데, 당신이 갑자기 예수님의 동기를 애착 사랑에서 기쁨으로 바꾸었어요."

"맞아요! 그건 신경과학에서 나온 거예요. 앨런 쇼어 박사는 기쁨을 통해 애착이 이루어진다고 했어요. 어떤 사람과 함께 있는 것이 정말로 기쁠 때 그 기쁨의 에너지가 애착을 강화시켜요. 우리가 기쁨을 나눌 때 애착이 형성돼요." 우리는 함께 미소 지었다.

기쁨은 관계적이다. 관계가 기쁠 때 애착이 형성된다. 서로를 보면 기쁘고, 함께 있어서 즐겁다. 기쁨은 애착 사랑을 누리는 것이다. 또 쇼어 박사는 기쁨이 뇌에서 정체성과 인격을 형성한다고 말한다.[5] 기쁨은 자제력을 준다. 기쁨은 곧 힘이다. 기쁘면 고통을 견뎌야 할 때 잘 감당하게 한다.

겟세마네 동산에서 예수님은 앞으로 있을 어떤 기쁨을 기대하셨을까? 우리와 애착이 이루어지고 하나님의 가족이 회복될 것을 기대하며 기뻐하셨다. 예수님은 제자들에게 하나님의 사랑 안에 거하라고 말씀하셨고(요 15:9) 우리가 포도나무의 가지라고 비유하시고 예수님께 기쁨으로 붙어 있고 애착하라고 하셨다(요 15:1). 예수님이 체포당하시고 재판을 받으시고 십자가에 못 박히신 이야기(다락방 강화 포함)에서 예수님이 승리하신 것은 하나님 아버지와 제자들에 대한 애착 사랑 때문이었다고 보는 것이 타당할 것이다.

예수님은 앞에 있는 기쁨을 바라보셨다. 십자가 후에는 그 무엇도 가족을 갈라놓을 수 없기 때문이다. 환난이나 칼이나 기근이나 위에 있는 것이나 밑에 있는 것이나 아무것도 하나님의 자녀를 하나님 사랑에서 끊지 못한다. 이것이야말로 헤세드다. 기쁨으로 튼튼히 애착하는 것이다. 예수님의 인격과 승리는 기쁨과 애착 때문이었다.

애착과 정체성

정체성을 의식 차원에서 생각해 본다면, 뇌의 슬로우트랙은 눈에 보이는 것을 기초로 의식적 의지를 사용해 정체성을 형성한다. 그러나 사실 우리의 의지는 잘 바뀌고, 피곤하거나 다른 데 정신을 팔거나 맥주를 몇 잔 하면 금방 사라진다. 선택의 능력은 뇌의 바깥 부분에 있는 허술한 대뇌피질의 작용이라서 새로운 것을 보거나 화학작용이 일어날 때마다 흔들리기 일쑤다.

반면 관계에 대한 패스트트랙은 애착에 근거해서 우리가 누구인가를 인식한다. 관계적 정체성은 뇌간에서 시작되고, 깨뜨리거나 바꾸기가 거의 불가능한 애착을 통해 확고해진다. 가령 당신의 진짜 어머니가 다른 사람이라고 하면 믿기 어려울 것이다. 정체성은 얼마나 피곤하든, 정신을 팔고 있든 (혹은 얼마나 취했든) 여전하다.

뇌의 패스트트랙, 즉 마스터 시스템은 정체성을 창출하고 유지하도록 설계되었다. 정체성을 마음대로 바꿀 수 없다. 당신은 대중 앞에서 연설을 할 수 있는가? 공주님 드레스를 입겠는가? 힙합 스타일로 바지 허리춤을 낮춰 입겠는가? 사람들 앞에서 독창을 하겠는가? 채식을 하겠는가? 어떤 정체성을 갖느냐에 따라 이런 행동이 가능할 수도 있고 불가능할 수도 있다.

뇌에 형성된 애착은 의식적 생각보다 빠르게 작동하는 정체성을 이룬다. 그런데 이 정체성을 '의지'로 부르면 정체성 개념은 느린 의식 영역으로 이동한다. 하지만 '의지' 대신 '정체성'이라는 말을 쓰면, 달라스가 말한 대부분의 내용이 애착을 기반으로 한 구원에 적용된다. 달라스는 의지(사람의 중심을 이루는 마음, 의지, 영의 요소)에 대해 이렇게 말했다.

1. 강조할 점: 영적·정서적 성숙 과정에 의지를 사용할 줄 아는 것이 필요하다.
2. 의지는 창조하고 만들어 내는 핵심적인 역량이다.
3. 의지의 주된 역할은 먼저 하나님을 의지하는 것이다.
4. 각 사람이 가진 나라, 왕국, 책임 범위, 통치 영역에서 의지를 표현한다.

5. 의지를 최대한 효과적으로 사용하려면, 마음, 몸, 사회적 관계, 혼을 바꿀 경험을 하는 데 의지를 사용하라.
6. 의지는 원래 하나님께 복종하도록 되어 있다.
7. 영적·정서적 성숙의 뚜렷한 증거는 의지가 하나님께 복종하는 것이다.
8. 하나님께 감사하는 것은 의지가 하나님께 복종한다는 증거다.
9. 의지의 핵심은 정신이다.
10. 정신은 증거와 논리로 작동한다.
11. 정신을 어디에 두느냐의 선택이 영적·정서적 성숙을 상당히 결정한다.
12. 정신을 어디에 두느냐의 선택이 당신이 어디로 가는가를 대개 결정한다.
13. 우리가 하는 가장 중요한 일은 하나님에 대해 생각하는 것이다.
14. 정신에 무엇이 있는가, 감정에 무엇이 있는가, 의지에 무엇이 있는가가 전 생애를 결정한다. 하나님에 대해 잘못 생각하는 것이 최대의 실수다.
15. 올바로 생각하지 않으면, 삶의 방향이 잘못된다.

'의지'(Will)를 '마음'(Heart)으로 바꾸기

다시 가상의 대화 속에서 웨이터가 "조심하세요! 플레이트가

뜨거워요"라고 하면서 당신의 화이타를 식탁에 올린다.

당신이 내게 말한다. "의지에 대한 설명이 좀 꼬인 것 같아요. '의지' 대신 '마음'(Heart)라고 하면 개념이 좀 분명해지는 것 같은데요."

"예, 그리스도 안에서 새생명을 얻은 '마음'을 통해 참된 정체성을 찾을 수 있어요. 지금 우리가 사용한 '의지'라는 단어의 의미가 전통적인 의미와 너무 다르기 때문에 당신 말대로 '영'이나 '마음'이라고 바꾸면 좋겠어요."

성경의 마음(Heart)을 뇌의 한 부분으로 생각하지 말아야 한다. 신경신학에서 수십 년 동안 토론한 것은 신경계에 "하나님을 받아들이는 부분"이 있느냐는 것이었다. 나의 교수님이었던 리 트래비스(Lee Travis) 박사는 망상 활성계에 대해 논하기를 좋아했었다. 그는 "대뇌피질은 너무 변덕스럽다"라고 자주 말했다. 뇌의 어느 부분도 성경에서 말하는 마음과 정확하게 일치하지 않는다.

내가 보기에 하나님은 인간의 모든 신체 기관, 기능, 부위와 소통하실 수 있다. 한편 우뇌의 패스트트랙이 얼마나 일관되게 작동하는가는 하나님과 '함께' 생각하는 데 분명히 영향을 준다. 애착형성이 되어 있지 않으면, 이 빠른 시스템은 사람을 원수로 보는 쪽으로 위험하게 기운다. 관계적 정체성이 일관되면(하나님께 사랑으로 애착하고 하나님과 공통적인 마음을 가져서 관계적 정체성이 잘 유지되면), 영, 마음, 정신, 뇌, 몸, 혼에 그리스도의 인격이 형성되고 공동체성이 이루어진다.

<그림2>

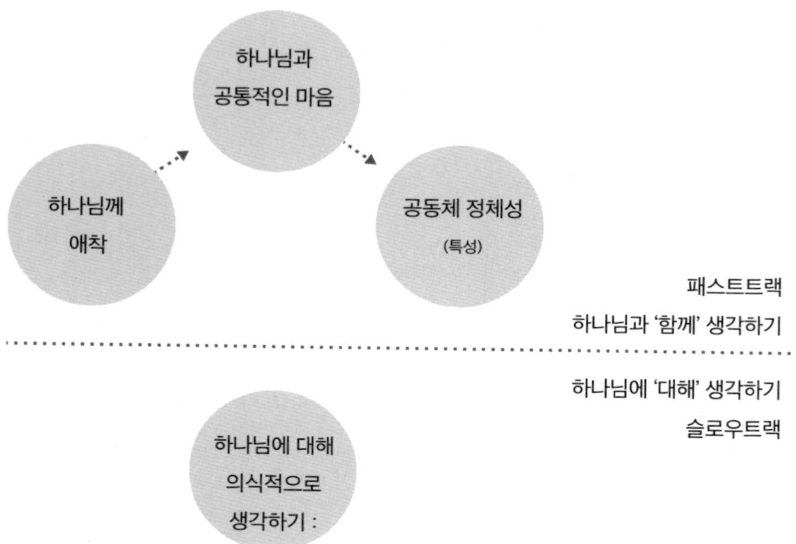

다시 가상의 대화에서, 당신이 시계를 보며 말한다. "마음에 대해 상당히 많이 얘기했네요. 달라스가 말한 인간의 다른 요소들은 어떤가요? 마음과 몸이 뇌와 잘 맞아 들어가야 할 것 같아요. 필시 사회적 자아는 애착과 관계가 깊은 것 같아요."

정신(Mind), **몸**(Body), **뇌**(Brain)

애착에 의한 구원 이론은 인간을 조화롭게 이해하게 한다. 만일 마음(Heart)이 애착 사랑으로 변화된다면, 뇌도 애착으로 형성되고 변화된다. 우리는 마음이라고 하면 의식적 생각만 의미하는 경우가 많다. 그러나 구원은 정체성과 인격이 그리스도의 형상이 되는 것이므로 어떻게 그리스도의 마음이 인간의 뇌를 통해 작동하게 되는지 알아보아야 한다. 애착은 패스트트랙을 사용하고, 의식적 의지는 슬로우트랙을 사용한다.

의식적 마음의 두 가지 기능은 주의를 집중하는 것과 뭔가에 대해 생각하는 것이다. 뇌의 슬로우트랙은 주의를 집중시키며, 혼란스러운 문제를 해결하는 데 매우 유용하다. 우리는 3장에서 패스트트랙과 슬로우트랙에 대해 살펴보았다. 슬로우트랙은 뭔가에 관해 생각한다. 슬로우트랙은 집중해서 생각할 수 있지만, 현실의 실체, 큰 그림을 파악하거나 인격을 변화시키지 못한다. 의식의 슬로우트랙이 원하는 대로 주의를 집중할 수 있는 때는 슬로우트랙이 독주할 때다. 그것은 우리가 흔히 말하는 미성숙한 상태고, 인격을 관장하는 패스트트랙이 잠시 일관성을 잃었을 때다.[6]

달라스는 슬로우트랙이 무엇에 초점을 맞추느냐가 "인생을 결정한다"고 말한다. 물론 어디에 주의를 집중하느냐가 중요하다는 점에 모두 동의한다. 하지만 그것은 어디까지나 주의 집중의 메커니즘을 변화시키는 매우 간접적인 방법에 불과하다.

주의 집중으로 인격을 변화시키려고 하면 뇌에서 세 가지 큰 문제가 나타난다. 첫째, 주의 집중은 인격을 형성하기에는 너무 느리게 작용한다. 주의 집중은 슬로우트랙에서 이루어지는 반면에, 인격 형성은 패스트트랙에서 이루어진다.

둘째, (우뇌가 관장하는) 패스트트랙은 집중이 아닌 일치다.[7] 패스트트랙은 정체성과 현실에 대해 아는 모든 것을 한꺼번에 생각한다. 패스트트랙은 집중하기보다는 다른 더 위대한 마음과 일치된다. 그래서 애착이 이루어지면 더 위대한 마음이 더 작은 마음의 정체성과 인격을 변화시킬 수 있다.

셋째, 패스트트랙은 항상 슬로우트랙보다 앞선다. 패스트트랙이 속도에 있어서나, 뇌가 경험하는 순서에 있어서나 앞선다. 신경은 한 방향으로만 작동한다. 신경 신호는 전화처럼 쌍방향이 아니다. 뇌에 많은 피드백 시스템이 있지만,[8] 그것은 반대 방향으로도 작동하는 것이 아니라, 일치와 조정만 가능하다.

한 방향으로만 진행된다는 점은 실질적으로 어떤 의미일까? 인격을 변화시키려면, 뇌에서 인격이 형성되고 있을 때 변화시켜야 한다. 인격이 나타난 지 오래되고 나서 변화시키려 하면 달라스가 말한 대로 "죄를 억누르기에만 급급할" 뿐이다. 반면에 인격이 형성되는 과정을 고치면, 그 시점 이후 모든 행동이 바뀐다.

우스운 예지만 뇌에서 인격을 고치는 것은 나의 아내가 좋아하는 셰퍼드 파이를 먹을 때와 같다. 나의 아내 키티(Kitty)는 버섯을 먹지 않는다. 그런데 어느 가게의 셰퍼드 파이(영국식 고기가 들어 있는 파이)에는 버섯이 들어 있다. 그래서 키티는 버섯을 다 빼고 먹는다. 다음에도 그 가게에서 셰퍼드 파이를 사면 버섯이 들어있을 것이다. 가게 계산원에게 버섯을 좋아하지 않는다고 말해도 다음 파이에서 버섯을 빼주지 않을 것이다. 그와 비슷하게, 정신 활동은 한 방향으로 진행되므로 뇌의 의식적 슬로우트랙의 인격을 고쳐도 다음 반응이 고쳐지지 않는다. 너무 늦기 때문이다. 자신의 어떤 반응이 마음에 들지 않았더라도 다음 번 반응 때 우리 인격이 변하지 않는다. 이는 버섯에 아무리 의식을 집중해도 다음 파이에 버섯이 또 들어있을 것과 같다.

키티가 제빵사에게 버섯을 좋아하지 않는다고 말하더라도 다음 파이에는 버섯이 또 들어 있을 것이다. 왜 그런가? 키티는 제빵사와 적절한 관계(애착)가 없어서 변화시킬 권위가 없기 때문이다. 그러나 제빵사가 "내 사장님"이라고 생각하는 사람은 제빵사의 입장에서 "내 봉급"을 주는 애착 관계가 형성되어 있기 때문에 그 사람이 "버섯을 넣지 마세요"라고 하면 그날부터 파이가 바뀔 것이다.

애착으로 마음을 변화시키는 것이 성경적인가?

구원은 마음(Heart)에서 시작되지만, 마음이 의식적 주의집중으로 인격을 변화시키는 데는 한계가 있다. 그러나 마음이 애착 사랑을 형성하면 인격에 막대한 영향을 미친다. 만일 마음이 영향을 미치는 메커니즘을, 하나님에 '대해' 생각하는 슬로우트랙에서 사랑하는 하나님과 '함께' 생각하는 패스트트랙으로 바꾸면 어떤 일이 벌어질까?

애착 사랑이 마음을 이끈다는 개념이 성경에도 있을까? "사랑 가운데서 뿌리가 박히고 터가 굳어"(엡 3:17)진 믿음을 통해 예수님이 우리의 마음에 계신다고 에베소서에서 말한다. 이것은 신경과학과 일치한다. 만일 뿌리가 박히고 터가 굳어지게 하는 사랑이 애착 사랑이라면 말이다. 그러나 의식적으로 사랑하겠다고 선택하는 것이라면, 사랑으로 이루어지는 것이 별로 없다. 애착 사랑 모델은 우리가 의식적으로 초점을 맞춰 의지를 사용할 때 예수님이 우리에게 영향을 미치시는 것이 아니다. (우리의 영에서부터) 우리를 이끄는 것은 뇌에 가장 강력한 영향을 미치는 것, 즉 우리가 사랑하는 사람이다! 바울의 말을 들어보자.

> 이러므로 내가 하늘과 땅에 있는 각 족속에게 이름을 주신 아버지 앞에 무릎을 꿇고 비노니 그의 영광의 풍성함을 따라 그의 성령으로 말미암아 너희 속사람을 능력으로 강건하게 하시오며 믿음으로 말미암아 그리스도께서 너희 마음에 계시게 하시옵고 너희가 사랑 가운데서 뿌리가 박히고 터가 굳어져서 능히 모든 성도와 함께 지식에 넘치는 그리스도의 사랑을 알고 그 너비와 길이와 높이와 깊이가 어떠함을 깨달아 하나님의 모든 충만하신 것으로 너희에게 충만하게 하시기를 구하노라(엡 3:14-19).

헤세드와 아가페는 애착 사랑이다

어떤 사랑이 뿌리가 박히고 터가 굳어질 것인가? 어떤 사랑이 아이를 구하러 불길로 뛰어들게 할까? 어떤 사랑이 실종된 사람을 수십 년 동안 찾아다니게 하는가? 어떤 사랑이 오래전에 죽은 사람을 여전히 기억하게 하는가? 어떤 사랑이 돌아온 탕자에게 문을 열어 주고, 해일이나 눈사태나 산사태나 지진이나 홍수로 인해 위험한 잔해 속에서도 실종자를 찾아다니게 하는가?

마커스 워너(Marcus Warner) 박사와 나는 히브리어 단어 '헤세드'(Hesed)와 헬라어 단어 '아가페'(Agape)가 애착 사랑을 의미한다고 논한 적이 있다.[9] 바울은 히브리어의 "헤세드 애착"을 헬라어 단어 '아가페'로 번역하지만, '아가페'라는 단어만으로는 부족하다. 그래서 고린도전서 13장에서 아가페의 의미를 공들여 자세히 헬라어권 독자에게 설명했다.

많은 '주의주의적' 설교자는 아가페에 관해 "이 사랑은 명령이기 때문에 의지적인 행동이 수반되어야 한다"라고 말했다. 그렇다면 아가페는 선택이라는 말이 논리적일 것이다. 의지가 할 수 있는 것은 선택뿐이기 때문이다. 하지만 아가페는 예수님과 연합해야 가능하기 때문에 명령일 수도 있다. 베드로가 그의 안에 계신 하나님 때문에 물 위를 걸을 수 있었던 것과 마찬가지다. 애착 사랑을 하라고 명령하신 이유는 하나님이 사랑이시므로(하나님은 헤세드이시다) 하나님과 공통적인 마음을 가진 사람이 하나님처럼 사랑하길 바라시기 때문이다.

사랑을 의지로 선택해야 한다고 역설한 결과, 교회는 부정적인 모습을 많이 보였다. 교회 안의 분열, 반목, 갈등, 이혼을 보면 달라스의 말대로 의지는 힘이 별로 없다. 반면에 애착은 의지와 선택에 비해 강한 힘을 가졌다. 그래서 애착이 생겼다가 없어질 때, 고통이 너무 큰 나머지 연인이었던 사람들이 원수로 돌변하기도 한다.

기쁨이라는 에너지는 강한 애착 사랑을 낳는다. 기쁨이란 "당신과 함께 있어서 즐거워요!"라는 의미다. 사실 대부분의 결혼의 깨어짐은 배우자에 대한 애착 에너지(기쁨)를 잃고 자신에게 기쁨을 주는 다른 사람과 새로운 애착을 만들기 때문이다. 저명한 교회 리더라도 알고 보면 삶에 기쁨이 별로 없다가 "당신은 내게 특별해요"라는 느낌을 주는 사람을 만나서 추문에 빠질 수 있다. 진리를 설교해왔고 무엇이 선한 선택인지 알지만 불법적 기쁨이 너무 강해서 불법적 애착을 이뤘다가 모든 것을 잃게 된다.

사회적(Social) 요소

다시 가상의 대화로 돌아가서, 당신이 내게 말한다. "이것은 인간의 사회적 요소에 대한 이야기네요. 달라스는 인간의 사회적 요소를 동심원의 바깥쪽에 뒀어요. 그는 '이 모든 성장은 본질적으로 관계적인 한 단어로 압축된다. 그것은 사랑이다'라고 했어요. 사랑을 키워야 성숙해진다는 의미죠."

나는 말했다. "'의지적 선택'과 '애착'이 반대 개념이지만 그 두 모델이 가장 잘 겹치는 부분은 사회적 측면이에요."

나도 그 말에 동의했다. "사회생활에 관한 뇌의 시스템에는 달라스의 말과 일치하는 메커니즘이 있어요. 다만 애착 구원론에서는 사랑을 동심원 도표의 중심에 둔다는 점이 달라요."

인격은 관계를 통해 형성된다. 뇌 과학에 따르면, 우리가 사람이 되는 것은 사람이나 하나님에 '대해' 생각해서가 아니다. 우리의 뇌가 인간의 뇌가 되는 이유는 사랑하는 사람과 애착하면서 '함께' 생각하기 때문이다. 하나님께 대한 애착 사랑을 가져서 구원받으면 하나님과 함께 사람들에 대해 생각하게 된다.

달라스는 영적·정서적 성숙이 이루어지려면 "우리의 사회적 관계에서 공격과 거부가 사라지고 돌봄, 사랑, 공감이 있어야 한다"고 했다. 공격이나 거부를 하는 것은 그리스도의 인격과 사랑이 없기 때문이다. 보통 인간은 적이라고 느낄 때 공격하거나 거부한다. 그러면서 자신이 가해자나 피해자인 것처럼 생각한다. 뇌의 패스트트랙에는 공격이나 거부에 대한 메커니즘이 있어서, 상대방을 도와주는 존재로 보지 않고, "내 사람이 아니다"라고 본다. 즉 적으로 보는 것이다.

그러나 사람에게 사랑으로 애착을 가지면 "내 사람"으로 대하고 공격하거나, 거부하지 않는다. 물론 그래도 정서적 기복이 있어서 잠시 쉬었다가 공격이나 거부를 다시 시도하기도 한다. 그러나 다시 하나 되어야겠다는 목표는 뚜렷하다. 애착 사랑이 없을 때의 패스트트랙은 가해자 같은 원수 모드로 들어간다. 그래서 약점이 보이면 공격하고, 자신이 약할 때는 거부한다.[10]

공격이나 거부의 해결 방법은 원수에 대한 애착 사랑(아가페)이다. 성난 산헤드린 공회나 폭도로 돌변한 로마인들이나 반항하는 자녀나 화가 난 배우자를 우리 사람으로 보아야 한다. 그러면 뇌가 우리의 사람과 애착하기 때문에 공격하거나 거부하지 않는다. 오히려 상대방에게 일어나는 일들에 공감하게 된다.

그러면 어떻게 원수를 사랑하게 될 것인가? 원수 모드를 관장하는 것은 뇌의 "그룹 정체성"이다. (각 사람의 뇌에서) 그룹 정체성에 따라 사람을 "내 사람"이나 "우리의 적"으로 여긴다. "내 사람"이라는 생각이 헤세드의 범위를 정한다. 우리 편은 누구이고 남은 누구인가? 그룹의 마음은 상대방을 "우리 편"이라고 하는 반면에 개인의 마음은 상대방을 "적"이라고 한다. 바로 그때가 원수를 사랑하는 법을 배울 기회다. 가령 어머니가 내게 이렇게 말했다. "동생이 너의 장난감을 망가뜨렸지만(동생이 적), 그래도 네 동생이잖아(우리 편)." 그때 동생이 우리 편이라는 것을 배우게 된다. 원수를 기꺼이 사랑하게 되려면 패스트트랙이 원수 모드에서 벗어나서 관계적 모드로 돌아가야 한다.

어머니("우리 편")가 동생과 애착(헤세드) 관계를 알려 주지만, 나는 동생에 대한 패스트트랙이 원수 모드로 돌아서면 공격하거나 거부할 것이다. 어떻게 해야 내가 헤세드로 돌아갈까? 한 가지는 간접적인 방법으로 천천히 돌아가는 것이다. 즉 산책하거나, 잠잠히 앉아있거나, 마음에 위안이 되는 음식을 먹으며 한 발 뒤로 물러나 있을 수 있다. 그 시간을 통해 천천히 회복될 수 있다. 직접적으로 관계 모드에 들어가려면 원수가 아닌 사람을 만나야 한다. 사랑하는 사람의 미소를 보면 된다. 가령 어린이, 애인, 애완동물, 손자손녀를 보면 된다. 그래도 아직 원수를 사랑하게 된 것은 아니고, 단지 원수 모드에서 벗어났을 뿐이다. 나를 사랑하고 나와 애착하는 사람이 원수를 사랑하면, 나도 원수를 사랑할 수 있게 된다.

원수를 사랑하는 사람에게서 배우게 된다. 그 요건은 다음과 같다. 내가 원수로 느끼는 사람이 있다. 내 원수를 사랑하고 내 원수와 애착 관계에 있는 스승이 있다. 그 스승은 내 "원수"를 자신의 "내 사람"으로 보고 그 스승은 '나와 한편인 "내 사람"이라면 원수를 사랑하는 사람이야'라고 생각한다. 내가 스승과 사랑으로 애착한다. 내가 원수 모드에 있다가 스승과 공통적인 마음 상태로 애착하고 원수를 "우리 사람"으로 받아들인다. 내가 "내 사람"과 함께 있으면서 원수에 애착하는 경험을 반복한다. 그렇게 연습할수록 다시 원수 모드에 빠지지 않는다. 원수라고 느끼는 사람이 점차 줄어든다. 그러한 자발적 애착을 갖다 보면 원수도 하나님이나 그리스도인이 아는 헤세드 사랑에 대하여 알기를 바라게 된다. 그러면 나의 영적·정서적 성숙이 이루어진다.

다시 가상의 대화로 돌아와서, 당신이 외친다. "그런 연습을 하는 사람을 본 적이 없어요! 그런 교회는 정말 다를 거예요. 그러나 내가 그런 교회를 좋아할지는 잘 모르겠어요. 그런데 당신은 아직 애착과 혼의 관계에 대해 얘기하지 않았어요. 관계에 대한 뇌 과학이 혼에 어떻게 나타나죠?"

혼(Soul)

달라스는 혼은 "사람의 모든 면을 통합하여 하나의 삶을 이룬다"라고 했다. 모든 내적 상태와 사람들과의 외적 연결을 통합하는 구조가 뇌에 있다. 즉 우뇌 대상피질이 정신적 에너지 상태를 내적, 외적으로 일치시킨다. 달라스는 혼을 "내면에서 흐르는 에너지와 방향의 흐름"이라고 말했는데, 이는 대상피질의 특징과 정확히 일치한다. 앞서 우리는 대상피질이 공통적인 마음 상태를 만든다는 점을 살펴보았다.

그런 조화가 이루어지려면, 혼이 하나님과 공통적인 마음 상태에 놓여야 한다. 뇌에는 사람들과 공통적인 마음을 갖는 부분이 있다.[11] 뇌의 그 기능으로 하나님과도 공통적인 마음을 가질 수 있을까?

대뇌 피질만큼 혼도 인격에 관련된다. 하나님과 사랑으로 애착해서 공통적인 마음을 가질 때 인격이 변화될 수 있다. 대뇌 피질이 하나님의 목적을 이루는 데 사용될 수 있을까? 혼을 다해 주 우리 하나님을 사랑하려면 하나님을 향한 사랑의 애착이 인간의 전 존재 안에 있어야 한다.

가상의 대화 속에서, 당신이 내게 말한다. "그러니까 혼을 훈련하여 그리스도의 인격을 이루려면 패스트트랙의 마스터 시스템을 가르쳐야 한다는 거군요. 그러나 우리가 하고 있는 대부분의 신앙 훈련은 거기에 미치지 못하고 있어요."

우리는 계산을 위해 직원을 불렀고 오늘 우리에게 봉사해 준

직원의 이름이 26번 헤수스(Jesús)인 것을 알게 되었다(헤수스는 예수의 스페인어 발음-역주). 당신이 웃으며 묻는다. "오늘 예수님이 우리에게 양식을 주신 거예요? 헤수스에게 팁을 얼마나 줄까요?"

애착 사랑이 중심이다

이어서 당신이 요청한다. "애착 및 헤세드 사랑을 통한 구원에 관련해서 마음(Heart), 정신(Mind), 몸(Body), 사회적 측면(Social), 자아(Self), 혼(Soul)을 간단하게 설명해주시겠어요?"

"예, 걸어가면서 얘기해 줄게요."

마음, 영, 의지

그리스도 안에서 새로운 피조물이 되면 예수님이 우리의 중심에 계신다. 예수님이 헤세드, 아가페 사랑으로 우리 중심에 애착되어(θωμελιόω 테멜리오오, 기반이 되다) 계신다(엡 3:17). 그 애착 사랑을 통해 우리는 하나님을 알고 하나님으로 인해 충만해진다. 우리는 하나님이 원하시는 대로 보고 들을 수 있다. 우리에게 향하신 하나님의 큰 헤세드를 볼 때 우리가 아직 죄 가운데 있더라도 기쁨을 가질 수 있다. 그래서 하나님과 함께 기뻐하면 삶의 원천이신 하나님을 향한 헤세드 사랑이 다시 굳건해진다.

정신(Mind)

철학자, 신학자, 과학자들이 우뇌의 패스트트랙을 관찰하게 된 것은 불과 25년 전부터였다. 직관의 기능이 1천 년 전부터 알려졌지만, 흔히 정신이라고 하면 슬로우트랙 의식 집중을 말했다.

패스트트랙과 슬로우트랙이 모두 정신(Mind)과 뇌를 연결한다. 패스트트랙 마스터 시스템은 애착 사랑을 통해 발달하고 작동한다. 의식의 슬로우트랙은 기능에 장애가 일어난 부분을 고치기 위해 파송된 특사와 같다. 뭔가를 고치려면 확실하게 믿는 바가 있어야 한다.

예를 들어, 예전에는 피를 빼면 병이 낫는다고 믿었다. 그래서 의사들이 병들고 다친 사람에게서 나쁜 피를 빼냈다. 그와 같이, 만일 슬로우트랙(의식적 생각)이 더 많은 진리로 인격이 변화될 것이라고 생각한다면, 진리에 대해 더 생각함으로 인해 인격을 변화시키려고 할 것이다.

그러나 예수님께 애착함으로 구원을 받는다고 한다면 해결 방법이 다르다. 정신이 믿는 바를 고치는 것보다 그것을 넘어서서 애착 사랑을 실행할 때 변화가 일어난다. 잘못 믿는 것도 고쳐야 하지만, 머물면 안 되고 무엇을 사랑하는가를 고쳐야 한다. 예수님도 에베소교회가 올바로 믿는다고 칭찬하시면서도 "그러나 너를 책망할 것이 있나니 너의 최고의 사랑을 버렸느니라"라고 지적하셨다(계 2:4 참고).

몸(Body)

뇌는 애착 사랑으로 형성되고 유지되고 변화된다. 물리적 뇌는 몸의 한 부분이다. 애착이 형성되는 중심 부위는 시상이다. 시상은 감각 정보가 뇌로 들어가고 뇌가 현실을 인식하는 곳이다. 뇌는 입력되는 모든 것을 자신이 애착을 갖는 것인지, 아닌지의 관점으로 걸러낸다.

<그림3 하나님과 함께 패스트트랙으로 생각하기>

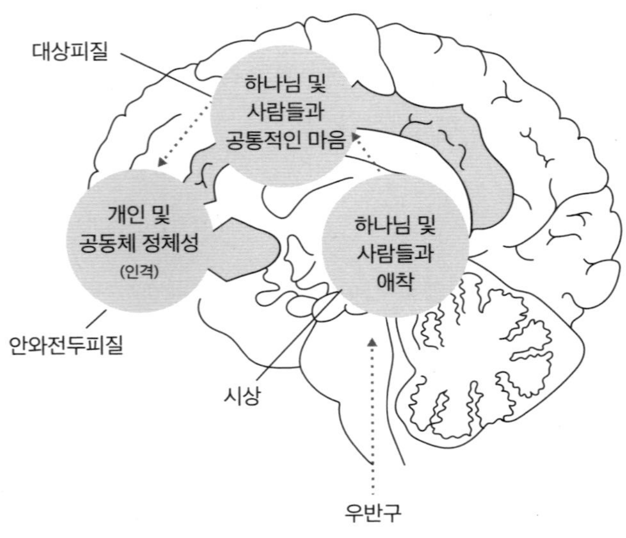

기쁨은 애착에 의해 창조되는 에너지다. 기쁨은 뇌의 패스트 트랙에서 건강한 관계를 형성하고 이끈다. 개인이나 공동체("내 사람들")의 정체성은 관계를 통해, 즉 공통적인 마음과 애착을 통해 성장한다. 일관된 정체성을 가지려면 평생 일관된 애착 관계가 있어야 한다. 이를 달라스는 "성숙에는 몸의 변화도 필요하다"는 말로 표현했다.

애착은 우리 몸에 원래 내재되어 있는 추진력이다. 두려움도 마찬가지다. 트라우마가 있거나 버림받으면 애착이 억눌리고 두려움이 일어나서 몸과 뇌를 이끌어 간다. 두려움이 몸을 이끌어 가면, 상대방을 패배시켜서 자신이 이겼다고 주장하려 한다. 반면에 애착(기쁨)이 몸의 원동력이 될 때는 사람들을 "우리 사람"으로 만들려고 한다. 몸이 그리스도의 인격을 배우려면 원수 앞에서도 기뻐하는 사랑의 애착이 있어야 한다.

사회적 측면(Social)

"우리 사람들"과의 애착 사랑은 사회적 정체성의 중심이 된다. 뇌의 사회적 정체성은 인격 형성의 핵심이다. 달라스는 이렇게 말했다. "거절당하는 것은 인간 삶에서 대부분의 해악의 직접적인 원인이다." 뇌 스캔을 해 보면 거절당하고 버림받는 고통이 시상에서 애착의 고통을 일으킨다. 애착이 깨지면 시상이 심각하게 반응하는 것이다.

공격 및 거부 모드는 뇌가 상대방을 원수로 인식하는 모드에 있다는 징후다. 원수 모드에서 패스트트랙은 애착 없이 작동한다. 패스트트랙에서 애착이 깨져서 애착에 큰 고통이 일어나면 잔인해지고 (커플이 깨질 때 자주 그런 일이 일어난다) 심지어 위험해진다. 많은 총격 사건이 상대에게 거절당했기 때문에 벌어지고, 얼마나 많은 자살이 관계가 깨진 후에 일어나고, 많은 조직 폭력이 복수 때문에 일어나는지 생각해 보라. 만일 가해자가 피해자에게 사랑으로 애착했다면 그런 범죄를 저지르지 않았을 것이다. 그러므로 애착은 사회적 자아 회복의 관건이다.

달라스는 원수를 사랑하는 것을 영적 성숙의 지표로 삼았다. 그러나 서구 교회의 많은 그리스도인들은 원수를 자발적으로 사랑한다는 것은 어려운 정도를 넘어서서 가능성이 없는 일이라고 느낀다. 그러나 박해당하는 많은 그리스도인들은 자신을 체포하고 고문하는 경찰이나 가족을 죽인 살인자나 멸시하는 이웃 등을 적이 아니라 하나님 백성이 되어야 할 사람들로 본다.

나는 그리스도인들이 원수를 사랑하는 모습을 목격했다. 내가 어릴 때 속했던 콜롬비아의 교회는 많은 박해를 받았다. 트라우마의 회복에 대해 강의하러 다니면서 고통당해 본 사람들에게서 많은 것을 배웠다. 르완다 인종 학살 후 살아남은 생존자들은 내 친구인 우발드 신부의 교회에서[12] 공격을 가했던 사람들을 교회의 가족으로 받아들이고 사랑하는 법을 배우고 있다. 믿음 때문에 순교당한 콜롬비아 목사들의 사모들과[13] ISIS에게 죽음을 당한 21명의 콥트교 그리스도인들의 유가족은[14] 원수를 향한 자발적 애착 사랑을 보여 준다. 우리를 죽이려 드는 사람에게 애착하려면 원수를 사랑하시는 하나님께 강하게 애착해야 한다. 또한 원수를 사랑하시는 하나님의 사람들에게도 애착해야 한다.

혼(Soul)

혼은 모든 것을 통합해 정체성을 형성하고 인간의 모든 에너지의 방향을 지시한다. 뇌는 대상피질을 사용해 통합을 이룬다. 통합 과정에서 의미 있는 타자와 공통적인 마음 상태가 이루어진다. 그러나 뇌는 정체성과 인격을 만드는 공통적인 마음 상태를 애착 사랑이 있는 사람에게만 허락한다. 그들이 소위 "내 사람"이다.

일관성

인간 존재의 구석구석까지 전부 애착 사랑으로 창조되고 새로워질 수 있을까? 하나님이 우리의 사랑이 되고 하나님 백성이 우리의 사랑이 될 때 구원받는 것이 아닐까? 그래서 바울이 애착 사랑을 참 믿음의 증표라고 한 게 아닐까? 바울은 데살로니가서에서 말한다.

> 이러므로 나도 참다 못하여 너희 믿음을 알기 위하여 그를 보내었노니 이는 혹 시험하는 자가 너희를 시험하여 우리 수고를 헛되게 할까 함이니 지금은 디모데가 너희에게로부터 와서 너희 믿

음과 사랑의 기쁜 소식을 우리에게 전하고 또 너희가 항상 우리를 잘 생각하여 우리가 너희를 간절히 보고자 함과 같이 너희도 우리를 간절히 보고자 한다 하니 이러므로 형제들아 우리가 모든 궁핍과 환난 가운데서 너희 믿음으로 말미암아 너희에게 위로를 받았노라(살전 3:5-7).

우리는 무엇을 믿느냐보다 누구를 사랑하느냐를 통해 변화된다. 둘 다 소홀히 할 수 없지만, 구원을 위해서는 애착 사랑이 우선되어야 한다. 뇌에서 그리스도를 닮은 정체성이 이루어지기 위한 수단과 메커니즘은 여러모로 애착 사랑과 직결된다. 회복은 관계를 통해 이루어진다. 구원받으면 새로워지고 하나님이 우리의 사랑이 되신다.

트라우마나 애정 결핍은 성숙을 방해하고 막는다. 하나님의 가족이 되기보다 원수가 되게 한다. 그러나 성령으로 치유될 때 성숙을 막는 장애물이 제거된다. "우리 사람"과 교제하면 결여되었던 것을 뇌가 키운다. 우리를 결코 버리지 않는 사랑의 애착을 받으면 그리스도의 완전하고 기뻐하시는 인격을 우리도 이루게 된다.

다시 가상의 대화로 돌아가서, "점심을 함께해 줘서 고마워요"라고 내가 기뻐하며 말했다. 우리는 콘퍼런스로 돌아가서 달라스가 오후에 할 두 강의를 들을 것이다. 달라스는 교회 사역 중에 큰 효과가 없는 부분과 어디에 어떤 변화가 필요한지 알아볼 것이다.

9분의 식사 (실습)

어떤 사람과 식사하면서 이 방법을 실천해 보라.

이 실습은 세 단계로 이루어졌으며, 한 부분마다 3분의 시간이 소요된다.

1단계. 먼저 하나님이 양식을 주신 것에 감사하라. 우리는 먹을 것을 주는 사람에게 애착을 갖게 된다. 밥상 위의 모든 것과 맛있는 것을 주신 하나님께 감사하라. 그 음식이 뭐가 좋은지 하나님께 아뢰며 감사하라. 음식을 요리하거나 서빙해 주는 사람에 관해서도 하나님께 감사하라. (배고플 때 이 실습을 하면 더 좋다.)

2단계. 하나님이 당신에게 미소 지으시는 것을 느꼈던 순간을 짧게 이야기하라.

3단계. 함께 식사하는 사람들에게 미소 지으며 하나님이 그들의 어떤 것을 좋아하시는지 생각나는 것을 하나씩 나누며 그들을 축복하라.

6.

영성 훈련

달라스 윌라드

영성 훈련은 은혜에 이르는 수단이다

하트앤드소울 콘퍼런스의 점심시간이 끝났다. 보통 콘퍼런스에서는 점심시간 후에 인원이 줄어드는 경향이 있다. 하지만 그렇지 않았다. 대부분이 자리에 앉자 달라스가 강단에 섰다. 실내에 기대감이 고조되었다. 장내의 분위기는 안락했으며 달라스는 마치 친구에게 얘기하듯이 말했다. 모두 '달라스가 이 중요한 내용을 강조 하는구나'라고 느끼는 것 같았다. 그의 목소리는 안정되고 부드러웠다.

Dallas Willard

복음주의권에서 영성 훈련(spiritual formation)이라는 용어가 등장한 것은 불과 지난 15-20년 사이의 일이다. 그러나 전체 교회사 속에서 영성 훈련은 2천 년 된 고색창연한 용어다. 성 존 카시안(Saint John Cassian)이 영성 훈련에 대한 책 *Institutes*(강론)을 400년대에 썼다. 그러나 오늘날 우리의 눈에는 이 책의 내용이 너무 수도사의 은둔생활에 치우친 것이다.

Institutes(강론)가 집필될 당시의 교회는 신앙생활을 두 종류로 나누었다. 유세비우스를 비롯한 초기 기독교 저자들의 글에서도 그 생각을 엿볼 수 있다. 완전한 신앙생활의 방법은 일상에서 벗어나 종교 활동에 전념하는 것이라고 보았다. 다른 방법은 평범한 사람

들이 자녀를 낳고, 일을 하고, 군대에 복무하는 것이었다. 그들은 완전한 신앙생활을 하며 사는 사람들이 특별하게 살아가도록 돕는 역할을 했다. 그런데 그런 생각이 개신교 복음주의권에도 여전히 만연하고 있다. 사역자는 평범한 사람과 다르게 살아야 한다고 기대한다.

오늘날 그리스도인의 삶을 구분해서 이해하는 것에서 이 점이 잘 드러난다. 그리스도인과 제자를 구분하는 것이 좋은 예다. 그런 구분에 대해 좀 더 자세히 살펴보자. 이런 구분으로 인해 교회에 충실한 사람이 교회 밖에서는 그리스도를 따라 살지 않는 일이 일어난다. 그들은 뭘 어떻게 해야 할지 모른다. 왜냐하면 직업을, 그들이 이해하는 신앙생활에 어떻게 접목시켜야 하는지 모르기 때문이다. 그들은 일상생활이 경건과는 별개라고 생각한다. 그래서 그들이 교회나 집에서 읽는 성경, 기도, 관계가 인격에 거의 영향을 미치지 못한다.

'그리스도인'과 '제자'를 구분하는 것이 어떻게 영적·정서적 성숙을 추구하지 못하는 결과를 낳았는지 살펴보자. 기억하는가? 정서적 성숙은 감정, 욕망, 정서로 삶이 좌우되지 않는 것이라고 했다. 감정, 욕망, 정서가 제자리에 있을 때는 좋지만, 삶을 지배해서는 안 된다. 정서적 성숙이란 기분이 어떤지, 뭘 원하는지, 정서적 상태가 어떤지와 상관없이 선한 행동을 할 수 있는 것이다. 정서적으로 성숙하려면, 이 세 가지(욕망, 정서, 감정)를 구별해 어떻게 다룰지 알아야 한다. 그래야 어떤 기분인가, 어떤 정서인가, 어떤 욕망을 느끼는가에 상관없이 선한 것을 선택할 수 있기 때문이다.

영성 훈련은 과정이다. 최종 결과가 아니다. 물론 결과도 있지만, 영성 훈련은 평생 특정한 인격을 습득하는 과정이다. 그러므로 영성 훈련은 그리스도인에게만 국한되지 않는다. 사실 모든 사람이 영성 훈련을 해야 한다. 우리는 아주 어릴 때부터 부모나 주변의 다른 성숙한 사람들의 정서, 개념, 생각, 믿음을 닮아간다. 그 요소들이 합쳐져서 전반적인 행동을 결정한다. 신체적 악조건이나 우리가 모르는 요소들이 있을 때도 있다. 의학계와 과학계가 그런 요소들을 밝히려고 열심히 연구 중이다. 그러나 자연적인 면도 있다. 어린이의 성격은 아주 어릴 때부터 나타난다. 어린이의 반응과 생각에 나타나는 감정과 정서로 성격을 알 수 있다.

대부분의 사람은 일관된 성격이나 인격을 갖지 못한다. 인격 모델들이 똑같지 않기 때문이다. 이 사람에게서 이런 인격을 배우고 다른 사람에게서 다른 인격을 배운다. 청소년은 그동안 모델로 삼아 온 사람을 거부하고 새로 영향을 미치는 사람의 인격을 받아들이기도 한다. 가령 친구, 선생님이나 대중 예술, 가수, 늘 무방비로 노출되어 있는 미디어 등의 영향을 받는다.

기독교 영성 훈련은 그리스도의 인격을 닮아가는 과정이다. 즉 그리스도와 함께 생각하게 되고, 그리스도의 신념, 이미지, 시각을 갖게 되는 것이다. 그 과정은 소위 "위로부터 태어날 때" 곧 그 사람에게 새 삶이 주어질 때 시작된다. 역사나 성경을 보면 구원은 새로운 종류의 삶을 갖는 것으로 보는 것이 가장 적절하다.

성령의 역사로 믿게 되는 새로운 삶

너무 철학적으로 말하고 싶지 않지만, 하나님이 주신 삶이나 새로운 탄생 등을 말할 때는 그 말의 의미를 명확히 할 필요가 있다. 나는 삶을 스스로 주도하고 유지하고 방향을 정하는 활동이라고 정의한다. 금붕어를 키우는 아이는 금붕어가 뒤집혀서 떠다니면 더 이상 아무 활동도 스스로 하지 못한다는 것을 안다. 금붕어에게 스스로 주도하는 시간은 끝이 났다. 이 과정을 통해 아이는 죽음과 삶에 대해 알게 된다.

그러나 삶은 다양한 형태로 이루어진다. 배추는 배추의 삶이 있다. 물고기는 물고기의 삶이 있다. 개나, 말 등도 마찬가지다. 각각 저마다의 삶이 있다. 인간도 각자 능력의 범위에 따라 어떤 종류의 삶을 갖는다. '새' 삶이 임하면 내면에 작동하는 새로운 활동에서 나오는 새 능력도 함께 임한다.

"위로부터 태어나는" 새 삶의 활동은 범사에 그리스도와 하나님을 의지하는 것이다. 즉 하나님의 원래 의도대로 하나님과의 관계가 회복되는 것이다. 그것으로만 우리의 본질이 성취된다. "먼저 하나님 나라와 그 의를 구하는" 것은 새 삶에 대한 자연스러운 반응이다. 바울이 고린도전서 12장 3절에서 말한다. "만일 너희가 예수를 주로 믿는다면, 그것은 성령께서 너희에게 역사하셨기 때문이다"(저자의 의역)에서 볼 수 있듯이 성령의 역사로 믿게 된다.

예수님을 주님으로 믿는 것은 엄청나게 큰 변화다. 그러나 우리가 그 의미심장함을 잘 모르는 이유는 사람들이 예수를 주로 시인하면서도 이전 삶이나 주변 비신자의 삶과 별반 다를 바 없이 살기 때문이다. 그러나 정말로 예수님을 주로 믿으면 삶의 방향이 송두리째 바뀐다. 정말로 믿는다는 것은 그것이 사실인 것처럼 기꺼이 행동하는 것이다.

여기에는 노력이 필요하다. 얼렁뚱땅 되지 않는다. 그러나 하나님 나라의 씨가 우리 안에 심어지면 구속자 그리스도에 대한 비전, 그리고 하나님과 함께하는 하나님 나라 삶의 비전이 우리를 이끌어 준다. 앞서 말한 인간의 모든 요소를 변화시켜서 그리스도의 형상으로 더욱더 화하게 한한다. 그때 변화가 일어난다. 이제 의지가 하나님을 향한다. 이제 마음이 하나님께 초점을 맞춘다. 감정이 그 새로운 초점에 반응하여 몸과 사회적 요소를 이끌어 간다. 이 모든 것은 점진적이며 시간이 필요하다. 이런 총체적인 방향 재설정은 하룻밤 새에 되지 않는다. 새로 태어날 때 전쟁이 시작된다.

자연적 출생의 경우와 마찬가지로, 하나님 나라의 삶이 잘 발달하려면 영적 탄생 전에 영양 공급을 잘 받아야 한다. 그래서 교사와 리더의 역할이 매우 중요해진다. 그리스도를 '향해' 나아가는 사람들에게 우리는 무엇을 제공할 수 있는가? 그들을 어떻게 가르쳐야 할까?

그들을 잘 가르쳐서 그들이 위로부터 오는 새 삶으로 태어날 때 옛 삶이 끝나게 해야 한다. 그리고 위로부터 태어날 때 받은 새로운 삶이 영성 훈련을 통해 지속적으로 발달할 수 있도록 도와야 한다.

제자란
무엇인가

여기서 잠시 제자에 대해 생각해 보자. 신약성경에서 '그리스도인'이라는 단어는 세 번 등장한다. 이는 더 이상 유대인의 한 당파로 간주될 수 없는 예수님의 제자들을 소개하는 단어다. '그리스도인'이라는 말이 무엇을 의미하는지에 대해 여러 설명을 들어보았을 것이다. 요컨대 그 단어는 더 이상 유대인이 아니고 그리스도를 따르는 자를 지칭하였다. 그 시점에 기독교가 이방 세계로 확산되기 시작했다.

그리스도인은 예수님을 따르는 자를 유대교와 구별하는 호칭이었다. 그렇다면 제자는 무엇인가? 신약에서 제자는 예수님이 지상에 계신 동안 물리적으로 함께했던 사람들을 지칭한다. 제자는 예수님과 '함께' 있으면서 예수님을 닮는 법을 배운 사람들이다. 그것이 제자도의 근간이다. 즉 어떤 사람과 함께 있으면서 배워서 닮는 것이 제자다.

예수님은 하나님 나라에서 어떻게 사는지를 제자들에게 가르치셨다. 하나님 나라는 하나님의 역사라는 임을 기억하라. 그러므로 "먼저 하나님 나라를 구하라"라는 말씀은 하나님의 역사와 그에 수반되는 의에 사로잡히라는 뜻이다. 우리가 놓치지 말아야 할 핵심은, 신약에서 제자의 기본 개념은 예수님과 함께 있으면서 예수님을 닮아가도록 배우는 자라는 점이다.

물론 예수님이 죽으신 후에는 "예수님과 함께 있는다"는 것이 다른 형태를 갖게 된다. 그러나 '제자'의 의미는 변함이 없었다. 지금도 제자는 예수님과 함께 있으면서 예수님을 닮아가려고 배우는 사람이다. 이는 현재 진행형이다. '제자'란 현재의 상태를 말하고 '영성 훈련'은 그 과정이다.

기독교의 영성 훈련은 제자에게 일어나는 변화의 과정이다. 그 변화에는 영적·정서적 성숙도 포함된다. 제자가 아니면 그 과정이 진척되지 않는다. 다시 말해 그리스도의 제자가 아니면서 영성 훈련이 이루어질 수 없다. 그리스도의 형상으로 변화될 수 없다.

이제 제자도 없는 기독교를 받아들이는 것이 얼마나 심각한 문제인지 알 것이다. 그리스도인에게 "당신은 제자입니까?"라고 물으면 다양한 대답을 들을 것이다. 흔히 제자가 아니라도 그리스도인이 될 수 있다고 대답할 것이다. 이 문제를 어떻게 보느냐에 따라 교회의 모습이 달라지기 때문에 매우 중요한 부분이다.

물론 교회는 중요하다. 예수님이 생각하신대로의 교회라면, 교회를 대체할 다른 것은 없다. 그런데 문제는 어떤 교회는 교인들이 제자이면서 그리스도인이지만, 어떤 교회는 교인들이 그리스도인이지만 제자가 아니라는 점이다. 그것은 교회에서 교인들에게 무엇을 가르치느냐에 달렸다. 그리스도인의 교제에 처음 참여할 때 제자도에 대해 듣지 못한 사람은 나중에 제자도에 대해 들을 때 놀라게 된다. 그리스도인이 되려면 제자여야 하는가의 문제는 영적·정서적 성숙 문제의 핵심이다. 일반적으로 교인에게도 그렇지만 크리스천 리더에게는 더더욱 그렇다.

일반적으로 사람들은 구원받는 데 제자도가 필요하다고 믿지 않는다. 현재 제시되는 구원의 그림에는 영성 훈련으로 성숙해지는 것이 포함되지 않는다. 물론 영성 훈련이 이루어지면 좋다. 신약성경에도 영성 훈련에 대한 이야기가 가득하다. 하지만 많은 사람들이 그리스도인의 삶에 영성 훈련이 필수적이라고 생각하지 않는다.

영성 훈련을 필수적이라고 여기지 않으면, 영성 훈련을 그리스도인이 하는 일의 중심으로 삼지 않게 된다. 그 결과, 사람들 안에 있는 그리스도의 형상이 성장하지 않는다. 그리고 성경에서 영성 훈련에 관한 부분을 감탄하지만 정작 자신이 그렇게 될 것이라고 소망을 품지 않는다. 가령 그들은 산상수훈에 대해 어떻게 해야 할지 모른다. "너의 이 뺨을 치는 자에게 저 뺨도 돌려대라"거나 "너를 저주하는 자를 저주하지 말라" 등의 말씀을 들을 때 어떻게 해야 할지 모른다. 왜냐하면 그것이 구원에 포함된다고는 생각하지 않기 때문이다.

다음 도표를 보라.

<그림4>

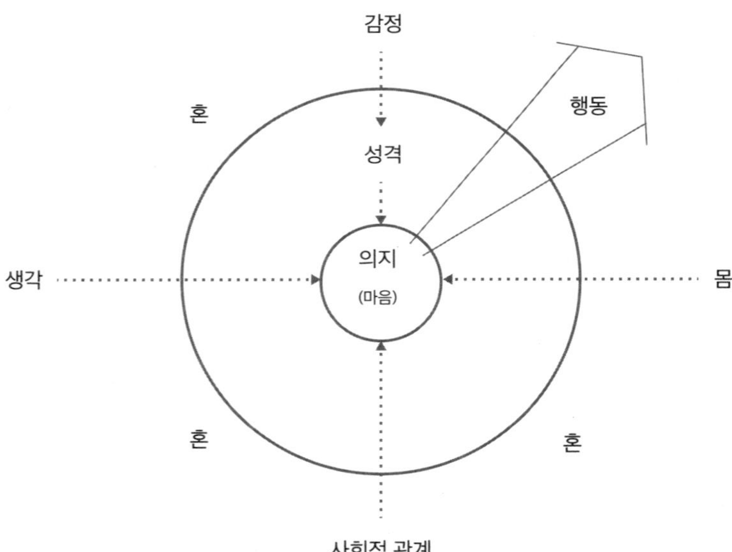

만일 예수님의 제자를 "예수님이 나라면 어떻게 사셨을지 예수님께 배워서 그렇게 사는 사람"으로 정의한다면 '나는 부합하는가?' 라고 스스로 질문해 보기 바란다. 그리고 내 삶이 어떤지 정직하게 대답해 보기 바란다. 그리고 또 질문해 보라. '나는 예수님처럼 살기를 선택했는가? 만일 선택했다면, 그것을 어떻게 실천하고 있는가?'

예수님의 제자는 어떻게 살아야 하는지 예수님께 배우는 사람이라면, 나는 지금 예수님께 무엇을 배우고 있는가? 과거에는 예수님께 무엇을 배웠는가? 얼마나 진척이 있는가? 제자로서 내가 의식적으로 선택한 목표는 예수님의 삶을 배우는 것이어야 하고, 그 목표 달성을 위해 늘 삶을 조정해야 한다.

기도를 예로 들어 보자. 요즘 나는 예수님이 기도에 관해 무엇을 말씀하셨는지 예수님께 배우려 한다. 기도는 정말 엄청난 것이다. 복음서나 성경의 다른 곳에서 기도로 무엇이 이루어질 수 있다고 말하는지 보면 너무 어마어마해서 오금이 저릴 정도다. 요한복음 14장이 특히 그렇다. "내가 곧 너희를 떠나지만 너희와 여전히 함께할 것이고 너희는 나와 동일한 능력으로 사역할 수 있을 것이다."

그리고 또 "너희가 내 이름으로 무엇을 구하든지 내가 행하리니 이는 아버지로 하여금 아들로 말미암아 영광을 받으시게 하려 함이라"(요 14:13)라고 말씀하신다. 그것을 볼 때 나는 이렇게 말하게 된다. '예수님의 이름으로 구하는 것에 대해 내가 배워야 할 것이 너무 많아. 내가 지금보다 훨씬 더 많이 알지 못하면 예수님과 하나님 나라의 복음에 관해 설교하고 가르칠 수 없겠어.' 그래서 나는 그 말씀의 의미를 배우려고 늘 애쓴다. 나는 그것을 실행해 보면서 무엇을 잘못했거나, 어쩌다 무엇을 잘 했는지 파악하려고 한다.

이것은 예수님의 제자가 된다는 의미가 무엇인지 나의 경우를 예로 든 것이다. 대부분의 교인들은 제자가 되라는 말을 들은 적이 없다. 우리는 제자가 되라고 전도하지 않는다. 우리는 그리스도인이 되라고만 전도한다. 적절한 방식으로, 예수님의 제자가 되라고 권해야 한다. 물론 그에 따른 문제도 있다. 그건 1등 시민, 2등 시민으로 나눠지는 것 같을 수 있다. "아, 당신은 제자에요? 나는 그냥 그리스도인이에요"라는 식으로 말이다. 이것은 까다로운 문제다. 그럼에도 불구하고 (단지 그리스도인이 아니라) 제자가 되라고 초청하지 않으면, 정서적 성숙이 그리스도의 형상의 한 요소라고 말할 근거가 없어진다.

그렇게 말하면, 이렇게 묻는 사람이 꼭 있다. "제자가 아니면, 천국에 못 간다는 말이에요?" 그럴 때 내가 하는 질문이 있다. "당신이 천국에 가면 천국을 좋아할 거라고 생각하세요? 만일 좋아할 거라면, 왜 좋아할 것 같으세요?"

천국을 얼마나 즐겁게 누리느냐는 영적·정서적 성숙과 관련이 있다. 대부분의 사람이 생각하는 천국의 좋은 점은 "하늘의 럭셔리 호텔" 정도의 피상적 이미지뿐이다.

VIM
모델

나의 책 《마음의 혁신》(*Renovation of the Heart*)에는 영적 발달의 구조를 설명하는 "VIM" 도표가 있다. 첫 번째 V는 "비전"(Vision)이다. '성숙을 추구하면 무엇이 유익한가'를 알아야 한다. 얼마 전 캐나다의 한 훌륭한 설교자의 말을 들었다. 그는 처음 구원받을 때 세 가지를 받았다고 생각했다 한다. 교회 소속 증명서, 때가 되면 천국으로 데려가겠다는 티켓, 여러 가지 선택 사항이 적힌 기도 카탈로그. 이는 충격적이다. 많은 사람들이 가진 비전과 비슷하다. 천국을 에어컨이 필요 없는 곳 정도로 생각한다는 것과 같다. 사실 천국은 보통 사람들에게 별로 매력적이지 않을 수 있다. 천국을 사모하게 되려면, 천국을 현재 삶의 연속으로 생각해야 한다. 실제로 천국은 현재 삶의 연속이기 때문이다.

영생은 죽고 나서 얻는 것이 아니다. 영생은 현재 우리가 살아있는 동안에 살아가는 방식이다. 영원한 생명이라고 하지 말고, 영원한 삶, 생활이라고 하면 좀 더 쉬게 이해가 될 것 같다. 영원한 삶은 하나님의 생명과 긴밀히 엮여 내 삶이 하나님 삶의 일부가 되는 것이다. 요한복음 17장 3절을 생각해 보라. 영생은 하나님, 유일하신 참 하나님, 그리고 하나님이 보내신 예수 그리스도를 아는 것이다. 예수님을 안다는 것은 인식한다는 것이 아니다. (답이 뭔지 안다는 식이 아니다.) 성경에서나, 실생활에서나 안다는 것은 상호작용하는 관계를 지칭한다.

예를 들어, 자동차를 고쳐야 한다면, 자동차 서적을 많이 읽은 사람을 찾지 않는다. 자동차를 많이 고쳐 본 사람(자동차와 상호작용 관계가 있는 사람)을 찾는다. 또 우리가 어떤 사람에게 "○○○씨를 아세요?"라고 물었을 때, "만난 적은 있지만, 잘 몰라요"라는 대답을 들을 수 있다. 영원한 삶, 영원한 생활은 이와 같은 앎, 즉 상호작용하는 관계다. 나는 지금 영원히 살고 있다. 그래서 예수님은 "사람이 내 말을 지키면 영원히 죽음을 경험하거나 보지 아니하리라"라고 하셨다(요 8:51 참고). 왜냐하면 그런 사람은 지금 살아가는 삶이 그냥 이어지기 때문이다. 또 요한복음 11장에서 나사로의 무덤에서 예수님이 마르다와 부활에 대해 나누신 이야기를 생각해 보라. "나를 믿는 자는 죽어도 살겠고 무릇 살아서 나를 믿는 자는 살고 있고 영원히 죽지 아니하리라"(요11:25-26 참고). 예수님은 죽음이 아니라 삶에 대해 얘기하셨다.

이것이 비전이고 VIM의 V다. 'I'는 "Intention"(의도) 혹은 "결정"이다. 비전을 품어서 지금 하나님 나라에서 사는 삶의 비전을 가지면, 영적·정서적 성숙을 향해 성장을 꿈꾼다. 그렇게 비전이 분명하면 하나님의 제자가 되기로 결정할 수 있다.

우리 집은 하나의 방에 운동기구를 모아두었다. 그러나 솔직히 나는 운동에 대한 비전이 없다. 운동에 대한 비전을 가질 필요가 있지만, 아직 그 비전이 없다. 그래서 운동기구를 사용하지 않는다. 만일 의사가 "사용하지 않으면 죽을 거예요"라고 한다면 운동기구에 대한 비전을 가질지 모르겠다. 그러나 아직은 그런 비전이 없기 때문에 운동하려는 의도도 없다.

서던캘리포니아대학교는 수백만 달러를 학생들의 어학 공부에 투자하지만, 그 프로그램을 듣고 학점을 이수한 학생 중에 제대로 언어를 배운 사람은 거의 없다. 파리나 마드리드 등 해외에 나가는 학생은 비전을 갖기 때문에 언어를 배우지만, 대부분의 학생은 비전이 없어서 배우려는 의도가 없다.

연관성이 보이는가? 분명한 비전을 기반으로 의도가 확고하면 그리스도의 형상으로 화하기 위한 "수단"(M)을 찾게 된다. 수단은 일단, 문제가 아니다. 하지만 수단은 해결책도 아니다. 종종 수단이 해결책이라고 착각한다. 절대 그렇지 않다.

전 세계에 나보다 영어를 잘하는 사람들이 많다. 그들은 나보다 좋은 영어 공부의 수단을 갖고 있지 못하다. 영어 공부 수단이 아예 없는 경우도 많다. 그러나 그들은 의도가 있고, 비전이 있다. 그래서 그들은 손에 들어오는 대로 무엇이든 수단으로 삼아 영어를 배운다.

우리가 제자가 될 때 세 가지를 배운다. 실생활에서는 그것이 구별되지 않지만 구별해 보겠다.

예수님이 가르치신 대로 하라

첫 번째는 예수님의 가르침을 배우는 것이다. 예수님은 "너희를 저주하는 자를 위하여 축복"(눅 6:28)하라고 말씀하셨다. 저주하지 말고 축복하고 위하여 기도하라고 하셨다. 어떻게 하면 그럴 수 있을까? 예수님의 제자라면 그렇게 할 수 있어야 한다. 어떻게 하면 예수님의 가르침대로 할 수 있을까? 정답은 예수님과 함께할 때 가능하다. 이는 곧 성장으로 연결된다. 대위임령에서는 "아버지와 아들과 성령의 이름으로 세례를 베풀"(마 28:19)라고 하셨다. 즉 삼위일체께서 그들을 둘러싸게 하라는 것이다. 그것은 제자들이 예수님의 이름으로 모이는 것을 말한다. 예수님은 말씀하셨다. "두세 사람이 내 이름으로 모인 곳에는 나도 그들 중에 있느니라"(마 18:20). 그러나 안타깝게도 우리는 모이는 사람이 두세 명밖에 안될 때 주로 그 구절을 인용한다. 마치 그 구절이 그 상황을 위로해 주는 것처럼 말이다. 그러나 예수님은 예수님의 이름으로, 예수님을 대표하여, 예수님의 목적을 위해 모이는 모든 모임에 대해 말씀하신 것이다. 예수님이 우리 중에 함께하실 때 우리가 성장하기에 가장 좋은 환경이 된다. 그럴 때 우리 인격의 요소들이 변화되어 예수님의 말씀을 따를 수 있게 된다.

그런데 예수님 말씀대로 그냥 하는 것과 자원하는 심령으로 하고자 하는 것은 다르다. 전자는 율법주의를 조장한다. 그런 일이 교회사에서 거듭 일어났다. 그러나 제자도는 '행동'을 강조하지 않고 행동의 '동기'를 강조한다. 그리스도 안에서 영성이 형성되는 것은 기계적으로 되지 않고, 예측할 수 없다. 개인마다 다르다.

신약성경의 가르침을 보면, 예수님이나 바울도 그렇고, 조목조목 뭘 하라고 지시하지 않는다. 물론 "옛사람을 벗고 새사람을 입으라" 등이 있지만, 그것을 구체적으로 어떻게 하라고 지시하지 않는다(골 3:9-10; 엡4:22-24 참고). 그러므로 우리는 "어떤 행동을 하면, 옛사람을 벗고 새사람을 입는다"고 말하려는 경향을 지양해야 한다. 그렇게 되지 않는다. 오히려 우리는 그리스도와 그분의 가르침을 전하여 듣는 사람의 마음이 다른 사람들과 함께 그리스도께로 향하게 해야 한다. 제자도의 길은 항상 공동체적이고, 그 결과 우리의 마음이 예수님을 더 닮아간다. 우리가 예수님과 함께하고, 같은 길을 가는 사람들과 함께할 때, 우리 마음은 전에 하던 생각을 하지 않게 되고, 우리 의지는 전에 하려고 했던 것을 하지 않게 된다. 그것이 아예 불가능해진다.

일상을 다룰 줄 알라

제자가 되려면 예수님이 행하시고 가르치신 것을 할 줄 알아야 하고, 평범한 일상을 하나님이 통치하시는 원리와 능력으로 다룰 줄 알아야 한다. 제자도가 일터에서나 회의 중에서나 모금 프로젝트 중에나 공무원으로 일하는 중에 나타나야 한다. 제자도를 이용해 교회가 잘되려는 게 아니라, 제자도를 이루기 위해 교회가 존재한다. 그리고 제자도는 세상을 섬기고 세상에 빛이 되기 위한 것이다.

그와 같이 제자도가 세상을 위한 것이라면, 그 첫 번째 장은 일터다. 그곳에서 우리는 대부분의 시간을 보낸다. 일터에 제자도가 가장 필요하다. 힘든 세상을 보며 '그런 곳에 하나님께 영광 돌리며 하나님의 이름의 능력으로 일하는 예수님의 제자들이 있다면 어떻게 될까?'라고 묻는다면 답은 분명하다.

금융계를 이끄는 사람들이 예수님의 제자라면 나라의 재정 위기가 없을 것이다. 가정, 학교, 단체의 모든 면이 하나님이 세상에 사시는 것처럼 하나님 나라의 삶을 어떻게 살지 적극적으로 배우는 사람들의 손에 달려 있다. 예수님이 나를 대신해 일하신다면 어떨까? 상상만으로 재미있지 않는가? 우리는 바로 이렇게 살 줄 알아야 한다.

예수님의 능력으로 행하라

하나님의 능력으로 행하지 못하면 하나님이 말씀하신 일을 할 수 없다. 그것은 필수불가결하다. 하나님의 능력을 힘입지 않으면 일상사도 감당할 수 없다. 그것은 힘든 과업이고, 세상에는 악이 너무 팽배하다. 우리는 그렇게 하기에 영적·정서적으로 역부족이다. 역사하시는 하나님의 능력을 의지할 줄 알아야 한다. 자신을 믿거나 자기 마음대로 조종하고 주무를 수 있다고 믿지 말고, 하나님을 신뢰해야 한다.

그런 삶을 사는 데 가장 먼저 걸림돌이 되는 것은 영적 변화나 정서적 성숙과 무관한 복음이나 비전이다. 이런 무거운 주제를 다루게 되어 미안하지만, 우리는 스스로 질문해 보아야 한다. 우리의 메시지는 무엇인가? 우리의 복음은 무엇인가? 나도 나 자신에게 질문해 본다. '내가 고백하는 복음으로 자연스럽게 예수님의 제자가 탄생하는가? 내가 전하는 복음으로 영적·정서적 성숙이 이루어지는가?'

당신도 나처럼 그 질문에 정직하게 대답해 보기 바란다. 그리스도인에게 꾸준한 영적·정서적 성숙이 이루어지지 않는 것은 그들이 들었던 복음 메시지 자체가 성숙과 별로 관련이 없는 것이기 때문이다.

세 가지 복음

흔히 세 가지의 복음이 전해진다. 첫째, 복음은 죄 용서와'만' 관련이 있다. 예수님이 당신의 죄를 위해 고난당하셨다는 것을 믿으면 죄 사함 받고 죽은 다음에 천국에 간다. 물론 이것은 빠뜨릴 수 없는 중요한 부분이다. 그러나 죄 용서는 복음이 아니라, 복음에 당연히 수반되는 것이 아닐까? 만일 죄 용서가 복음의 전부라면, 그것이 정서적 성숙과 무슨 관련이 있는가? 아무 관련도 없다고 할 수 있다. 그러나 복음을 그렇게 받아들이고 있는 사람들이 있는가?

그렇다. 역사를 보면 수많은 사람들이 죄책감에 시달리다가 용서의 복음을 듣고 감격하여 하나님께 전폭적으로 헌신했다. 그러나 문제는 복음이 죄 용서만으로 '축소'될 때 그런 결과가 '늘' 나오느냐는 것이다. 그렇지 않다. 이건 단지 이론적 주장이 아니다. 실생활을 보면, 이런 복음은 인격의 변화와 무관하다.

또 흔히 전하는 둘째 복음은 예수님이 억압당하는 자를 해방하려고 죽으셔서 이제 당신이 예수님과 함께 그 전쟁을 할 수 있다는 것이다. 스스로 그리스도인이라고 하는 많은 사람들이 억눌림에서 해방되는 것이 복음의 전부라고 믿는다. 예수님이 우리가 억눌림에서 해방되는 것을 원하셨는가? 물론 그러셨다. 인간의 관점으로 보자면, 그 이유 때문에 죽으셨다고 할 수 있다. 그러므로 억눌림에서 해방되는 것은 중요하다. 그러나 그런 복음으로 인격의 변화가 늘 일어나는 '편인가?' 대답은 "그렇지 않다"는 것이다. 당신도 한번 직접 살펴보며 사실을 파악하기 바란다. 우리는 사실에 근거하기 원한다.

흔히 전하는 세 번째 복음은 "교회만 잘 섬기면, 나머지는 다 잘 된다"라는 것이다. 이런 생각이 얼마나 만연하는지 놀랍다. 어느 순간 많은 사람들이 복음을 그렇게 인식하고 있다. 때로는 정확한 교리를 강조하기도 한다. "우리가 가르치는 교리를 받아들이고 실행하면, 우리가 하나님과 함께 당신을 돌보겠소"라는 것이다. 교회를 잘 섬기는 것이 중요한가? 물론 그렇다. 그러나 그것은 절대로 복음의 전부가 아니다.

은혜의 복음

이 세 가지 복음의 대안으로서 네 번째 복음을 살펴보자. 그것은 예수님을 믿고 삶에 임한 하나님 나라 안에서 예수님의 제자로 예수님과 함께 사는 것이다. 구원은 예수님이 지금 이 땅 위에서 사시는 삶에 참여하는 일이다. 골로새서 3장의 말씀을 보자. "그러므로 너희가 그리스도와 함께 다시 살리심을 받았으면 위의 것을 찾으라 거기는 그리스도께서 하나님 우편에 앉아 계시느니라 위의 것을 생각하고 땅의 것을 생각하지 말라 이는 너희가 죽었고 너희 생명이 그리스도와 함께 하나님 안에 감추어졌음이라"(골 3:1-3).

이것이 무슨 의미인지 생각해 보자. 바울에 따르면, 당신의 생명이 그리스도와 함께 하나님 안에 감추어져 있다. 그리스도의 영원한 생명의 일부분이 당신 안에 있다.

이 복음에서 구원은 예수님이 지금 이 땅 위에서 사시는 삶에 참여하는 것이다. 물론 그것은 죄 용서, 억눌림에서 해방됨, 신실한 교회 생활, 정확한 교리, 사후의 천국을 다 포함한다. 그러나 핵심 질문은 이것이다. "그리스도 안에서 우리 삶에 무엇이 우선인가?" 바로, 은혜다. 설령 우리가 전혀 죄를 짓지 않았다 해도 여전히 은혜가 필요하다. 용서받는 데만 은혜가 필요한 게 아니라, 살아가는 데도 은혜가 필요하다.

나는 제자로서 은혜로 살아가는 법을 배우고 있다. 그러면 정서적 미성숙의 원천이 제거된다. 분노, 무시 등 사람들이 시달리는 모든 것(한편 그것으로 우리가 다른 사람들을 괴롭히기도 한다)이 하나님 나라 안에서 예수님과의 삶으로 해결된다. 그런 삶에도 개선의 여지가 없는 것은 아니지 않을까? 물론 여전히 부족한 면이 있고, 개선의 여지가 있다. 그러나 그저 예수님의 제자로 살면서 인간의 삶을 괴롭히는 미성숙의 원천이 영성 훈련을 통해 제거되는 것을 지켜보는 것만으로도 큰 개선이 이루어진다.

당신은 화내지 않고 사는 게 불가능하다고 생각하는가? 아니다, 당신은 할 수 있다. 그러면 당신의 삶이 훨씬 더 좋아질 것이다. 분노, 정욕, 그 외에 예수님이 산상수훈에서 다루신 다른 죄를 짓지 않고 사는 게 불가능하다고 생각하는가? 좋은 소식이 있다. 당신은 그런 것 없이 살 수 있다. 그러면 당신의 삶이 훨씬 더 좋아질 것이다. 이는 하나님 나라 안에서 사는 삶을 통해 배워야 한다.

그런 복음 속에서 천국은 어떤 곳인가? 나는 천국이 지상에서의 최고의 날과 같을 것이라고 본다. 물론 그보다 낫겠지만, 그렇게 천국을 이해하면 천국을 더 사모하게 될 것이다. 천국은 지금 우리가 경험하는 삶과 크게 다르지 않을 것이다. 다만 악이 존재하지 않고 우리의 능력이 확장될 것이다. 또 지난 세월 동안 살았던 모든 성도들의 공동체가 하나님과 함께 피조물을 다스릴 것이다. 하나님의 목표는 그런 공동체를 만드시는 것이었다고 생각한다. 그리고 그 공동체에 하나님이 거하신다. 하나님이 영원히 거하실 살아 있는 성전을 만들고 계신다. 하나님은 자기 백성과 함께 거하고 싶어 하신다. 과거의 역사를 돌아보면 늘 그러셨다.

부활은 그런 삶이 우리 안에 나타나는 것이다. 회심은 우리가 하는 모든 행위가 그런 새로운 삶으로 바뀌는 것이다. 부활의 생명으로 말미암아 우리가 하는 모든 일이 하나님의 일이 된다. 빌립보서 3장 10-11절을 보라. 바울이 목표를 밝힌다. "내가 그리스도와 그 부활의 권능과 그 고난에 참여함을 알고자 하여 … 죽은 자 가운데서 부활에 이르려 하노니."

우리는 삶으로 그것을 이루어 간다. 즉 우리는 모든 일을 부활의 생명 안에서 한다. 그래서 이 세상의 삶만 바라볼 때 벌어지는 경쟁과 시기와 잔인한 행동에서 벗어날 수 있다. 우리가 보는 현재의 삶은 예수님이 사시는 삶이고 영원한 삶이다.

복음을 전할 때 필수는 그리스도의 선하심을 전하고 하나님이 뜻하신 부활의 삶을 전하는 것이다. 그것을 모르는 사람은 제자가 되려는 의도가 분명해질 수 없다. 왜냐하면 예수님이 제시하신 조건이 상당히 힘들기 때문이다. 예수님은 "자기 부모와 처자와 형제와 자매와 더욱이 자기 자신까지 미워하지 아니하면 능히 내 제자가 되지 못한다"라고 하셨다(눅 14:26 참조). "그렇지 않은 사람은 제자가 되지 못하게 하겠다"라고 하지 않으셨다.

이 세상 삶의 가치와 우선순위를 따르는 사람은 부활의 삶에 들어가지 못한다. 그런 면에서, 하나님 나라의 비전을 어떻게 제시하는가가 매우 중요하다. 하나님 나라 안에서 살아가는 삶의 비전을 제시하여 제자를 삼으라. 다른 방법은 없다.

달라스의 마지막 네 번째 강의를 듣기 전에, 다음 장에서는 애착 사랑으로 제자의 의미가 한층 깊어진다는 것을 살펴보려고 한다. 달라스는 구원이 위로부터 새 삶을 받는 것이라고 했다. 이 새 삶은 새롭고 뚜렷한 애착이 생기는 것일까? 그 새로운 애착은 사람만이 아니라 살아 계신 하나님께 대한 것이기도 할까? 다음 장에서 살펴보자.

7.

애착 사랑

_짐 와일더

'변하지 않는 사랑'이 구원에 이르는 지름길이다

달라스는 두 종류의 영적 삶을 구별한다. '그리스도인'은 하나님에 '관한' 믿음을 갖고 있지만 믿음으로 크게 변화되지는 않는다. '제자'는 하나님과 '함께' 살아가면서 점점 더 성숙해진다. 달라스는 말한다. 제자는 "예수님과 '함께' 있으면서 예수님을 닮는 법을 배운 사람이다. 이것이 제자도의 기반이다. 즉 제자도는 기본적으로 어떤 사람과 함께 있으면서 배움을 통해 닮는 것이다." 달라스가 "하나님 나라가 여기 임했다"고 말한 의도는 '하나님과 함께 살아가는 삶'을 촉구하려는 의도였다.[1]

'그리스도인'과 '제자'의 차이는 무엇인가? 왜 어떤 사람들은 '제자'가 되어 하나님과 '함께' 살지 않는가? 달라스는 정신 모델로 차이를 설명하고 영성 훈련을 기초로 해법을 제시한다. 달라스는 이렇게 말한다. "나의 책 《마음의 혁신》(*Renovation of the Heart*)에 영적 발달을 설명하는 "VIM" 도표가 있다."

V = 비전

I = 의도

M = 수단

그러나 애착에 중점을 두는 신경과학에서는 VIM 모델이 좀 달라진다. 성경에서는 '헤세드'나 '아가페'라고 하는 애착 사랑의 강력한 힘이 제자를 만든다. 연구의 틀로서, VIM 모델과 신경신학적 인생모델을 비교해 보겠다. 인생모델은 달라스의 부인 제인 윌라드와 내가 일한 상담 센터에서 개발한 모델이다. 상담은 실질적으로 '그리스도인'이 '제자'가 되게 하는 일이다.

상담 센터에서 우리가 본 것은 인간의 의지로 되는 일이 별로 없고 효과도 미미하다는 것이었다. 영성 훈련이 효과가 있는 사람이 있었고, 효과가 없는 사람도 있었다. 그러나 예수님을 사랑하는 사람들의 마음에 예수님이 임재하시면 극적인 치유와 성장이 일어났다. 특히 삶에 사랑의 관계를 가진 사람들일수록 더 그랬다. 우리는 그 내용을 가지고 "인생모델"이라는 틀을 만들었다. 달라스는 인생모델이 처음 출간되었을 때 "그리스도를 상담의 중심이 되게 하고, 교회 안에서 무너지고 있는 공동체를 회복시키는 최고의 모델이다"[2]라고 추천사를 썼다.

인생모델의 신경신학적 요소들은 VIM 모델을 한층 개선시킨다. 그러나 대부분의 미국 그리스도인들은 (의지를 사용한) 더 많은 진리와 더 나은 선택으로 성숙을 이루려는 방식으로 자주 돌아간다. 그들은 이런 사실조차 잘 인지하지 못한다. 그리고 그런 접근법이 신앙생활의 한계를 초래한다는 사실도 잘 모른다. 그렇다면 대안은 무엇일까?

영적
성숙

인생모델에서 인간의 성숙은 자신의 책임이다. 우리는 함께 정서적 성숙을 이루어야 한다. 인간이 성숙하려면 여러 세대로 이루어진 공동체가 필요하다. 온전한 인간이 되는 데 필요한 뇌의 관계적 측면의 기술을 거기서 연습하고 실행하여 다음 세대로 전달해야 한다. 인간의 일반적 성숙에는 두 가지 요소가 필요하고, 영적 성숙에는 세 가지 요소가 추가된다.

인간으로서의 성숙이 필요하긴 하지만 하나님이 뜻하신 완전한 성숙에는 못 미친다. 영적 성숙은 하나님의 구속을 더해 인간의 공동체가 못하는 것을 이루어 낸다. 영적 성숙은 하나님과 사랑으로 애착하고 상호작용하는 삶에서 나온다. 완전한 영적 성숙에는 다음과 같은 세 가지 요소가 필요하다.

1. 여러 세대로 이루어진 공동체
2. 하나님과 상호작용하는 임마누엘의 삶
3. 충만한 인간이 되는 데 필요한 뇌의 관계적 측면의 기술

여러 세대로 이루어진 공동체에서 우리는 역할 모델을 발견한다. "성경에서나, 실생활에서나 안다는 것은 상호작용하는 관계의 문제다"라고 달라스는 말한다. 교회는 여러 세대로 이루어진 공동

체들 중에서도 가장 중심이 된다. 교회는 인간의 공동체 이상이어야 한다. 달라스는 말한다. "'새' 삶이 임하면 내면에 작동하는 새로운 활동으로부터 새 능력도 생긴다."

영적 성숙의 세 가지 요소를 어떻게 실행할 수 있을까? 하트앤드소울 콘퍼런스에서 처음으로 VIM 모델과 인생모델을 비교하여 영적·정서적 성숙을 이루는 방법을 살펴보았다. 우리의 목표는 그리스도의 인격을 가진 제자를 세우는 것이다.

살펴보면, '하나님과 함께하는 삶'이 VIM 모델과 인생모델 모두의 중심이다. 하나님과 '함께하는' 삶은 VIM 모델의 한 요소가 아니라, VIM 모델의 목표다. 달라스는 우리가 구원받자마자 하나님과 삶을 함께해야 한다고 봤다.

'그리스도인'과
'제자'

두 모델을 더 비교하기 전에 방금 들은 것을 정리해 보자. 왜 달라스는 '그리스도인'과 '제자'를 대비시키는가? VIM 모델로 달라스가 의도한 것은 두 가지다. 첫째, 하나님과의 삶이 무엇인지에 관해 널리 퍼진 오해를 고치려 한다. 그 오해는 그저 천국 행 티켓 확보가 그리스도인의 삶이라는 거다. 그가 제시하는 비전은 예수님과 '함께하는' 삶이 천국에 갈 때가 아니라 구원받은 지금 시작된다는 것이었다. 달라스가 그렇게 말했을 때 청중도 환호하고 싶어 했다.

둘째, 달라스는 의도(I)를 강조하려 한다. 예수님과 '함께' 살아가겠다는 의도(주의집중)가 있어야 수단(M)을 알려는 마음이 생길 것이다. 수단에 대해서는 다음 장에서 살펴보겠다. 그런데 VIM 모델은 의도 부분에서 문제가 발생한다. 달라스는 "하나님에 '관해' 생각하는" 방법을 사용하여 "하나님과 '함께하는' 삶"이라는 결과를 도출하려고 한다. VIM 모델에서는 생각(느린 의식적 생각)을 도구로 사용한다. 달라스는 말한다. "이제 의지가 하나님을 향한다. 그리고 마음이 하나님께 초점을 맞춘다. 감정이 그 새로운 초점에 반응하여 몸과 사회적 요소를 이끌어 간다."

달라스는 "하나님과 '함께하는' 삶"이 천국이 아니라 구원받을 때 시작된다고 확신한다. 그는 '그리스도인'이 많은 것을 믿지만, 인격 변화는 별로 없다는 사실을 안다. 그래서 이제 우리는 질문해 볼 수 있다. "그리스도인이 하나님과 함께 사는 삶을 경험하지 못하는 이유는 무엇을 믿는가가 변화의 수단이라고 강조하기 때문이 아닐까?"

달라스가 설명한 변화의 과정을 되짚어 보자. "기독교 영성 훈련은 그리스도의 인격을 닮아가는 과정이다. 즉 그리스도와 함께 생각하고, 그리스도를 따라 신념, 이미지, 시각을 갖는 것이다." 우리가 모델로 삼은 사람처럼 "생각하게 되고 … 신념, 이미지, 시각을 갖게 된다"고 그는 말한다.

애착에서 신념이 생길까,
아니면 신념에서 애착이 생길까?

의도를 가지고 집중하는 것이 인격을 배우고 변화되는 최선의 방법일까? 하나님은 애착 사랑으로 인간의 마음에 있는 가장 강력한 힘을 작동시키려 하실까, 아니면 그저 우리의 의지로 의식을 미약하게 조정하려 하실까? '제자'는 슬로우트랙에서 생각에 초점을 맞추는 방식만으로 만들어질까? 그러나 사실 뇌에서 인격 형성을 관장하는 것은 패스트트랙이다. '제자'가 다른 인간에 대해 사용하는 공통적인 마음은 예수님께도 사용할 수 있을까?

인생모델에서는 공통적인 마음 상태를 하나님과도 가질 수 있고, 사람들과도 가질 수 있다고 본다. 예를 들어, 하나님이 나에게 하던 일을 멈추고 아내가 무슨 일에 신경 쓰는지 살펴보라고 하시는 것을 감지할 수 있다. 그리스도를 닮은 인격은 애착 사랑으로 시작되고, 공통적인 마음 상태를 통해 발달하며, 궁극적으로 같은 정체성을 가진 사람들을 만들어 낸다. 패스트트랙에서 작동하는 이러한 뇌의 관계적 측면의 기술들이 삶을 이끌어 간다. 다른 사람들과 '함께' 살아가면 뇌가 더욱 인격화되고 감정, 욕망, 충동, 정서를 조절하게 된다. 하나님과 공통적인 마음을 가지면 "내 사람"이 아닌 사람에 대해 공격적이던 반응이 친절하고 보호하는 반응으로 바뀐다.

결론은 달라스의 VIM 모델 중 'I (의도)'에 달려 있다. 하나님과 함께 살겠다는 의도가 '주로' (힘이 별로 없는) 의지를 사용한 결정에서 비롯하는지, 아니면 '주로'[3] (뇌에서 가장 힘이 센) 애착 사랑에서 비롯하는지에 따라 제자 훈련의 수단(M)이 크게 달라진다.

VIM 중 I인 수단에 대한 달라스의 마지막 강의를 다음 장에서 듣기 전에 성경에서 애착 사랑을 전략적으로 중시하는지 여부를 살펴보자. 또 어떻게 애착 사랑이 인격을 변화시키는지 살펴보자. 먼저 애착 사랑을 이해한 후에 다음 장에서 달라스의 강의를 들어보자. 우리는 두 모델 중 하나를 버리려는 것이 아니다. 어떤 의도(I)가 '그리스도인'을 '제자'로 만드는 데 더 효과적인지를 살펴보려는 것이다.

예수님과 '함께하는' 삶

예수님과 '함께하는' 삶이 구원받을 때 시작되고 다른 사람과 '함께' 생각하는 것이 애착으로 시작된다면, 예수님께 새로운 애착을 갖는 것이 구원에 포함되어야 한다.

관계적 뇌 기술이 인생모델의 근간이며, 그 기술은 뇌의 패스트트랙의 활동이다. 관계적 뇌 기술은 하나님과 '함께' 그리고 하나님에 '관해' 생각하는 데 필요한 모든 기능을 포함한다.

뇌가 어떤 사람을 닮기 위한 기반은 사랑의 애착이다. 애착은 공통적인 마음을 낳는다. 공통적인 마음에서 정체성과 인격이 생긴다. 정체성이 발전하여 "우리 사람들"이라는 의식이 생긴다. 결국 애착은 서로 비슷한 사람을 만든다. 달라스는 이렇게 말한다. "제자는 예수님과 함께 있으면서 예수님을 닮기를 배우는 사람이다." 그리고 이렇게 덧붙인다. "마음이 '다른 사람들과 함께' 그리스도께 끌린다. 제자도는 항상 다른 사람들과의 공동체 속에서 이루어지고 그 결과 우리의 마음이 예수님을 더 닮는다." 달라스는 애착이 인격을 형성한다고 말한다.

하트앤드소울 콘퍼런스는 결론이 아니라 시작이었다. 내가 달라스와 함께 1년 동안 신경신학에 대해 연구한 것은 결론을 맺지 못했다. 그러니까 이 "애착의 구원론"을 당신이 살펴봐 주기 바란다. 이것은 달라스가 지어 준 이름이다. 사랑의 애착이 바울이 말한 "가장 좋은 길"인 것은 아닐까?(고전 12:31)

달라스는 하나님을 사랑하는 것이 제자도의 우선적 목적이라고 말했다. 달라스가 쓴 책에 이 점이 분명히 나타나 있다. 콘퍼런스에서 달라스와 이야기하려고 줄 선 사람들이 손에 그 책을 들고 있었다. 네비게이토 출판사에서 하트앤드소울 콘퍼런스에 맞춰 달라스의 《마음의 혁신》 10주년을 기념하여 출간했기 때문이다. 달라스는 이미 콘퍼런스 전에 많은 책에 사인을 해두었는데, 자신의 이름 밑에 "마가복음 12장 29-33절"이라고 썼다. 그것은 예수님이 "모든 계명 중에 첫째가 무엇이니이까"라고 질문을 받으신 이야기다.

예수께서 대답하시되 첫째는 이것이니 이스라엘아 들으라 주 곧 우리 하나님은 유일한 주시라 네 마음을 다하고 목숨을 다하고 뜻을 다하고 힘을 다하여 주 너의 하나님을 사랑하라 하신 것이요 둘째는 이것이니 네 이웃을 네 자신과 같이 사랑하라 하신 것이라 이보다 더 큰 계명이 없느니라

서기관이 이르되 선생님이여 옳소이다 하나님은 한 분이시요 그 외에 다른 이가 없다 하신 말씀이 참이니이다 또 마음을 다하고 지혜를 다하고 힘을 다하여 하나님을 사랑하는 것과 또 이웃을 자기 자신과 같이 사랑하는 것이 전체로 드리는 모든 번제물과 기타 제물보다 나으니이다.

하나님이 애착 사랑을 통해 역사하신다면…

하나님이 정말로 애착 사랑을 통해 역사하신다면, 우리에게 하나님을 사랑하라는 분명한 메시지를 주실 것이다. 그런 사랑은 우리의 존재 전체를 아우르며 가장 깊은 부분인 마음에까지 이를 것이다.

하나님이 정말로 애착 사랑을 통해 역사하신다면, 하나님의 사랑은 우리의 의식적 이해를 초월하고, 좋은 일로도 나쁜 일로도 깨지지 않고, 우리가 이해할 수 없을 정도로 엄청나게 강력할 것이다. 하나님의 애착 사랑은 친절하고, 오래 참고, 너그럽고, 우리로 인해 기뻐하는 사랑일 것이다. 이 애착 사랑은 상호적이어서, 하나님은

우리도 동일한 헤세드 애착 사랑으로 응답하길 바라실 것이다.

구약과 신약의 사랑 법은 하나님을 사랑하라고 명령한다. 하지만 하나님이 말씀하신 사랑이 "애착 유대"를 의미하는 것인지 확신이 들지 않을 수 있다. 그래서 하나님이 애착 사랑에 대해 말씀하신 것인지 성경으로 확인해 보자. 하나님이 정말 말씀하신 사랑이 애착 사랑이려면, 첫째, 하나님께 애착을 갖고 연결되라고 직접 말씀하시는 구절이 있어야 한다. 둘째, 뇌에서 건강한 애착을 형성하는 과정을 하나님이 거부하시는 것이 아니라, 사용하셔야 한다. 셋째, 하나님과 그분의 백성의 관계에 대한 구절에 '애착'이라는 단어를 써도 말이 돼야 한다. 넷째, 인간의 애착 시스템이 하나님과의 관계에 영향을 미쳐야 한다. 다섯째, 하나님이 제자들에게서 원하시는 인격 및 정체성 변화가 애착의 결과와 일치해야 한다. 더 많은 테스트를 생각해 볼 수 있겠지만, 일단 이 다섯 가지를 확인해 보자.

하나님이 애착에 대해
뭐라고 말씀하실까?

'애착' 혹은 '유대'(bonding)라는 단어는 '풀로 붙이다'에서 기원한다. 새끼 오리를 엄마 오리와 결속시키고 아기를 가족과 결속시키는 것이 애착이다. 구약의 히브리어로는 '다베크'(דָּבַק)이고 '붙다, 따라붙다, 매달리다, 가까이 따르다, 합하다, 접착되다, 함께 머물다,

결합하다'라는 뜻이다. 성경에 나타난 용례를 살펴보자.

- "오직 너희의 하나님 여호와께 '붙어 떠나지 않은' 너희는 오늘까지 다 생존하였느니라"(신 4:4).
- "네 하나님 여호와를 경외하여 그를 섬기며 그에게 '의지하고(꼭 매달리고, hold fast: NKJV)' 그의 이름으로 맹세하라"(신 10:20).
- "너희가 만일 내가 너희에게 명하는 이 모든 명령을 잘 지켜 행하여 너희의 하나님 여호와를 사랑하고 그의 모든 도를 행하여 그에게 '의지하면(꼭 매달리면, hold fast: NKJV)'"(신 11:22).
- "너희는 너희의 하나님 여호와를 따르며 그를 경외하며 그의 명령을 지키며 그의 목소리를 청종하며 그를 섬기며 그를 '의지하며(꼭 매달리며, hold fast: NKJV)'"(신 13:4).
- "네 하나님 여호와를 사랑하고 그의 말씀을 청종하며 또 그를 '의지하라(그에게 매달리라, cling: NKJV)' 그는 네 생명이시요 네 장수이시니"(신 20:20).
- "오직 여호와의 종 모세가 너희에게 명령한 명령과 율법을 반드시 행하여 너희의 하나님 여호와를 사랑하고 그의 모든 길로 행하며 그의 계명을 지켜 그에게 '친근히 하고(꼭 매달리고, hold fast: NKJV)' 너희의 마음을 다하며 성품을 다하여 그를 섬길지니라 하고"(수 22:5).

분명히 모세의 율법은 풀로 붙인 것 같이 하나님께 철썩 붙어 있으라고 한다. 이 애착은 평생 이어져야 한다. 애착은 친밀하게 연결되어 하나님께 순종하고 경건한 인격을 갖는 것이다. 애착은 온 마음과 혼을 포함하며 하나님과 함께 살아가는 삶의 핵심이다.

하나님에 대한 애착이 서로 사랑하는 사람들끼리의 애착과 같을까? '다베크'라는 단어는 사람과 하나님을 구별하지 않고 사용된다. 몇 가지 경우를 살펴보자.

- "그들이 소리를 높여 다시 울더니 오르바는 그의 시어머니에게 입 맞추되 룻은 그를 '붙좇았더라'"(룻 1:14).
- "나의 영혼이 주를 '가까이 따르니' 주의 오른손이 나를 붙드시거니와"(시 63:8).
- "내가 주의 증거들에 '매달렸사오니' 여호와여 내가 수치를 당하지 말게 하소서"(시 119:31).
- "어떤 친구는 형제보다 '친밀하니라(더 가까이 달라붙는다, stick closer)'"(잠 18:24).

이런 구절들에 따르면, 하나님은 룻이 시어머니를 붙좇은 애착 사랑이나 형제와 절친을 묶어 주는 애착 사랑으로 우리가 그분께 애착하기를 바라신다.

신약성경의 헬라어 단어로는 어떨까? 신약에서도 하나님께 애착하라고 할까? 두 단어를 살펴보겠다. 첫 번째 단어는 *κολλάω*(콜라오)다. 그 어원은 풀을 의미하는 '콜라'다.

- "사랑에는 거짓이 없나니 악을 미워하고 선에 '속하라(매달리라, cling: NKJV)'"(롬 12:9).
- "주와 '합하는' 자는 한 영이니라"(고전 6:17).

하나님께 풀로 붙여진(애착하는) 우리는 하나님과 한 영이다. 그것은 좋은 풀이다! 바울은 그 풀을 이렇게 설명한다.

> 누가 우리를 그리스도의 사랑에서 끊으리요 환난이나 곤고나 박해나 기근이나 적신이나 위험이나 칼이랴 기록된 바 우리가 종일 주를 위하여 죽임을 당하게 되며 도살 당할 양 같이 여김을 받았나이다 함과 같으니라 그러나 이 모든 일에 우리를 사랑하시는 이로 말미암아 우리가 넉넉히 이기느니라 내가 확신하노니 사망이나 생명이나 천사들이나 권세자들이나 현재 일이나 장래 일이나 능력이나 높음이나 깊음이나 다른 어떤 피조물이라도 우리를 우리 주 그리스도 예수 안에 있는 하나님의 사랑에서 끊을 수 없으리라(롬 8:35-39).

두 번째 단어는 분리될 수 없는 애착에 대해 말한다. *προσμενω*(프로스메노)는 '함께 머물다, 꼭 매달리다, 즉 애착되어 있다'를 의미한다. 다음의 예들이 있다.

- "그가 이르러 하나님의 은혜를 보고 기뻐하여 모든 사람에게

굳건한 마음으로 주와 '함께 머물러 있으라' 권하니"(행 11:23).

- "내가 무리를 불쌍히 여기노라 그들이 나와 '함께 있은' 지 이미 사흘이 지났으나 먹을 것이 없도다"(막 8:2).

마가복음의 구절에 따르면, 예수님과 무리는 서로 애착이 형성되어 있었고 예수님은 그들을 먹이고자 하셨다. 앞의 5장에서 양식을 주는 사람에게 애착이 생긴다고 말했던 것을 상기해 보라. 이것을 염두에 두고서, 강한 애착 유대의 특징을 살펴보자.

건강한 애착 유대 형성 과정을 하나님이 사용하실까?

뇌 과학자 앨런 쇼어 박사가 말하는 튼튼하고 강한 애착의 특징을 하나님이 하시는 일과 비교해 보자. 건강한 유대에는 이런 특징이 있다.

1. 생명의 원천과 연결시켜 준다(음식과 음료 등).
2. 대체될 수 없는 고유한 애착을 형성한다. 사랑하는 어머니나 아기를 다른 사람으로 대체할 수 없다.
3. 상대방을 특별한 존재요 나의 사람으로 본다(은혜).
4. 우리와 함께 있는 것을 즐거워하는 사람과 함께 기뻐할 때 건

강한 유대가 형성된다.

5. 기쁨과 쉼(평화)을 준다.
6. 공통적인 마음을 이룬다.
7. 건강한 유대는 거리가 가까워질 때나 멀어질 때나 항상 더 강해진다.
8. 건강한 유대는 긍정적인 정서를 나눌 때나 부정적인 정서를 나눌 때나 항상 더 강해진다.
9. 건강한 유대는 모든 사람이 안정감을 갖고 자기 본연의 모습으로 행동할 수 있게 한다.
10. 건강한 유대의 특징은 서로 연결되면서도 자유롭다는 것이다.
11. 건강한 유대는 서로를 능력의 한계 쪽으로 밀어붙여 성장하게 한다.
12. 건강한 유대는 지속력 있는 집단을 만든다(가정, 부족, 나라 등).

애착의 관점으로 성경을 살펴보자. 이 열두 가지 주제 중 어느 하나만으로도 한 권의 책을 쓸 만하다.

첫째, '생명의 원천.' 첫 탄생은 인간 어머니에게서 태어나는 것이고 둘째 탄생으로 새생명을 얻는다고 예수님이 말씀하셨다. 우리는 베드로가 말하는 "갓난아기들"(벧전 2:2)로서 이 새생명에 꼭 붙어 있어야 한다. 하나님(예수님)은 생명의 원천이시며, 우리의 양식이 되신다. 우리는 젖, 떡, 포도주, 하나님이 주시는 모든 말씀을 먹는다.

둘째, '다른 누구로 대신할 수 없다.' 하나님은 우리가 하나님을 바로 알기를 바라신다. 하나님은 우리가 하나님께만 특별하게 애착하기를 바라신다. 우리는 다른 누구를 하나님으로 착각하지 말아야 한다. 사랑하는 부모님을 아무도 대신할 수 없듯이 아무도 하나님을 대신할 수 없다.[4] 우리는 하나님의 음성을 알 수 있다.

셋째, '나의 사람이요 특별한 존재다.' 하나님은 우리를 특별하게 보시고 하나님의 소유로 여기신다. 옛날에는 어떤 사람을 특별하다고 여기면 "은혜"를 베풀었다.[5] 노력 없이 특별한 은총, 호의를 받으면 은혜를 값없이 선물로 받는 것이지만 그래도 오가는 것이 있어야 한다. 은혜를 베풀면 받는 사람이 감사와 애착으로 반응하기를 기대한다. 우리도 하나님을 특별하고 유일무이한 우리의 하나님으로 여겨야 한다. 이런 유대는 상대방을 단순히 정말 좋은 대상으로 보지 않고 특별한 대상이요 자신의 것으로 여긴다. 그렇게 하나님은 우리를 소유하기 원하신다. (은혜를 받는) 특별한 타인은 바로 나의 사람이다.

넷째, '기쁨을 통해 유대가 생긴다.' 하나님과 함께 살아가는 삶은 기쁨 위에 세워진다. 예수님은 제자들을 가르치셔서 제자들로 인해 기뻐하시고 제자들의 기쁨도 가장 커지게 하셨다(요15:11). 하나님과 함께 살아가는 삶이 기쁜 이유는 하나님이 우리와 함께하시고 우리에게 기쁨을 주시기 때문이다.

다섯째, '기쁨과 쉼을 준다.' 하나님은 늘 우리에게 평안과 쉼을 주신다. 성경에서 기쁨, 평안, 쉼을 제시하는 경우가 헤아릴 수 없이 많다! 하나님은 죄인에게는 노고를 주시지만, 의인에게는 기쁨을 주신다(전 2:26). 하나님의 아들께서 "내게로 오라 내가 너희를 쉬게 하리라(마 11:28)"라고 하신다.

여섯째, '공통적인 마음.' 달라스는 하나님과 '함께' 생각하는 것에 대해 설명했다. 달라스가 말한 것은 슬로우트랙에서 의식의 속도로 생각하는 것이지만 그것을 패스트트랙에서 공통적인 마음의 생각으로 확대할 수 있다. 바울의 말을 생각해 보자.

> 너희는 그 은혜에 의하여 믿음으로 말미암아 구원을 받았으니 이것은 너희에게서 난 것이 아니요 하나님의 선물이라 행위에서 난 것이 아니니 이는 누구든지 자랑하지 못하게 함이라 우리는 그가 '만드신 바'[*ποίημα*, 포이에마]라 그리스도 예수 안에서 선한 일을 위하여 지으심을 받은 자니 이 일은 하나님이 전에 예비하사 우리로 그 가운데서 행하게 하려 하심이니라(엡 2:8-10).

우리는 하나님이 손수 만드신 특별한 작품이며 하나님이 미리 준비해 놓으신 일을 하도록 창조되었다. 이 일을 할 때 우리는 영적·정서적으로 성숙해진다. 이 설계를 '포이에마'라고 하는데, 그것은 "시"를 뜻한다. 히브리 시는 소리들이 아니라 생각들로 운율을 맞춘다고 할 수 있다. 그와 같이 생각들을 맞추는 한 예는 다음과 같다.

> 여호와는 위대하시니 지극히 찬양할 것이요

모든 신들보다 경외할 것임이여(시 96:4).

우리의 생각이 하나님의 생각과 일치해야 한다. 단어까지 똑같지 않더라도 생각의 주제가 같아야 한다. 의식의 슬로우트랙에서 하나님의 생각을 우리도 하려면, 큰 노력을 기울여야 하지만, 인격은 별로 변화되지 않는다. 그러나 애착을 통해 우리의 생각이 마스터 패스트트랙에서 하나님과 공통적인 마음이 될 수 있다. 공통적인 마음에서 생기는 생각은 인격, 정체성, 자발적 반응을 변화시킨다. 하나님에 '대해' 생각하기보다 하나님과 '함께' 생각함으로써 우리는 하나님이 시키시는 일, 하나님이 우리를 위해 예비하신 일을 하게 된다.

일곱째, '건강한 유대는 거리가 가까워질 때나 멀어질 때나 항상 더 강해진다.' 걸음마를 배울 때 손을 잡아 줬다 놨다 하듯이, 함께 가까이 있는 시간과 혼자 스스로 해 보는 시간을 병행하면서 인격이 성장한다. 예수님께서도 제자들을 불렀다가 파송하시고, 제자들을 만나신 후 두고 혼자 산으로 가시고, 제자들만 배에 태워 보내시고 후에 따라가시고, 제자들과 함께 이 땅에서 시간을 보내신 후 우리가 갈 수 없는 곳으로 처소를 예비하러 가셨다.

여덟째, '건강한 유대는 좋은 때나 나쁜 때나 항상 관계 중심적이다.' 즐거울 때나 힘들 때나 하나님이 언제나 우리와 함께하신다. 예수님도 사역을 시작하실 때는 제자들과 즐거운 시간을 가지시며 치유하시고 먹이셨다. 그런 후 제자들의 애착이 얼마나 강한지 시험하시려고 십자가를 지는 이야기를 꺼내셨다. 애착의 장점이 그럴 때 나타난다. 힘들 때 예수님의 임재를 경험하면 인격이 변화된다.

아홉째, '건강한 유대는 자아를 안정시킨다.' 애착이 튼튼할수록 뇌의 정체성이 튼튼해진다. 애착이 확고할수록("아무것도 우리 사이를 갈라놓지 못해"라고 할수록), 감정, 정서, 욕망, 관계, 위협, 세상 문화의 압력 속에서도 인격이 덜 변한다. 하나님의 말씀이나 우리의 경험으로 볼 때, 그리스도를 닮은 안정된 인격은 하나님을 깊이 사랑하는 사람의 특징이다. 달라스는 강연에서 안정된 인격 개발을 중시했다.

열 번째, '건강한 유대가 이루어지면 결속이 이루어지지만 자유롭다.' 건강한 유대가 이루어지면 자유를 누리면서도 결속된다(이는 설명이 아닌 경험을 통해서만 알 수 있다). 이런 유대는 상대방이 눈에 보이지 않을 때도 그를 기억하는 유대다. 우리가 호기심을 품고 나가서 탐구하고, 발전하고, 성장하고, 변화되고, 실수도 해 보고, 실패해 보기도 하고, 자신의 뜻대로 해 보기도 하고, 심지어 완전히 "탕자"처럼 굴다가도 돌아오면 우리를 향한 하나님의 애착이 여전함을 발견하게 된다. 자신이 창조된 본연의 모습대로 행동할수록, 하나님에 대한 애착 사랑이 깊어진다.

열한 번째, '건강한 유대는 우리를 최대한 성장시킨다.' 하나님은 항상 우리를 한계까지 밀어붙여서 더 큰 믿음과 더 훌륭한 인격을 갖추게 하신다. 이를 통해 더 힘든 일도 감당하고, 더 잘 이해하고, 더 많은 사람들에 대한 책임을 맡고, 더 큰 문제도 다룰 수 있게 만드신다. 성경 속의 위대한 인물들은 하나같이 고난을 통해 성장했다.

열두 번째, '건강한 유대는 공동체의 정체성을 만든다.' 뇌에서 유대가 이루어지면서 공동체 정체성이 형성된다. 성경에서 하나님이 사람들의 집단을 만드시는 이야기가 얼마나 많은가? 하나님은 부부, 부모, 가족, 지파, 족속, 나라를 만드신다. 하나님은 제자들이 사랑과 애착의 가족이 되기를 바라신다. 베드로도 말했다. "너희가 전에는 백성이 아니더니 이제는 하나님의 백성이요 전에는 긍휼을 얻지 못하였더니 이제는 긍휼을 얻은 자니라"(벧전 2:10).

우리의 삶을 돌아보면, 하나님과 관계가 가장 좋을 때는 애착 형성의 열두 가지 특징이 잘 드러난다. 그러나 뇌의 의식적 슬로우 트랙에는 애착 유대의 열두 가지 특징이 없다. 건강한 유대를 통해 인격 형성이 가장 잘 이루어진다. 우리가 애착의 작용을 전혀 의식하지 못하더라도 인격 성장이 이루어진다.

성경에서 "사랑"으로 번역된 단어는 애착을 의미하는가?

헤세드는 애착을 의미하는가? 헤세드는 '인자하심'(lovingkindness)으로 자주 번역된다. 애착 사랑은 상대방을 사랑하는 동시에 친절하게 대해 주는 것이다. 애착 사랑은 상대방을 긍휼히 여긴다(헤세드가 긍휼로도 번역된다). 헤세드는 건강한 유대의 열두 가지 특징과 일치한다. 헤세드가 나오는 성경의 약 250개 구절을 읽어 보면, '애착'이라고 번역할 때 의미가 분명해진다. 그중 많은 구절들이 가족, 친척,

친구, 여러 왕들의 관계에 대해 말한다. 헤세드는 친절과 선의로 헌신하는 관계를 가리킨다. 기생 라합이 정탐꾼들에게 말한다. "그러므로 이제 청하노니 내가 너희를 '선대하였은즉[헤세드: 애착하였은즉, 너희를 내 사람들로 만들었은즉]' 너희도 내 아버지의 집을 '선대하도록[헤세드: 애착하도록, 우리를 너희 사람들로 만들도록]' 여호와로 내게 맹세하고 내게 증표를 내라 그리고 나의 부모와 나의 남녀 형제와 그들에게 속한 모든 사람을 살려 주어 우리 목숨을 죽음에서 건져내라"(수 2:12-13).

건강한 애착이 이루어지면 인격이 발달한다. 잠언에서는 헤세드를 충성과 동일하게 본다. "많은 사람이 각기 자기의 인자함을 자랑하나니 '충성된'[헤세드] 자를 누가 만날 수 있으랴"(잠 20:6). 여기서 헤세드를 '사랑으로 애착하는'으로 번역해도 의미가 같다.

시편에는 헤세드 하나님에 대한 찬양이 가득하다. 하나님의 헤세드는 사람들을 모든 문제에서 벗어나게 해 준다. 하나님이 항상 돌보시는 것은 하나님의 어떤 성품인가? 그것은 바로 하나님의 헤세드다.

애착의 목적은 생명을 주는 것이다. 우리가 생명을 받아들이면 생명의 원천이 된다. 그러나 애착이 오용될 때도 있다. 근친상간을 설명하면서 헤세드라는 단어를 사용한 것을 보면 가히 충격적이다. "누구든지 그의 자매 곧 그의 아버지의 딸이나 그의 어머니의 딸을 데려다가 그 여자의 하체를 보고 여자는 그 남자의 하체를 보면 '부끄러운 일[헤세드]'이라"(레 20:17).

이 구절에서 헤세드를 "영구적 애착"으로 번역하면 뜻이 통한다. 잘못된 영구적 애착을 일으키도록 애착을 사용하지 말아야한다. 거룩하지 못한 헤세드로 애착이 깨지면 깊은 상처가 생긴다. 가령 부모가 가족을 버리거나, 친척이 어린이를 학대하거나, 자녀가 부모를 죽이거나, 부부 간에 살인하면 헤세드에 악이 틈탄다. 헤세드 애착에 죽음이 틈타면, 마귀의 속성이 나타난다. 건강하지 못한 애착은 우리의 인격을 잘못된 방향으로 가게 한다. 우리는 하나님이 우리에게 주신 사람들에게 의로운 애착을 해야 한다. 하나님은 이 엄청난 힘이 있는 헤세드를 친히 사용하신다.

헬라어 단어 '아가페'가 애착을 의미할까? 히브리어 단어 '헤세드'(애착)는 하나님이 인간과 관계를 갖는 방법과 일치한다는 점에 대하여 이미 살펴보았다. 그러나 신약성경은 헬라어로 기록되어서, 히브리 개념을 전달할 헬라어 단어가 필요했다. 헬라어에서는 아가페가 애착 사랑을 나타내는 단어다.

히브리어에서 사랑에 대해 가장 자주 사용되는 단어는 또 다른 '아헵'(אהב)이다. 신약에서는 아헵을 '아가파오'(아가페의 동사형)로 번역하여 "네 이웃을 네 자신과 같이 사랑하라"(마 5:43)라고 할 때 사용한다.

하나님은 호세아 선지자를 통해 말씀하신다. "나는 '인애[헤세드]'를 원하고 제사를 원하지 아니하며 번제보다 하나님을 아는 것을 원하노라"(호 6:6). 마가복음 12장 33절에서 "[하나님께는] 아가페가 모든 번제와 제물보다 크다"라고 하여 호세아서의 헤세드를 아가페로 표현했다.

아가페는 아헵과 헤세드의 의미를 합한 것이다. 미가는 다음 구절에서 아헵과 헤세드를 함께 사용한다. "사람아 주께서 선한 것이 무엇임을 네게 보이셨나니 여호와께서 네게 구하시는 것은 오직 정의를 행하며 '인자'[헤세드]를 '사랑하며'[아헵] 겸손하게 네 하나님과 함께 행하는 것이 아니냐"(미 6:8) 사랑의 애착(아헵 헤세드)이 아가페다. 이 관계적 사랑이 영성 훈련과 경건한 인격의 핵심이다.

인간의 애착 시스템이 하나님과의 관계에 영향을 미치나?

패스트트랙의 애착 시스템이 거룩하지 못한 헤세드(애착) 혹은 버림받아서 기쁨과 아가페가 없어진 경험으로 손상될 수 있다. 여러 문화 속에서 어떤 애착이나 애착의 손상이 일어나는지에 대한 연구가 활발하다. 하나님이 뇌의 애착 시스템을 사용하신다면, 영적 삶에 다음과 같은 특징이 나타나야 한다.

- 애착이 손상된 사람은 하나님이 그를 사랑하고 기뻐한다는 것을 잘 이해하지 못한다.
- 인간의 정상적인 애착이 복구되면 하나님께 대한 애착이 나아진다.
- 새생명을 주신 하나님에 대한 애착에 비하면 부모, 가족, 족속, 그 외의 모든 것에 대한 애착은 더 작아야 한다고 말씀하신다.
- 하나님과 애착 관계가 좋은 사람들 중에서 다른 사람과 애착

관계가 좋은 공동체에 속한 경우가 많다.

- 서로 미워하고 거부하던 사람들이 가족이 된다.
- 하나님은 애착 관계에 있는 사람이 그분의 모든 가족에게 똑같이 애착하기를 바라신다.
- 하나님께 애착하는 사람은 적에게도 애착 관계를 원한다. 하나님이 그 적에게 애착하기를 원하시기 때문이다.

애착이 손상되었기 때문이라고 설명하면, 다른 카운슬러나 내가 고민했던 문제가 이해된다. 정상적 애착이 형성된 사람은 하나님과 더 잘 연결되었다. 하나님과 애착 관계가 좋아지면, 정서를 조절하고, 다른 사람들과 연결되고, 트라우마를 해소하는 것을 더 잘할 수 있었다. 하나님과의 애착 관계가 더 좋아지고 나서 정서나 관계가 더 나빠지는 경우는 없었고, 늘 더 깊은 평안을 누리게 되었다.

하나님이나 사람들과 애착이 나아져서 샬롬의 평안이 임하는 것은 치유가 잘되고 있는지 알아보는 시금석이 되었다. 평안을 잃는다면 잘못된 방향으로 가고 있는 것이다. 평안해진다면 하나님이 가까이 계신 것이다. 트라우마의 기억은 평안하지 않다. 그러나 트라우마가 해소된 기억은 평안하다. 그래서 우리는 더 평안해지는 방법을 연구했다. 그 결과 간단한 방법을 고안했고, 그것을 "임마누엘 치유" 혹은 "임마누엘 라이프 스타일"이라고 명명했다.[6] 임마누엘은 "하나님이 우리와 함께하신다"라는 뜻이다. 현재 이 용어는 하나님과 공통적인 마음 상태에 들어가서 우리에 대한 하나님의 애착을 인식하는 여러 가지 방법이다.

임마누엘 기도와 임마누엘 라이프 스타일은 하나님께 감사하고 하나님이 우리를 위해 하신 일을 기억함으로써 하나님에 대한 관계적 애착을 활성화시키는 행위다. 그 방법은 여러 가지지만, 공통점은 하나님의 임재를 더 인식하게 되는 것이다. 하나님의 임재 안에 들어가서 우리가 무엇 때문에 평안을 잃었는지 하나님의 관점으로 보게 해 달라고 요청한다. 그래서 하나님이 우리에게 보여 주시면, 우리는 하나님과 공통적인 마음을 갖게 되고, 하나님의 평안을 함께 누리게 된다. 그렇게 해서 하나님이 우리와 함께 하신다는 것을 알게 된다.

트라우마 회복과 애착 회복

칼 리만(Karl Lehman) 박사와 그의 부인, 샬럿(Charlotte)이 하트앤드소울 콘퍼런스에서 강연을 했다. 그들 연구의 동영상 자료에는 애착이 치유되면서 하나님과 연결이 좋아진 사례가 많다.[7]

하나님과 애착 관계가 좋아지면, 각종 공포증에서부터 해리성 장애에 이르기까지 여러 문제가 치유된다. 각종 심리장애와 관계 결렬도 해결된다. 치유되면 뇌의 패스트트랙이 더 원활하게 작동해서 하나님과의 관계가 안정되었다. 애착에 문제가 있다가 고쳐지면 하나님에 대해 잘못 믿던 것이 "자연스럽게" 해소되고 진리를 받아들이게 된다. 하나님의 사랑을 경험하고 나면, 하나님이 저 멀리 계시거나, 무관심하시거나, 잔인하다고 믿지 않게 된다. 잘못된 것을 믿는다고 지적하고 고쳐 주려 해서는 효과가 없었고, 애착이 개선되지 않았다. 내담자에게 하나님이 사랑하신다고 아무리 말해 주고 입씨름해도 하나님의 헤세드 임재를 인식하게 되지 않았다. 칼의 책, 웹사이트, 비디오를 보면 패스트트랙의 원활한 작동 및 하나님과의 연결에서 애착이 중심 역할을 한 사례가 많다.

약물, 사고, 뇌졸중, 질병으로 물리적 뇌 손상이 생기면 뇌의 애착 기반인 패스트트랙을 교란시켜 인격에 영향을 미칠 수 있다. 칼과 나는 직접적인 물리적, 화학적 손상 때문에 일어나는 문제들이 있다는 것을 알고 있었다. 그러나 칼은 하나님이나 그리스도인들과의 애착이 좋아지면 기질적, 유전적 뇌 손상의 영향도 줄어드는 것을 발견했다.

트라우마 회복은 칼과 내가 함께 연구한 핵심 문제였다. 하나님이나 사람에게 잘 애착하게 하는 것부터 문제 해결을 시도하면, 트라우마가 6배 빨리 해소되었다. 그래서 내담자가 회복되는 동안 하나님과 연결되어 있게 하는 것이 우리의 급선무였다. 칼은 하나님이 트라우마의 원천이라고 잘못 생각하는 사람들의 문제 해결에 공헌했다. 그런 사람은 하나님에 대해 생각하기만 해도 패스트트랙이 작동하지 않고 "원수 모드" 반응이 일어났다. 하나님에 대한 애착 사랑이 있어야 변화되는데, 하나님을 생각하기만 해도 트라우마 반응을 보이는 사람은 쉽게 변화되지 않았다. "하나님이 내 원수다"라고 느끼는 사람에게 그것을 말로 지적해 줘서 고치기는 어려웠다. 하나님에 대한 올바른 사실을 얘기해 줘도 소용이 없었다. 그런 경우에, 하나님 대신 하나님의 사람에게 먼저 애착하면 효과가 있었다.

칼의 부인 샬럿은 하나님의 꾸준한 임재하심(헤세드)을 통해 애착을 형성하는 과정을 "임마누엘 치유 기도"라고 명명했다. 그때부터 하나님과의 애착 사랑이 매순간과 삶의 가장 어두운 곳에까지 임하게 만들기 위한 임마누엘 기도, 임마누엘 일기, 임마누엘 라이프 스타일, 임마누엘 치유가 차례로 개발되었다.

중독 회복과 애착 회복

사람과의 애착이 잘 이루어지지 못해서 괴로울 때 쾌락을 주는 다른 것에 대신 애착하면 중독이 생긴다. 에드, 마리차 쿠리(Ed and Maritza Khouri) 부부가 하트앤드소울 콘퍼런스에서 강연을 했는데, 그들은 애착을 기반으로 하는 회복 방법을 개발했다. 그것은 미국 알코올중독자재활협회(Alcoholics Anonymous)에서 말하는 위대한 힘에서 한 단계 더 깊이 들어간 것이다.[8] 더렐 브러젤(Darrell Brazzell)은 임마누엘 기도로 하나님이나 사람에 대한 애착을 회복시켜서 성 중독과 음란물 중독의 문제를 해결할 수 있다고 말했다. 더렐은 내담자가 하나님과 공통적인 마음 상태에서 중독을 일으킨 문제를 하나님의 마음으로 보게 한다.[9]

애착 회복과 관계

애착을 기반으로 하는 제자 훈련의 적용 범위는 매우 넓다. 크리스, 젠 코시(Chris and Jen Coursey) 부부도 하트앤드소울에서 강연을 했는데, 그들은 애착을 기반으로 하는 관계 기술을 사용하여 정체성, 부부 사이, 가정, 교회의 교제를 회복시킨다.[10] 마커스 워너(Marcus Warner) 박사는 크리스와 함께 《하루 15분, 부부의 시간》(*The 4 Habits of Joy-Filled Marriages*)의 공저자다. 그도 애착이 귀신 들림의 문제에서부터 교회 리더십 개발에 이르기까지 다양한 문제 해결의 열쇠라고 말한다.[11]

그들은 선교사들의 전도 방법에 대해 제안한다. 사람들이 하나님께 애착을 갖게 만들라는 것이다. 사람들의 슬로우트랙에 호소하여 어떤 것을 믿으라고 하기보다, 그들이 하나님과 공통적인 마음을 경험하고 헤세드이신 하나님을 깨닫게 해야 한다.

애착이 손상되고 (뇌의 패스트트랙에) 헤세드 아가페 관계 기술이 없으면 공통적인 마음 상태가 차단되어 그리스도의 형상으로 화하지 못한다. 이는 달라스의 가르침을 상담 현장에 적용하려고 했을 때 왜 문제가 생겼었는지 설명해 준다. 하나님은 인간의 몸에서 가장 강력하게 동기를 부여해 주는 애착 사랑을 통해 인격을 형성하고 고치시는 것으로 보인다.

하나님이 제자에게 기대하시는 것이 애착 사랑의 효과와 일치하는가?

애착(헤세드)의 힘은 의식적 생각 전에 정체성을 결정한다. 뇌는 애착 유대를 통해 인격을 형성하거나 바꾼다. 애착 유대는 강력한 힘이다. 바울은 이렇게 말한다.

> 그리스도의 '사랑'[아가페 또는 애착 사랑]이 우리를 강권하시는도다 우리가 생각하건대 한 사람이 모든 사람을 대신하여 죽었은즉 모든 사람이 죽은 것이라 그가 모든 사람을 대신하여 죽으심은 살아 있는 자들로 하여금 다시는 그들 자신을 위하여 살지 않고 오직 그들을 대신하여 죽었다가 다시 살아나신 이를 위하여 살게 하려 함이라 그러므로 우리가 이제부터는 어떤 사람도 육신을 따라 알지 아니하노라 비록 우리가 그리스도도 육신을 따라 알았으나 이제부터는 그같이 알지 아니하노라(고후 5:14-16).

그리스도 안에서 하나님께 애착하면, 우리의 마음에 있는 예수님의 영을 통해 모든 것을 보게 된다. 그러한 영적 시각을 예수님만이 아니라 모두가 가질 수 있다. 헤세드는 인간 뇌의 가장 강력한 힘이다. 그것은 자신의 생명이나 존재보다 중요하다. 영성 훈련이나 그리스도의 인격으로 변화하기 위해 그 힘의 사용을 고려해야 할까?

예수님이 그 힘을 사용하신다면, 우리도 사용해야 한다. 그리스도의 애착 사랑이 우리를 강권하신다. 우리가 사랑하는 대상이 우리를 변화시킨다. 애착 사랑을 통해 인격의 변화를 기대할 수 있다. 그래서 다른 사람을 하나님의 눈으로 보게 되고, 사랑의 의도를 갖게 된다. 심지어 원수에 대해서도 그렇게 할 수 있다. 달라스는 이를 영적 성숙의 지표로 봤다.

성인의 인격 변화에는 정체성 그룹이 필요하다

애착의 특징 한 가지를 더 살펴보겠다. 애착 유대의 열두 번째 특징은 공동체의 정체성, 곧 우리 사람들이었다. 하나님이 바라시는 제자의 특징이 인간의 12세 후 뇌의 애착 시스템에 필요한 그룹 정체성의 특징과 일치하는지 살펴보자.

뇌는 매우 분명한 그룹 정체성 개발 패턴을 갖고 있다. 그 패턴은 인간의 뇌에 유전적으로 내장되어 있다. 뇌는 유아기와 아동기에 인간으로 살아가는 법을 열심히 배운다. 생존할 수 있는 인간이 되는 것이 최고 우선순위다. 그러나 사춘기에 이르러 뇌에 큰 변화가 일어난다. 일정 나이가 되면 특정 뇌세포가 스스로 사멸하게 되어 있어서(세포자살) 여러 시스템이 약해진다. 14세부터 뇌는 "나의 생존"보다 "나의 사람들"의 생존을 중시한다. 초점이 자신의 개인적인 발달에서 "'내 사람들'처럼 행동하기"로 바뀐다. 청소년들에게 그런 변화가 일어나는 것을 보았을 것이다.

애착 사랑 이론에 따르면, 사춘기에 그런 세포자살과 변화가 일어나므로, 하나님은 12세 후 사람의 인격 변화에 공동체 정체성을 사용하실 것이다. 즉 우리는 성인으로서 함께 그리스도의 인격을 연습해야 한다. 우리는 인격을 타고나기보다는 배우는 것이므로 서로를 권면하고, 아직 덜 배운 사람들을 참아 줘야 한다. 경험이 많은 사람들이 스승이 되어 제자보다 나은 인격을 보여 주어야 한다. 우리는 시련 속에서 인격을 기르고 좋은 본보기들을 따라야 한다. 성경에 기록된 좋은 본보기와 나쁜 본보기들을 참고하면 좋다.

가장 중요한 것은 예수님을 모델로 삼는 것이다. 예수님은 일대일보다 주로 공동체를 통해 사람의 인격을 고치시고 성장시킨다. 그럴 때 공동체 정체성이 생긴다. 이를 예수님께 배우는 사람들이, 예수님 당시의 표현을 쓰자면, 바로 제자들이다.

신경학적으로 보면 하나님은 우리가 영성 훈련을 통해 인격을 개발하기를 원하신다. 그 훈련은 하나님이 우리의 생각을 인도하시고, 다른 사람들과 더불어 인격 훈련을 하게 하시는 것이다. "뇌 친화적" 영성 훈련 방법은 하나님의 마음을 공유하고 하나님의 마음을 다른 사람들과 공유하는 훈련이다. 하나님은 우리와 공통적인 마음을 가져서 우리를 변화시키신다. 그리고 다른 사람들과 함께 훈련할 때 인격이 성장한다.

너무 화가 나서 직접 하나님과 공통적인 마음을 가질 수 없을 때 다른 사람들이 필요하다. 너무 화가 날 때는 하나님이 우리와 함께하신다는 점을 보기가 어렵다. 우리는 화나게 만드는 사람을 적으로 느끼게 된다. 그럴 때 "우리는 원수를 사랑하는 사람"이라는 사실을 아는 사람이 주변에 있어서 혼자 할 수 없는 것을 할 수 있게

도와줘야 한다.

내 기도 짝인 게리와 나는 모두 아내와 사이가 좋지 않을 때가 있었다. 그때 하나님이 떠나신 것 같았고, 아내를 원수처럼 느꼈다. 우리는 애통했지만 하나님의 생각을 가질 수 없었다. 우리의 마음은 관계 모드가 아니었다. 우리는 외톨이라는 느낌이었다.

그런데 내가 원수를 사랑할 기분이 아닐 때, 게리는 내게 "나는 형제 때문에 기뻐요!"라고 말했다. 내가 힘들어 하기 때문에 기쁘다는 게 아니라, 하나님이 나와 함께하시기 때문에 기쁘다고 말해 주었다. 하나님이 나와 함께하시는지 내가 느끼지 못할 때 게리는 느낄 수 있었고 "두 사람이 한 사람보다 나음은 그들이 수고함으로 좋은 상을 얻을 것임이라 혹시 그들이 넘어지면 하나가 그 동무를 붙들어 일으키려니와 홀로 있어 넘어지고 붙들어 일으킬 자가 없는 자에게는 화가 있으리라 … 한 사람이면 패하겠거니와 두 사람이면 맞설 수 있나니 세 겹 줄은 쉽게 끊어지지 아니하느니라"(전 4:9-12, 12) 라고 말해줬다.

게리는 그 진리를 기억하도록 세 겹줄이 꼬인 형태의 결혼반지를 꼈다. 반대로 게리가 힘들어서 외톨이인 것 같고 하나님이 헤세드를 저버리신 것 같다고 느낄 때는 내가 나서서 "나는 형제 때문에 기뻐요!"라고 말해 줬다. 우리는 정말 형제 같았다.[12]

헬라어 단어 코이노니아(κοινωνία)는 파트너십이라는 관계적 자원의 공유를 의미한다. 우리가 그리스도의 마음을 가져 현실을 올바로 보고 치유와 인도하심을 얻으려면 코이노니아가 필요하다. 그리스도 안의 새 자아를 연습하려면 하나님의 시각을 품은 사람, 아직 배우는 중인 우리에게 긍휼을 베풀어 주는 사람의 피드백이 필요하다.[13] 12세 후의 뇌는 "내 사람들"이 주는 피드백만 받아들이므로 그런 사람들과 애착이 형성되어야 한다. "내 사람들"은 우리 사람들의 생존을 자신의 생존보다 중요하게 여긴다. 자신이 중요하지 않아서가 아니라, 뇌가 우리 사람들을 그만큼 소중하게 여기기 때문이다.

결국 제자는
하나님의 사람들이다!

하나님이 우리를 한 그룹의 사람들로 여기시는가? 우리가 하나님이나 다른 사람들과 잘 애착해서 한 그룹의 사람들이 될 수 있는가? 베드로가 예수님을 배신한 후, 예수님은 베드로에게 물으셨다. "네가 나를 사랑하느냐?" 그 말은 '우리는 서로 애착되어 있는가? 최소한 친구라도 되는가? 어떻게 우리의 애착을 계속 유지할까? 함께 양을 치자'라는 것이었다(요 21:15-17).

신념이나 의식적 주의 집중으로는 뇌에서 우리 사람들이라는 개념이 형성되지 않는다. 개념은 얘기할 수 있을지라도, 자동적 반응은 변하지 않는다. 의지적 주의집중으로 전략이 바뀔 수 있지만 "우리 사람들"이라는 의식이 직접 형성되지는 않는다.

VIM 모델은 비전, 의도, 수단이다. 달라스는 은혜의 능력 하에서 어떤 의도를 가질 때 하나님과 함께 살아갈 수 있다는 비전을 제시했다. 여기서 의도는 정신, 마음, 혼, 몸, 관계와 함께 의지를 어떤 초점에 집중시키는 것이다. 그러나 인생모델은 애착 사랑이 변화를 일으키는 더 강력한 의도가 된다고 말한다. 나는 VIM의 I에 의도(Intention)보다 "원동력"(Impetus)을 넣고 싶다. 영적 성숙을 연구하는 과학인 신경신학에서는 하나님과 새로운 애착이 이루어지면 우리 마음속에서 예수님과 함께하는 새 삶이 시작된다고 제안한다. 그런 애착 사랑이 원동력과 동기가 되어 예수님처럼 되려는 비전을 실천하게 된다.

다음 장에 있는 달라스의 마지막 강의에서 달라스는 VIM 변화 모델과 영성 훈련을 하나로 묶는다. 의지적 주의 집중은 힘이 약해서 직접 할 수 없는 것이 많지만, 전략을 세울 수는 있다. 그냥 선택과 전략은 다르다. 올바른 전략은 단순한 선택으로는 되지 않는 것을 이루어준다.

하나님과의 9분(실습)

이 실습은 세 단계로 이루어지며, 각각 3분이다.

깊이 숨을 들이쉰 후 천천히 내쉬라.

1단계. 하나님이 함께한 순간을 떠올려 보라. 생각나지 않으면, 기억나게 해 달라고 기도하라. 하나님의 임재를 한 단어나 문장으로 표현해 보라.

2단계. 하나님이 함께하셨지만, 당신이 미처 인식하지 못했던 때를 기억나게 해 달라고 기도하라.

3단계. 당신이 하나님의 임재를 인식하게 될 때 무엇이 변하는지 주목해 보라. 당신이 그것을 인식했을 때 무엇이 변했는지 한 단어나 문장으로 표현해 보라(적당한 한 단어를 찾기가 생각보다 어려울 수 있다).

Part 3

,

공동체 속에서
예수의 인격을
배우다

8.

성숙을 훈련하는 삶

달라스 윌라드

'예수 닮은 삶'을 목표로 세우다

하트앤드소울 콘퍼런스에서 달라스가 강의하는 목요일이 끝나 가고 있었다. 크리스 코시(부인 젠과 함께 콘퍼런스를 총괄했다)는 이렇게 회상한다. "사람들은 달라스의 말에 귀를 쫑긋 세웠다. 참석자들은 역사적인 이 시간을 고대했다. 일어나야 할 일이 일어나고 있었다. 전에 없는 일이었다."

Dallas Willard

우리는 영적·정서적 성숙이 무엇인지 살펴보았다. 간단히 말해서, 정서적 성숙이란 감정, 욕망, 정서를 사용해 선한 일을 하는 능력이다. 그런 사람은 아이가 원하는 것을 꼭 갖겠다고 떼를 쓰는 것처럼 정서에 휘둘리는 일이 없다.

영적 성숙 없이는 정서적인 성숙을 기대할 수 없다. 영적으로 성숙하면 정서적으로도 성숙하게 된다. 그러므로 정서적 성숙을 이루려면, 영적 성숙을 도모해야 한다.

그리스도인이 아닌 사람은 그것을 어떻게 해야 할지 모른다. 이 말을 그리스도인의 오만이라고 생각할 수도 있겠지만, 한번 경험해 보면 무슨 말인지 알 것이다. 당신이 관심을 갖는 다른 종교를 살펴보라. 개인만이 아니라 공동체나 나라에 어떤 영향을 미치는지 살펴보라. 그리고 나서 그것을 그리스도의 길과 비교해 보라.

이것은 우리가 자아의 구조에 대해 논할 때 한 이야기다. 그리고 이것이 교회에서 복음이나 구원을 가르칠 때 제자도를 잘 이야기하지 않는다는 점을 바로잡아야 하는 이유이기도 하다. 제자도는 건강한 영성을 이루어서 영적으로 성숙하게 하고, 이어서 정서적으로 성숙하게 한다. 그러므로 사람들이 예수님의 제자가 되게 하자. 그들에게 제자가 될 기회를 주자.

제자도에 대해 알리고 제자가 되라고 전해야 할 일차적 장소는 교회다. 우리가 말한 이런 성숙을 갈망하는 사람들이 교회에 있다. 그들은 자신만이 아니라 사랑하는 이들과 공동체가 그렇게 되기를 갈망한다. 많은 사람들이 그것만이 세상의 소망이라고 외친다. 최소한 우리가 제자가 되어 서로 살인하는 일만 없어져도 어디인가. 세상이 그 소망을 발견할 수 있는 곳은 교회다. 교회의 리더라면 예수 그리스도의 메시지와 예수 그리스도를 세상에 알릴 책임이 있다.

만일 세상에 소망을 주는 다른 것이 있다면 알려 달라. 여러 곳에서 소망을 주겠다고 한다. 가령 미국 교육계가 그렇다. 그러나 미국 교육계는 자타가 공인하듯이 세속적이다. 당신의 소망은 무엇인가? 당신은 조금이라도 가망성이 있는 무엇을 세상에 제시할 수 있는가?

잠시 생각해 보라. 오늘날 그리스도 밖에서 제시되는 소망은 무엇인가? 투자 이익금이나 현실에 대한 실제적인 지식이나 아니면 그저 모든 것을 관용하면서 그럭저럭 어울려 살아가는 것에서 소망을 찾고 있는가? 그러나 그런 것들이 인격 형성에 무슨 소용이 있는가?

하나님 나라 안에서 예수님의 제자로 살아갈 가능성을 사람들에게 열어 주려면, 교회가 센터요 리더로서 삶의 방식이 어떻게 변화되어야 인격이나 관계가 그리스도와 성경의 가르침대로 될 것인지를 본보기로 보여 주고 지도해야 한다. 우리는 구체적으로 어떻게 해야 할 것인가?

오늘날 교회 안팎의 많은 사람이 '변화되지 않은 자칭 그리스도인'이고 그들이 득세하고 있다는 현실이 답답함을 준다. 우리는 그 문제에 어떻게 접근할지 살펴보았고, 그런 면에서 교인들의 현황을 조사해 본 사람도 있다. 한 연구에 따르면 분명한 사실은 교회에서 하라는 대로 다 해도 성장이 이루어지지 않는다는 것이다. 이것을 생각해 보자. 우리는 교회 생활이나 기독교적 가치나 그리스도의 복음에 대해 어떻게 하라고 가르치고, 뭐라고 말하는가?

> "매일 성경을 읽고 기도하라."
>
> "교회에 가라."
>
> "죄짓지 마라."

좋은 말들이지만, 질문해 보자. 그렇게 해서 되는가? 그렇게 해서 우리가 원하는 일이 그리스도인들에게 일어나는가? 실제적, 실증적으로 정직하게 평가해 보자.

그리스도의 형상으로 변화되는 삶을 꿈꾸다

인생모델을 비롯하여 유사한 프로그램들의 목표는 그리스도의 형상으로의 변화와 영적·정서적 치유 및 성숙이 공동체와 교회 안에서 이루어지게 하는 것이다. "복음"과 "위로부터" 오는 새로운 삶을 제대로 이해하고 나면 개인적이나 공동체로나 번민과 파멸이 없는 삶을 이루기 위한 방법을 찾게 된다. 실제로 교회사 속에서 다양한 방법이 나타났다. 가령 다양한 사역도 효과가 있고, 테라피, 삶의 환경 개선, 교육, 상처 치유를 직접 행하는 것("기억의 치유" 등)도 효과가 있다. 짐과 그의 동료들이 개발한 인생모델로도 교회를 비롯한 사회 곳곳에서 변화가 일어날 것이라 기대된다.

하지만 교회가 변화된 인간의 모습을 지역 사회 속에서 잘 보여 주는지를 반성해 보면, 교회 전통이라는 문제점이 눈에 들어온다. 현재, 교리를 포함한 교회의 전통이 우리의 협력을 방해하고 있다. 믿는 사람은 성숙한 그리스도인으로 변화되어야 한다는 개념을 담은 복음을 우선시하고 영적·정서적 성숙을 성공의 기준으로 삼는 일에 모두가 연합해야 한다. 우리의 교회관에서 그리스도에 대한 제자도가 다른 우선순위보다 우선시되어야 한다. 진정한 교회 일치 운동은 제자도 중심으로 이루어져야 한다. 즉 교회는 교리보다 제자도에 초점을 맞춰야 한다. 비록 그 교리 때문에 특정한 교단으로 성장했겠지만 말이다. 이것은 중대한 사안이다. 매우 중대하다.

많은 사람들이 다른 교단이나 교회도 그리스도 안의 기본 정체성이 같다고 여기지 않는다. 그러나 그리스도의 제자가 되기를 추구하고 교회 공동체 안에서 순종하는 사람은 어디서나 두드러져 보이기 마련이다. 감출 수가 없다. 예수님이 "산 위에 있는 동네가 숨겨지지 못할 것이요"(마 5:14)라고 말씀하신 대로다. 광고할 필요가 없다. 빛이 "지금 나 빛나고 있어"라고 말할 필요가 없듯이 말이다.

물론 우리는 교회 전통 안에서 자라서 일반적 교회 전통이나 특정 교회 전통의 장점을 안다. 교회 전통이 우선시되면, 교회 전통 때문에 그리스도인들이 서로 적대적일 수 있다. 내가 어릴 때 어떤 교단들은 다른 교단의 사람들도 그리스도인이라고 생각하지 않았다. 그것은 그리 오래된 일이 아니다. 제도권에 그런 편견이 아직도 남아 있으므로 극복해야 한다.

그것을 극복하는 방법은 그리스도의 제자라는 정체성을 갖는 것이다. 즉 우리가 그리스도의 인격으로 변해간다는 사실이 정체성이 되어야 한다. 그래서 그 정체성이 개인에게서 우리의 교회로 흘러가게 하라. 다시 말하거니와, 교회가 잘되기 위해 제자도를 이용하는 것이 아니고, 교회가 제자도를 이루기 위해 존재한다. 그리고 제자도는 세상을 섬기고 세상에 빛이 되기 위해 존재한다.

영성 훈련의 방법들

이제 제자의 영성 훈련을 실제로 이루는 방법에 대해 알아보자. 이는 단순히 율법에 순종하는 것이 아니다. 이는 주변 사람을 향한 소망과 사랑을 품는 다른 차원의 삶이다. 제자의 삶의 중심을 이루는 믿음, 소망, 사랑이 그리스도를 따르는 자의 내적 상태로 자리를 잡아야 한다.

소망의 경우를 예로 들어보자. 그리스도인, 특히 그리스도인 리더는 공동체 안에서 가장 행복하고 소망을 품은 낙관적인 사람이어야 한다. 무엇을 위해 살고 삶의 문제를 어떻게 해결하느냐가 여기에 달려 있다. 사람들의 소망의 근거는 무엇인가? 자신이 언제나 영적 존재이며 하나님의 대우주 안에서 영원하다는 것을 믿고 지금의 삶은 하나님의 능력 안에 사는 훈련이라는 것을 이해하지 못한다면 기도가 무슨 의미가 있겠는가?

신약이나 역사 속의 기도에 대한 가르침이나 예를 보면, 기도로 영원한 생명이나 영원한 삶을 얻는다. 기도는 회복되는 중인 죄인인 우리가 세상 속에서 능력을 얻는 도구다. 그 결과, 기도는 소망을 줄뿐 아니라, 관계를 변화시킨다. 사람들이 진심으로 기도할 때, 가끔 기도하는 게 아니라, 기도하는 삶을 배울 때, 특히 함께 기도하는 법을 배울 때, 삶에 대해 더 희망적이 된다. 기도하는 습관과 그 기반인 소망 때문에 좋은 일을 기대하게 된다. 그래서 기도는 소망을 굳건하게 하고, 주변에 무슨 일이 벌어지더라도 행복하고 만족하게 한다.

분노는 어디서 오는가? 의지가 좌절될 때 생긴다. 뜻하는 바가 좌절되면, 분노하는 것이 자연스러운 반응이다. 물론 분노 자체가 잘못은 아니지만, 조심해야 한다. 분노에 지배되면, 잘못을 저지르게 된다. 분노는 자주 경멸과 결합되어 나타난다. 경멸은 상대방을 자신보다 못하게 여기는 것이다.

어떻게 남을 경멸하는 감정에서 벗어날까? 어떻게 해야 "분을 내어도 죄를 짓지"(엡 4:26) 않을 수 있을까? 하나님께 당신의 뜻, 의지를 맡겨야 한다. 분노를 하나님께 맡긴 사람이 알게 되는 사실이 있다. 선을 위해 싸우되 분노 없이 싸우면 훨씬 더 좋은 결과를 얻을 수 있다. 왜냐하면 우리가 분노와 경멸로 행동하면 남들도 분노와 경멸로 반응해서 진흙탕 싸움밖에 되지 않기 때문이다.

하나님께 온전히 맡길 때 우리를 통해 큰 구속의 역사가 일어난다. 사람들에게 그런 대안적 삶을 제시하면 그들이 실생활 속에서 그리스도의 제자가 되어 하나님 나라를 보게 된다. 하나님께 온전히 순복하고 맡기면 아름다운 영적·정서적 성숙이 이루어진다.

영성 훈련이란 우리가 처음 그리스도를 알게 되었을 때부터 지니고 있던 잘못된 습관을 고치는 연습이다. 예를 들어, 분노하고 남을 멸시하는 것을 극복하는 연습이 필요하다. 기본적으로 영성 훈련은 직접적인 노력으로는 이룰 수 없는 것을 이루게 해 주는 자발적 활동이다. 교회사에서 영성 훈련을 위한 고전적 훈련은 그리스도가 늘 행하셨던 것을 그냥 따라 하는 것이었다. 예수님이 많이 하신 것이 제자들에게 영성 훈련이 되었다. 가령 예수님은 혼자 계시며 침묵하는 시간을 많이 가지셨다. 당연히 성경도 많이 공부하셨다. 예배와 교제도 하셨다. 그 모든 것들이 우리에게 영성 훈련이 된다. 당신이 할 수 있는 활동을 연습하면 당신이 직접 할 수 없던 것을 하게 된다. 교회는 사람들이 그런 것을 연습하는 센터가 되어야 한다. 그러면 결국 그들이 그리스도의 인격을 닮고 어두워진 세상의 빛이 될 것이다.[1]

간접성

영성 훈련은 간접적으로 이루어진다. 악기나 성악이나 운동을 연습하는 사람을 생각해 보라. 훈련 자체가 목적이 아니다. 음계 연습을 하는 것은 음계를 아름답게 연주하기 위해서가 아니다. 음계를 잘 알면, 아름다운 곡을 잘 연주할 수 있다. 이 원리가 인간의 거의 모든 활동에 적용된다. 좋은 대화, 저축, 다이어트 같은 모든 것이 비슷한 간접성의 원리로 이루어질 수 있다. 어떤 행동을 그 행동 자체를 위해서 하는 것이 아니라 그것 때문에 가능해지는 결과를 위해서 한다. 이것이 간접성의 개념이다.

직접 악전고투를 할 것인가, 간접적으로 훈련할 것인가

훈련하지 않으면, 원하는 결과를 얻으려 악전고투를 하다가 좌절할 수 있다. 그러면 아름다운 결과를 낳지 못하게 된다. 가령 피아노 연습을 하지 않으면, 베토벤의 "월광 소나타"의 음을 하나씩 칠 수 있더라도, 원하는 때에 원하는 대로 연주할 수 없을 것이다. 인간의 삶이 대체로 그렇다. 우리는 필요한 때에 필요한 것을 필요한 방식으로 해야 한다. 예를 들어, 때에 맞는 말이나 은혜로운 행동을 해야 한다. 바울이 "너희 말을 항상 은혜 가운데서 소금으로 맛을 냄과 같이 하라"(골 4:6)고 한 것을 생각해 보라. 미리 대비하고 연습해야 그 말씀대로 할 준비가 된다. 원하는 결과가 간접적 훈련으로 이루어진다.

이런 반론이 있을 수 있다. "자연적 노력은 구원의 은혜와 반대 아닌가요?" 그러나 영적 삶에서 자연적 노력도 하고 은혜도 받는다고 해서 달라지는 건 없다. 하나님이 은혜를 베풀어 주시지만, 우리는 여전히 간접적 결과를 낳는 영성 훈련을 해야 한다. 은혜는 우리가 아무것도 안 해도 된다거나 우리가 어떻게 하든 원하는 결과가 이루어진다는 것이 아니다. 그것은 은혜가 아니다. 은혜는 우리 혼자 못하는 것을 하도록 하나님이 우리에게 역사하시는 것이다. 그것은 내가 훈련에 관해 말한 것과 비슷하다. 은혜와 훈련의 경우 모두, 우리의 직접적인 노력을 통해서가 아니라 우리 안에서 그리고 우리를 통해 간접적으로 이루어지는 부분들이 있다.

인간의 삶은 은혜로 살아가게 되어 있다. 우리가 죄를 짓지 않았다 해도 여전히 하나님의 은혜가 필요할 것이다. 하나님은 인간이 자연적 능력으로 할 수 없는 것을 성취하도록 창조하셨다. 그것이 인간 삶의 기본 원리다. 그러므로 은혜는 우리 자신의 힘으로 못하는 것을 하도록 하나님이 우리 삶에 역사하시는 일이다. 영성 훈련과 은혜는 서로 배타적이지 않다. 그래서 영성 훈련을 "은혜의 수단"이나 "은혜에 '이르는' 수단"이라고 부른다.

"왜 하나님은 인간이 변화되려면 훈련이 필요하게 하셨나요?" 내 생각에 그 답은 이렇다. 하나님은 우리가 어떤 사람이 될지 어느 정도 스스로 결정할 수 있게 하셨다. 외국어를 하거나 피아노를 치는 경우를 생각해 보자. 외국어를 하는 사람이나 피아노를 치는 사람이 될지 우리가 어느 정도 결정할 수 있다. 그것을 가능하게 하는 훈련을 하기로 결정하는 것에 달렸다. 즉 이웃을 사랑하거나, 원수를 사랑하거나, 우리를 저주하는 사람을 축복하는 사람이 될지에 관해서 상당 부분 스스로 결정할 수 있다. 어떤 사람이 되고 싶은가? 무엇을 해야 그런 사람이 되는 길로 들어서게 될까?

이 부분에서 많은 사람이 당황한다. 자신이 행동하면 은혜가 아니라고 생각하기 때문이다. 그러나 사실, 은혜를 가장 잘 알고 가장 많이 받은 사람은 예수님처럼 살기 위해 누구보다도 노력한다. 은혜의 반대는 행동이 아니다. 은혜의 반대는 '내 노력으로 이루겠다는 태도'다. 훈련을 해서 보상을 받는 것이 아니라, 훈련으로 우리가 원하는 삶이 가능해진다.

보통 성경에서 은혜의 반대 개념은 육신이다. 육신은 자연적 능력, 스스로 '성취할 수 있는' 것을 나타낸다. 하갈과 아브라함은 자력으로 자녀를 낳을 수 있었다. 사라와 아브라함은 그러지 못했다. 그러므로 이삭의 탄생은 하나님이 그들을 위해 역사하신 결과였다.

물론 이삭이 태어나도록 아브라함과 사라가 '해야' 했던 것이 있었다. 그러나 그것 때문에 자녀가 태어난 것이 아니다. 약속의 자녀, 이삭이 태어난 것은 하나님이 하시는 일에 사라와 아브라함이 참여했기 때문이다. 이는 분명 은혜였다. 영성 훈련의 개념에 그런 은혜도 포함된다.

훈련 자체는 의롭지 않다

훈련 자체가 의로운 행위가 아니라는 것을 늘 명심하라. 물론 어떤 훈련은 의로운 면이 있을 수 있다. 즉 하나님이 우리에게 하라고 명령하신 행위는 의로운 면이 있다. 가령 기도는 어떤 면에서 의로운 행위다. 그리고 또한 하나님이 우리를 빚어 가시는 영성 훈련이기도 하다.

반면에 금식은 하나님이 우리를 빚으시는 훈련이지만 그 자체가 의롭지는 않다. 여러 영성 훈련이 그렇다. 어떤 영성 훈련(나는 그것을 뭔가를 하지 않는 훈련이라고 부른다. 고독, 침묵, 금식, 검약 등)은 우리를 '비움으로써' 그렇지 않으면 하지 못할 다른 종류의 활동을 할 공간을 만들어 준다. 그런 영성 훈련은 의롭다기보다는 '지혜롭다고' 하는 편이 좋을 것이다. 이는 선한 목표를 위한 선한 수단이 된다.

이런 것이 영성 훈련의 본질이다. 예를 들어, 심지어 기도도 노력으로 할 수 없는 것을 할 수 있게 해 주는 훈련 효과가 매우 크다. 가령 원수를 위해 기도하고 그를 섬기면 그를 사랑하게 된다. 당신에게 상처를 주고 해코지하려 했던 원수에게 놀라운 영향을 미치게 된다. 그들에 대한 우리의 태도가 완전히 달라진다.

자, 어떻게 간접적으로 목표가 이루어지는지 알겠는가? 이것이 영성 훈련이다.

공동체와 함께하는 영성 훈련

나의 책 《영성 훈련》(*The Spirit of the Disciplines*)에서는 뭔가를 하지 않는 영성 훈련과 뭔가를 하는 영성 훈련을 다루었다.[2]

〈뭔가 하지 않는 영성 훈련〉

- 고독(혼자 있기)
- 침묵
- 금식
- 검약
- 순결
- 선행을 알리지 않기
- 희생

〈뭔가 하는 영성 훈련〉

- 성경 공부

- 예배
- 축하
- 봉사
- 기도
- 교제
- 고백
- 복종

문득 드는 생각은 교회에서 우리가 리더로서 교인들이 이런 훈련을 할 줄 알도록 도와야 한다는 것이다. 오랜 시간 혼자 있으면서 아무것도 하지 않는 훈련을 하면 조급함, 걱정, 분노, 남을 멸시하는 마음을 줄이는 데 큰 효과가 있고, 삶의 분주함과 외로움을 줄여 주고, 자신, 삶, 다른 사람들을 더 분명히 보게 해 준다. 또 삶을 얽어맨 것들이 한동안 떨어져나가서 우리가 없어도 세상이 돌아간다는 것을 알게 된다. 고독과 침묵은 이 세상이 하나님만으로 충분함을 안식하게 해 준다. 이것이 안식일의 원리다.

그러나 우리는 홀로 거하며 아무것도 하지 말라는 말에 당황한다. 어떻게 아무것도 하지 않는 게 훈련인가? 그런 훈련으로 무슨 능력을 얻을 수 있단 말인가!

고독(혼자 있기)의 큰 장점은 분주한 일상에 얽매이다보면 정말로 해야 한다고 느끼는 것을 할 기회나 힘이나 시간이 없는데, 그런 상황에서 벗어나게 해 준다는 것이다. 소소한 일상에 몰두하다보면 해야 한다고 느끼는 것을 못하게 되고 만다. 고독의 유익을 갈라디아서 5장 24절에서 살펴볼 수 있다. 그리스도 안에 있는 사람은 "육체(를) … 십자가에 못 박았느니라." "육체"는 자연적 능력이라고 했던 것을 기억하라. 그 자체는 좋은 것이지만, 그것으로 당신의 삶을 다스릴 수 없다. 바울이 본문에서 말하는 것을 생각해 보라. 이 좋은 자연적 능력들을 십자가에 못 박혔다고 한다. '정욕과 탐심'도 못 박혔다고 한다. 많은 사람들이 고독 훈련을 할 때 십자가에 못 박히는 것 같다고 느낀다. 왜냐하면 실제로 그렇기 때문이다. 홀로 거할 때 일상생활의 경험에서 벗어나 쉬게 된다.

고독의 효과는 당신을 사로잡아서 자연적 능력으로 살게 하는 삶 '속의' 것들로부터 해방시켜 준다는 것이다. 그런 해방은 경험해 봐야 안다. 대부분의 영성 훈련이 그렇다. 사람들에게 그것을 말해 줘서 추상적으로 토론하기는 어렵다. 고독의 유익을 알려면 직접 해 봐야 한다.

고독 자체가 의로운 것은 아니다. 홀로 거한다고 해서 더 의로워지지 않는다. 그러나 하고나면 '전에' 없던 능력을 갖게 된다. 예를 들어, 바쁘다고 말하지 않게 된다. 우리의 사회에서 바쁘다고 하면 인정을 받지만, C. S. 루이스는 "게으른 사람만 바쁘다"고 말했다. 보통 우리는 바쁜 사람은 게으르지 않다고 생각한다. 그러나 C. S. 루이스는 바빠지는 것은 쉽다고 말한다. 그건 세상의 자연스러운 방식이다. 삶이 바쁘지 않으려면, 힘, 인식, 전략이 필요하다. 계획을 세워야 한다. 당신이 계획을 세우지 않으면, 다른 사람들이 당신에게 일을 시킬 것이다.

이것은 신학적으로 상당히 깊이 있는 주제다. 우리가 할 일이 너무 많다면, 그것은 내려야할 결정을 내리지 않았기 때문일 것이다. 왜 필요한 결정을 하지 않았을까? 이 질문은 우리의 믿음을 성찰해 보게 한다.

문제를 해결하려면 일을 더 열심히 해야 한다고 생각한 것이 문제일 수 있다. 그건 자연적 능력을 더 많이 의지하려고 했던 것이다. 하나님이 사람들에게 미처 다 할 수 없도록 너무 많은 일을 주신다고 생각하는가? 바쁜 것을 해결하려면 일을 더 적게 하라는 제안에 귀 기울여보겠는가? 그 말 때문에 시험에 들 수도 있지만, 당신이 몰두하고 있는 것들 중에서 무엇이 중요하고 무엇이 중요하지 않은지 결정을 내릴 기회가 될 수도 있다. 그것은 당신이 하는 일들을 살펴보고 그것이 삶에서 무엇을 낳는지, 또한 주변 사람들에게 어떤 영향을 미치는지 평가해 볼 기회다. 고독은 이것을 더 분명히 보게 해 준다.

또 고독은 우리를 침묵하게 한다. 침묵은 영적인 삶의 필수적인 조건이다. 그것은 우리의 몸과 혼이 갈망하는 평화다. 침묵은 조용할 필요가 있을 때 조용히 있게 해 주는 영성 훈련이다. 당신은 조용할 때 무엇을 경험하는가? 분주하게 살다보면, 이런 경험이 어떤 건지 완전히 잊어버릴 수 있다. 방음실 같은 게 필요할 수도 있다(흥미로운 점은 자연적 소리, 즉 살랑거리는 바람, 새, 시냇물 등의 소리는 귀에 거슬리지 않는다는 것이다).

말하는 것과 관련된 다른 차원의 침묵이 있다. 사실 그것은 주변 환경의 소음 문제보다 더 중요하다. 야고보는 말에 실수가 없으면 완전한 사람이라고 했다(약 3:2 참고). 이것을 묵상해 볼 필요가 있다. 이것이 무슨 말일까? 해로운 말을 하지 않도록 자신을 다스릴 인격이 필요하다. 그런 인격이 있는 사람은 불쑥 나서서 남을 지적하려는 유혹을 잘 받지 않는다.

더 나아가, 생각해 볼 것이 있다. 우리가 하는 말의 많은 부분은 남이 우리를 어떻게 생각하는가를 고쳐 주려는 것이다. 그런데 그런 이미지 관리를 하지 '않는다면,' 그것은 훌륭한 믿음의 증거다. 자신의 이미지를 하나님께 맡겨서 하나님이 주관하시게 하고 스스로 이미지 관리를 하지 않는다면, 영적 삶에서 진일보한 것이다. 다른 사람들이 나를 어떻게 생각하는지를 하나님께 맡기는 것은 침묵 훈련을 할 때 일어나는 큰 역사다. 침묵하며 자신을 하나님께 맡기고 남을 주관하려 하지 않으면 이웃 사랑 등 여러 가지를 더 잘하게 된다.

영성 훈련을 배우는 한 일본 여성이 한 말이 무척 마음에 든다. 나의 책, 《영성 훈련》(*The Spirit of the Disciplines*)에서 그녀의 말을 인용해 보자.

> [고독과 침묵의] 훈련을 할수록, 침묵이 소중하다는 것을 깨닫게 된다. 의심이나 판단이 줄어들고, 다른 사람들의 마음에 들지 않는 점들을 더 받아들일 줄 알게 된다.

그 효과를 상상해 보라. 그녀가 이어서 말한다.

> 말을 적게 할수록, 적절한 때에 더 온전한 말을 하게 된다. 다른 사람을 소중히 여길수록, 소소하게 그들을 더 섬기게 되고, 내 삶을 더 즐기고 기뻐하게 된다. 더 기뻐할수록, 하나님이 내 삶에 주신 좋은 것을 더 깨닫게 되고, 미래를 덜 걱정하게 된다. 하나님이 늘 주시는 것을 받아들이고 누려야겠다. 이 훈련을 통해 하나님을 진정으로 누리게 된 것 같다.[3]

마지막 문장이 특히 의미심장하다. 하나님을 누리는 것은 인격 변화의 기반이다. 정서적으로 성숙한 사람이 되려면 하나님을 누려야만 한다.

다른 영성 훈련도 정말 중요하다. 이런 훈련을 한다고 의로워지기 때문이 아니라 이런 훈련을 하는 것이 지혜로운 일이기 때문이다. 가령 선을 행할 때 알리지 않는 것이 그렇다. 당신의 선행을 남들이 아는 것은 잘못이 아니지만, 남들에게 알리려고 선행을 하려는 유혹을 받을 수 있다. 예수님은 이 미묘한 문제를 마태복음 6장에서 기도, 금식과 더불어 다루셨다. 은밀하게 선행을 하면 오직 하나님 한 분의 시선을 의식하며 살게 된다. 사람들에게 인정받느냐, 아니냐의 짐을 내려놓게 된다. 물론 인정의 유무는 세상에서 중요한 부분이기 때문에 아예 신경을 안 쓸 수는 없다. 하지만 누가 했는지 알리지 않고 선행을 하면, 사람의 인정에 너무 매달리지 않게 된다. 하나님의 인정을 최우선시하게 된다.

금식도 마찬가지로 중요하다. 금식하면 하나님의 역사에 정렬된다. 금식은 하나님과 그 말씀으로부터 영양분을 받는 방법이다. 금식은 하나님 나라가 실제임을 인정하는 행위다. 물론 금식하는 모습은 점점 발전해가야 한다. 그래서 자신이 금식을 제대로 하고 있는지 계속해서 신경을 쓰면서 금식해야 한다. 기도할 때 기도에 관해 생각하듯이 말이다. 그러나 기도할 때 기도 응답을 받을지 염려하는 것을 넘어서야 하는 것처럼, 금식할 때도 금식 자체에 너무 초점을 맞추지 않아야 한다.

경험해 보지 않은 사람은 금식이 힘들기만 할 것 같지만, 해 본 사람은 귀한 교훈을 얻는 기쁨을 안다. 금식이 주는 교훈은 원하는 것을 갖지 못할 때도 강하고 기쁠 수 있다는 것이다. 이것이 금식의 간접적인 효과다. 한동안 음식을 금하다보면, 원하는 것을 갖지 못할 때도 강하고 유쾌할 수 있는 능력이 커진다.

금식은 정서적으로 미성숙한 행동의 뿌리를 자르고 영적 성숙이 이루어지는 길을 열어 준다. 옛 성도들은 금식 훈련을 잘하면 나머지는 다 저절로 된다는 말을 했다. 의지가 잘 훈련되면, 원하는 것을 갖지 못하더라도 분노하거나 낙심하거나 다른 사람을 공격하지 않는다. 금식은 하나님이 당신의 필요를 채우실 것이라는 신앙 고백이다. 시편 23편 1절의 가르침, "여호와는 나의 목자시니 내게 부족함이 없으리로다"가 금식할 때 입증된다.

성경 암송은 현대적 용어로 말해서 생각의 재프로그래밍이다.

성경을 암송하면서 생각이 새로워진다. 만일 내가 목회를 하거나 어떤 교회나 그룹을 인도한다면, 반드시 성경 암송 프로그램을 가질 것이다. 누구나 암송할 수 있다. 성경을 암송하면, 하나님의 살아 있는 말씀을 당신의 시스템에, 당신의 몸에 넣는 것이다. 그러면 올바른 천국의 길로 가게 된다.

그러나 다른 영성 훈련도 열심히 하지 않으면 성경 암송을 잘 못하게 될 가능성이 크다. 가령, 성경 암송을 하려면 시간이 필요하다. 그 외의 다른 영성 훈련들도 성경 암송을 돕는다. 성경 암송이 이루어지려면, 특정한 삶을 살아야할 필요가 있을 것이다. 그러면 당신의 삶이 성경이 말하는 대로 진보할 것이다.

하나님께 의존하는 법을 배우는 훈련의 삶

영성 훈련은 근육 운동에서 어떤 동작을 하면 어떤 근육이 발달하듯이 되는 게 아니다. 영성 훈련은 하나님께 의존하는 법을 배우는 방법이다. 한 가지 목표는 겸손이다. 겸손한 마음이 중요하다. 겸손한 마음은 하나님과 다른 사람들에게 의존해야 한다는 것을 인식하는 일이다. 영성 훈련으로 내가 뭔가 발전한다면 모두 하나님의 도우심 덕분이다. 그것을 '은혜'라고 한다. 겸손한 마음을 가지면 자신을 영적 강자로 보면서 남들보다 앞서간다고 자랑하지 않을 수 있다. 가령 섬김의 훈련으로 겸손해질 수 있다. 특히 자신이 보기에 영적으로 우월해 보이지 않는 것 같은 사람을 섬길 때 그렇다. 그래서 가난한 사람, 의견이 다른 사람을 섬기면 다른 사람들과의 관계 속에서 우리가 누구인지 올바로 아는 데 도움이 된다.

영적으로 훈련된 삶은 사람마다 다르다. 그러므로 다른 사람이 어떻게 하는가로 자신의 훈련 방법을 평가하지 말라. 다른 사람에게 필요한 것이 당신에게 필요하지 않을 수 있다. 영성 훈련은 약과 같다. 도움이 되는 약은 먹고, 도움이 되지 않는 약은 먹지 말라. 그래서 영성 훈련이 필요하지 않은 경지에까지 이르게 되기 바란다. 영성 훈련을 하다보니까 혼, 몸, 마음이 선한 것에 맞춰져서 자연스럽게 그렇게 행동하게 되기를 바란다. 그런 상태가 되기를 바란다.

당신이 영성 훈련을 하려고 하거나 다른 사람들에게 시키려고 한다면, 필요에 맞는 영성 훈련들로 구성하라. 모든 것을 다 하지 말라. 삶을 살펴보고 필요에 맞는 것을 제안하라. 먼저 영성 훈련이 의로운 행위라는 오해에서 벗어나라. 영성 훈련은 은혜를 받기 위한 수단이며, 우리의 복리와 영적·정서적 성숙을 위한 것이다. 영성 훈련 프로그램은 지혜로운 것이지, 그 자체가 의로운 것은 아니다.

영성 훈련 프로그램은 공동체 안에서 이루어져야 한다. 영적으로 훈련된 삶을 사는 친구가 필요하다. 당신에게 일어나는 일을 그 친구와 나누고 의논하라. 심지어 고독도 공동체적 성격을 갖는다. 기독교사 초기의 사람들은 홀로 거함의 훈련에 대해 오판해서 개인 수도를 하다가 곧 수도원 공동체 쪽으로 방향을 바꾸었다. 공동체는 필수적이다. 왜냐하면 사랑이 필수적이기 때문이다. 모든 것은 사랑을 지향해야 한다.

영성 훈련을 공동체에서 할 수 있다. 욕망과 정서에 문제가 있는 사람들을 도와서 그들이 하나님 나라의 삶에 들어가 선하고 옳은 것을 깨닫고 감정, 욕망, 정서를 올바로 조절하게 할 수 있다.

강연을 마치고 달라스는 자기 자리에 가서 앉았다가 곧 휴게실로 안내되었다. 그날 저녁에는 세계 도처에서 하나님과 함께 사는 삶을 꿈꾸는 모든 사람들에게 그가 평생 기여한 바를 기리는 연회가 열렸다. 다음 장에서 영성 훈련에 대한 달라스의 가르침을 애착 사랑의 관점으로 살펴보자.

9.

영적 성숙의 과학

짐 와일더

한 세대에 생긴 구멍은 다음 세대로 전달된다

달라스는 긴 강연으로 인해 무척 피곤해 보였다. 우리가 그를 위해 준비한 연회는 2시간 후 시작될 예정이었다. 그 무렵에 그는 계획된 강연 및 저술 일정을 다 지키고 싶어 했지만, 대부분을 건강 때문에 취소해야 했다. 그러나 우리가 함께 저술하기로 한 책은 진행할 예정이었다.

최근의 기독교사에 지대한 영향을 미친 사상가인 달라스는 분명한 메시지를 남겼다. 영적 성숙은 정서적, 관계적 성숙을 포함한다는 것이다. 정서적 성숙 없이는 영적으로 성숙하다고 말할 수 없다.

달라스는 영적 성숙에 대하여 비전, 의도, 수단이라는 VIM 모델을 남겼다. 즉 구원받는 즉시 그리스도 안의 새 삶이 시작되고 그때 인격도 변화되기 시작한다는 것이다. 그 사실만으로도 그리스도인은 "나는 천국에 갈 사람이야"라는 수준을 넘어서야 한다. 우리는 죄인이라서 이 땅에서 업그레이드 될 수 없고 천국에 가서야 업그레이드되는 것이 아니다. 새 삶은 지금 시작된다! 새생명, 새 삶 속에서 영적으로 온전해지는 한 부분이 관계적 성숙이다.

영적 성숙은
정서적 성숙 전부를 포함한다

달라스는 말했다. "공동체는 필수적이다. 왜냐하면 사랑이 필수적이기 때문이다. 모든 것은 사랑을 지향해야 한다." 뿐만 아니라, 인생모델에서 말하는 것처럼 모든 것이 사랑에서 '나온다고' 하면 어떨까? 달라스는 인생모델이 성숙한 기독교 공동체를 이루기 위한 자신이 본 모델 중 최고라고 했다. 성숙한 그리스도인 공동체는 인간의 영적·정서적, 사회적 측면 모두의 조화를 포함한다. VIM 모델과 인생모델로 어떻게 완전한 성숙이 이루어지는지 살펴보자.

"혹시 우리의 관행 중에 고쳐야할 것은 없는가?" 나의 친구이자 동료 강사인 에드 쿠리(Ed Khouri)는 그동안 유용했던 관행을 재점검하면서 그렇게 질문했다. 좋은 것도 더 개선될 수 있을까? 달라스는 더 좋은 방법이 있다면 그동안 가르친 것도 기꺼이 바꾸려 했다. 그러므로 애착 사랑이 더 좋은 방법을 제시하는지 살펴보자. 일단, 의도 혹은 원동력(I), 그리고 그리스도를 닮는 수단(M)을 분석함으로써 달라스가 교회에 던진 비전(V)의 가치를 확인해 보자.

비전

달라스가 비전(V)이라고 말하는 것은 비전이라기보다 변화되어야할 요소다. 그리스도인이 하나님과 함께 살아가게 할 비전의 특징은 이렇게 요약된다.

1. 교회 중심으로 우리가 사는 방식이 어떻게 변화될 때 인격이나 관계가 그리스도와 성경의 가르침대로 될 것인지 실제적인 리더가 되어 모범을 보여 주고 지도해야 한다.

2. 그리스도의 공동체로서 우리가 하는 일을 재정립하여 더 꾸준히 변화가 일어나게 해야 한다.
3. 제자가 되라는 초청을 우선적으로 실행할 곳은 교회다. 제자도만이 세상의 유일한 소망이다. 그래야 서로 살인하는 일이라도 막을 수 있다.
4. 우리는 연합하여 복음이 말하는 변화를 우선적으로 추구하고 영적·정서적 성숙을 성공의 척도로 삼아야 한다.
5. '영적' 성숙 없이 정서적으로 성숙하다고 말할 수 없다. 영적으로 성숙하면, 정서적으로도 성숙할 수 있다. 그러므로 정서적 성숙을 추구하는 사람이라면, 영적 성숙도 추구해야 한다.[1]
6. 간단히 말해서, 정서적 성숙이란 감정, 욕망, 정서를 다스려 선을 추구할 수 있는 능력이다.
7. 우리는 예수 그리스도의 메시지와 예수 그리스도를 세상에 전할 책임이 있다.

의도

달라스는 의도(I)가 마음과 의지, 정신, 영에서 나온다고 말했다. 헬라와 중세의 인격 모델은 "기능"(faculties)을 기반으로 하다 보니 지성과 의지가 중심이 되었다는 것을 앞에서 살펴보았다. 그러나 사실 뇌에서 일어나는 가장 강력한 원동력은 애착이다. 성경의 단어 '아가페'와 '헤세드'에는 분명히 애착 사랑이 포함된다. 애착 사랑은 직접 인격을 바꾼다. 즉 애착하는 사람처럼 생각하게 되어 그 사람처럼 된다. 내가 마지막으로 달라스의 집에 방문했다가 떠날 때 달라스는 말했었다. "예수님과 함께 살아가는 삶이 구원받을 때 시작되고 애착이 다른 사람과 함께 생각할 줄 알고 그 사람처럼 되는 것이라면, 구원받을 때 예수님에 대한 새로운 애착이 생겨야 해요."

의도와 원동력에 대해 살펴보자. 나쁜 동기를 가지고서는 그리스도의 인격으로 변화될 수 없다. 변화의 원동력(I)이 의로워야 한다. 달라스는 그 의로운 과정이 시작되려면 진리를 믿어야 한다고 봤다. 그러면 마음이 (하나님의 은혜와 개입으로) 의로운 선택과 행동을 하게 된다. 달라스는 소망에 대해 이렇게 논증했다. "자신이 언제나 영적 존재이고 하나님의 대우주 안에서 영원하다는 것을 '믿고' 지금의 삶은 하나님의 능력 안에 사는 훈련이라는 것을 '이해하지' 못한다면 기도가 무슨 의미가 있겠는가?"

신생아는 뭘 믿거나 이해하기 전에 애착 사랑으로 변화된다. 변화되기 위해 꼭 뭔가를 믿고 이해해야 한다고 하면 제약이 크다. 게다가 의지는 인격을 변화시키는 힘이 매우 약하므로 간접적인 변화의 수단과 방법이 동원되어야 한다. 달라스는 "영성 훈련은 간접적인 방법으로 이루어질 수 있다"고 했다. 그리고 "요컨대, 영성 훈련은 직접적인 노력으로는 이룰 수 없는 것을 이루게 해 주는 자발적 활동이다"라고 했다. 그런데 우리가 직접적으로 하되 노력으로는 하지 않는 것도 있다. 우뇌의 패스트트랙에는 우리가 직접적으로 하긴 하지만, 의식적, 의지적 노력으로 하지 않는 활동들이 많다. 그중 두 가지가 사랑의 애착과 공통적인 마음이다.

애착 사랑으로 생긴 원동력은 인간의 가장 강력한 동기이고 인격 발달과 변화의 중심 역학이다. 달라스가 말했듯이, 전략을 수정할 때 의지가 사용되지만 의지는 운전대에 가깝고 애착 사랑이 엔진에 가깝다. 애착 사랑은 직접적이며 에너지가 사용되는 활동이다.

따라서 애착은 모든 성숙을 위한 수단이다. 바울은 애착 사랑이 없으면 영적으로 보이는 온갖 은사, 재능, 활동이 아무것도 아니라고 말한다. 그런 삶은 영적 삶처럼 보이지만 그것은 착각일 뿐 영적 성숙은 전혀 없는 삶이다.

달라스는 제자가 영적으로 성숙하면 정서적으로도 성숙할 것이라고 말한다. 또 영적 성숙을 이루면 정서적 성숙도 이루어진다고 말한다. 정서적 성숙이 하위 범주이므로, 정서적으로 성숙하지만 영적으로 성숙하지 않을 수 있다. 달라스가 첫 번째 강의에서 말했다. "교회 리더가 정서적으로 유아 상태라서 주변 사람들이 늘 긴장해 있는 경우가 드물지 않다." 그러나 정서적, 관계적으로 성숙하지 않고는 진정 영적으로 성숙할 수 없다. 다음 장에서 영적·정서적 성숙에 필요한 요소들을 살펴보겠다.

애착은 인격 및 정체성을 재건하는 중심이 되는 힘이다. 정서와 욕망이 통제 불능이면 정체성에 문제가 있다는 증거다. 정체성 문제를 애착으로 고칠 수 있다. 정서, 욕망, 감정이 삶을 지배하면 출혈하는 것과 같다. 출혈의 해결책은 몸에서 피를 다 제거하는 것이 아니라, 몸을 고치고 피의 흐름을 제한하여 올바른 목적에 사용하는 것이다. 훈련된 정체성이 패스트트랙에 정립되면, 정서가 성도를 죄짓게 몰아가지 않는다.

의로운 인격을 형성하려면 원동력(I)이 의로워야 한다는 주장으로 잠시 돌아가 보자. 하나님과 그리스도인들과 사랑으로 애착하는 것은 의롭다. 헤세드와 아가페는 하나님의 인격이다. 사랑의 애착으로 하나님과 공통적인 마음 상태를 경험한다. 하나님에 대한 애착 사랑은 우리를 변화시키는 의롭고 강력한 동기다.

VIM 모델에
인생모델의 요소 추가하기

인생모델은 달라스의 모델에 세 가지 관점을 더한다. 더하는 것이지, 달라스의 모델에서 뭔가 빼는 게 아니라는 점에 유의하라. 달라스가 말한 '의도' 개념은 우리에게 지혜를 준다. 그러나 우리는 의도로 말미암는 수단(M)을 넘어 애착 사랑으로 말미암는 수단(M)을 추가하려 한다. 인생모델로 추가되는 세 가지 요소는 다음과 같다.

1. 비슷한 미성숙을 야기하는 요인이 여러 가지인데, 각 요인마다 해결책이 다르다.
2. 흠(결함)을 고치면 더 깊은 정체성 욕구가 채워진다.
3. 애착은 변화를 일으키는 더 강력한 대안이다.

더 강력한 대안

우리는 의식적 마음만 생각하는 데 익숙해서 다른 뇌 활동에 주목하지 못한다. 콘퍼런스의 첫 번째 강의 후 줄선 사람들이 공통적인 마음 상태를 통해 의사소통하는 동안 달라스는 의식을 집중했던 것처럼 우리도 공통적인 마음 상태를 늘 소통에 사용하면서도 때로는 인식하지 못할 수 있다. 인생모델에서 추가하는 것은 더 강한 요소인 애착을 전략적으로 인식하게 하는 것이다.

애착을 바탕으로 한 더 강력한 대안 중 하나는 주의 집중도 활용한다. 우선 (뇌의 슬로우트랙에 있는) 의지의 '집중'(focused attention)과 패스트트랙에 있는 '공동 집중'(joint-directed attention)을 비교해 보자. 이 설명은 좀 전문적이다. 앞에서 '주의 집중'은 좌뇌가 관장하는 활동이라고 했다. 의식적 초점은 큰 그림을 보지 못하고 세부 정보를 파악해 연구한다. 작은 것에 초점을 맞추느라 중대한 것을 간과한다. 반면에 패스트트랙은 모든 가능성을 한꺼번에 고려해서 우리와 우리의 사람들에게 더 중요한 것을 항상 찾는다. 그래서 우리가 가장 주목하고 행동할 필요가 있는 것을 선택한다. 오른쪽 전두엽 피질의 이런 활동으로 우리에게 중요한 모든 것에 동시에 주의를 집중할 수 있다. '공동 집중'을 할 때 나와 우리에게 가장 중요한 것이 부각된다.

공동 집중에 대해 알아보자. 중요한 일을 하면서도 사소한 일을 간과하지 않으려면 인식 범위가 넓어야 한다. 각 요소의 상대적 중요성을 인식하면서도 모든 요소들을 조화시켜야 한다. 내가 젊은 아빠이던 시절, 가끔 아내가 부재중일 때 집안일을 도맡아야 했다.

식사 준비와 아기 보기가 두 가지 중심 임무였다. 어느 것이 더 중요한지는 명백했다. 그러나 나는 슬로우트랙 모드에 돌입해서 한 가지 일에 주의를 집중하는 동안 다른 일은 잊어버렸다. 식재료를 찾는 동안에는 아기를 잊어버렸다. 아기가 순식간에 얼마나 멀리까지 기어가서 무슨 일을 저지를 수 있는지 아는가? 아내는 돌아와서 내가 못한 일이 많다고 지적했다. 아내는 왜 부엌 청소를 잊었냐고 했다. 그리고 아기의 빨래거리를 세탁해 놓을 수 있지 않았냐고 했다.

내가 슬로우트랙으로 주의를 집중하다보니 놓치는 것이 있었다. 만일 패스트트랙 정체성을 사용했다면, 아기에게 분유를 타서 먹이고, 아기를 보살피고, 청소를 하는 일에 다 신경 쓸 수 있었을 것이다. (패스트트랙 정체성을 사용하는) 좋은 부모는 이 모든 것들에 주의를 기울이고 중시한다. 부모는 패스트트랙으로 집을 살펴보고 어느 순간에든 뭐가 문제인지 알아챌 수 있다. 그러나 초점을 맞추고 슬로우트랙을 사용하는 사람들은 특정일에만 몰두한다.

내가 선택을 더 잘했어야 문제가 해결되는 게 아니다. 나의 실수는 슬로우트랙으로 부모 역할을 하려 한 것이었다. 나는 할 일 목록과 계획이 있었다. 그후 수년이 걸려서야 나는 기뻐하며 순간을 즐길 줄 알게 되었고 어떻게 아버지로서 아내나 자녀들과 강한 애착을 쌓아갈지 알게 되었다. 만일 내가 아내(혹은 예수님)와 더 강력하게 공통적인 마음으로 연결되어 있었다면, 아내가 집에 돌아오면 어떤 것을 좋아할지 알았을 것이다. 그것과 마찬가지로, 분주한 생활 중에도 늘 하나님께 마음을 쓰는 연습이 필요했다. 이제는 나의 헤세드가 성장하다보니 하나님이 나와 함께하신다는 것을 알려는 갈망이 더 자주 든다.

영적 생활에서도 세부 사항에 골몰하느라 중요한 것을 놓칠 수 있다. 우리가 하나님의 관점으로 보지 못할 때가 얼마나 많은가? 바리새인들은 과부의 가산을 삼켰다(마 23:14). 그러면서도 박하와 회향의 십일조는 드렸다. 그러자 예수님이 그들에게 말씀하셨다. “너희가 … 율법의 더 중한 바 정의와 긍휼과 믿음은 버렸도다 그러나 이것도 행하고 저것도 버리지 말아야 할지니라”(마 23:23). 패스트트랙으로는 전체를 볼 수 있지만, 슬로우트랙으로는 자기 집 마당에 심어놓은 박하와 회향의 십일조만 셀 수 있다.

그러나 제자는 자신이 우선순위를 정하지 않는다. 성령의 인도하심을 받는다. 슬로우트랙(주의 집중)은 자신이 생각하는 것을 기반으로 선택한다. 패스트트랙(공동 집중)은 하나님과 공통적인 마음을 갖는다. 그 공통적인 마음에 하나님의 우선순위와 선택이 나타난다. 예를 들어, 공동 집중이 시편 123편에 나타난다.

> 하늘에 계시는 주여
> 내가 눈을 들어 주께 향하나이다
> 상전의 손을 바라보는 종들의 눈 같이,
> 여주인의 손을 바라보는 여종의 눈 같이
> 우리의 눈이 여호와 우리 하나님을 바라보며
> 우리에게 은혜 베풀어 주시기를 기다리나이다

여호와여 우리에게 은혜를 베푸시고 또 은혜를 베푸소서
심한 멸시가 우리에게 넘치나이다
안일한 자의 조소와
교만한 자의 멸시가
우리 영혼에 넘치나이다

좋은 상전이 주목하는 것을 바라본다는 점에 유의하라. 슬로우트랙은 어느 한 곳에 집중하느라 전체 사실을 보지 못하고, 패스트트랙은 전체 사실을 보기 때문에 어느 한 곳에 집중하지 못한다고 말했다. 당신이 누군가와 공통적인 마음을 가지고 있는데 그 사람이 어떤 세부적인 것에 집중하고 있다고 해 보자. 패스트트랙이 그것을 어떻게 처리할 것인가?

당신에게 개와 원숭이라는 반려 동물이 있다고 상상해 보라. 당신이 두 동물과 놀다가 어떤 흥미로운 것에 주목한다고 하자. 개와 원숭이가 모두 당신의 얼굴을 보고 있다. 개는 계속해서 당신의 얼굴에만 집중할 것이다. 그러나 원숭이는 당신이 무엇에 관심을 갖는지 볼 것이다. 원숭이는 '공동 집중'을 할 수 있는 전두엽이 있다. 개는 없다. 개는 (어렵게) 훈련시켜도 당신이 가리키는 것을 바라보는 것까지만 훈련될 수 있다.

두 동물 모두 당신에게 강하게 애착할 수 있다. 둘 다 당신과 공통적인 마음을 갖는 법을 배울 수 있다. 그러나 원숭이만 당신이 어떤 것에 정신을 집중하면 그것에 대해 생각할 수 있다. 원숭이는 패스트트랙에 있는 공동 집중 기능으로 전체 그림을 보면서도 어떤 부분이 더 중요하다는 것을 알 수 있다. 그것을 "집중 조명"(highlighted attention)이라고 하자. 좌뇌는 개가 다람쥐를 보았을 때처럼 작동한다. 주의를 집중하다보면, 길, 차, 훈련받은 것, 공통으로 바라는 것 등을 깡그리 잊어버리고 돌진한다.

당신의 자녀나 손자손녀는 6-9개월 때 개에서 원숭이처럼 변할 것이다. 그 연령일 때 우 전두엽(패스트트랙)이 성장하고 '공동 집중'을 하는 법을 배운다. 그래서 당신이 주목하는 것에 아기도 관심을 보이기 시작한다. 우리도 하나님의 성령과 공통적인 마음에 들어가고 하나님이 주목하시는 것에 관심을 갖게 되면, 그런 집중 조명이 우리의 진로를 이끌 것이다. 성경에 등장하는 증거 구절을 보라.

성령

달라스는 말한다. "성령께서 항상 이 과정에 활발히 역사하고 계신다. 그리고 하나님 나라를 이루기 위한 모든 수단들도 여기에 작동하고 있다. 그러므로 당신 혼자가 아니다. 사실 성장해야 할 큰 부분은 다른 사람과의 관계다."

그런데 성령은 어떤 수단으로 역사하셔서 인격을 변화시키실까? 성령은 의식적 진리로 우리를 인도하실까, 아니면 애착 사랑, 기쁨, 평화, 하나님과 공통적인 마음을 통해 열매를 맺도록 우리를 빚어가실까? 둘 다가 답이라면, 어느 수단이 인격의 변화에 더 강력한 효과를 발휘할까? 사례 연구를 살펴보자.

다락방에 모인 제자들에게 성령 강림 후 그들의 인격이 현저하게 변화되었다. 그러고 나서 곧 베드로와 요한이 성전으로 올라갔다. 그들은 미문이라는 성전 문에 앉은 걷지 못하는 사람에게 말했다. "돈은 없지만 기적은 어때요?"(행 3:6 참고) 그것은 그들이 하나님과 공동 집중을 한 경우가 아니었을까? 베드로와 요한이 하나님에 '관해서'가 아니라 하나님과 '함께' 생각하고 있었던 것이 아닐까?

걷지 못하는 사람을 보면서 하나님과 '함께' 생각하다보니 하나님이 원하시는 것을 알았을 것이다. 하나님이 원하시는 것이므로 제자들은 선포만 하면 되었다. 혹시 베드로와 요한이 치유에 대해 예수님이 가르치신 것을 묵상하면서 하나님에 '대해' 생각하고 있었던 것은 아닌지 본문에 명시되지 않는다. 그러나 만일 예수님이 하신 말씀을 묵상하는 것이 본문의 핵심이었다면, 그렇게 기록되었을 것이다. 그러므로 그것이 아니라, 제자들은 평소처럼 성전으로 걸어가다가 하나님이 원하시는 것을 마음에 떠올렸을 것이다. 누구나 병자를 위해 기도하려 할 때 '하나님이 뭘 원하시는지 좀 알았으면 좋겠어'라고 생각해 본 적이 있을 것이다.

임마누엘 라이프 스타일이란 하나님과 공통적인 마음을 더 많이 갖는 것이다. 마음에 평화를 잃었을 때, 하나님과 공통적인 마음이 우리를 회복시킨다. 과거의 어떤 일 때문에 고민할 때, 하나님과 '함께' 그 일에 관해 생각하면 기쁨이 회복된다. 다른 사람들이 적으로 보일 때, 하나님과 공통적인 마음을 가지면 헤세드를 주신다. 로렌스 형제(Brother Lawrence)의 책, 《하나님의 임재 연습》(*The Practice of the*

Presence of God)도 임마누엘 라이프 스타일과 목표가 같지만, 방법은 약간 다르다.[2] 우리는 자연적 눈에는 보이지 않고 영적 눈으로만 분명히 볼 수 있는 것을 추구한다.

하나님과 함께 생각하는 것(이 경우에는 돈을 바라는 못 걷는 사람에 대해)은 인격의 시험으로 이어졌다. 베드로와 요한은 곧 제사장들, 성전 경비대장, 사두개인들의 적이 되었다. 산헤드린 공회와 제자들의 갈등은 하나님에 '대해' 생각하는 자와 하나님과 '함께' 생각하는 자 간의 전형적인 대립이었다. 그 다음날 베드로는 인격이 변화되었다는 강력한 증거를 적(산헤드린) 앞에서 보여 줬다. 베드로는 산헤드린 앞에서 성령이 충만해서(행 4:8) 하나님을 대변했다. 미문이라는 성전 문에서부터 이미 베드로는 하나님과 '함께' 생각하고 있었다.

오순절 후 제자들의 인격이 변화된 것은 하나님과 '함께' 생각하게 되었기 때문이 아닐까? 제자들은 이미 예수님과 '함께' 여러 해를 살았지만, 성령께서 새로운 것을 더해 주셨다.

성령 강림 후 일어난 변화를 많은 그리스도인이 경험했으면 좋겠다. 그 변화의 원인을 무엇으로 설명하느냐에 따라 제자 삼는 전략이 달라진다. 그렇다면 이것은 성령의 능력에 대한 이야기인가, 아니면 그 이상인가?

성령이 은사를 주시고 기사, 이적, 성령 세례, 성령의 내주, 기름 부음, 계시, 여타 기적을 행하셔서 능력을 나타내시는 것은 애착과 전혀 상관없어 보일 수 있지만, 바울은 고린도서에서 분명히 말한다. 하나님과 사람에 대한 애착 사랑이 없으면 성령의 능력과 은 사는 가치가 없다. 성령의 역사와 애착 사랑은 서로 상승 작용을 하기 때문이다. 하나님이 우리를 어떻게 창조하셨고, 예수님이 우리를 어떻게 구원하시고, 성령이 우리 안에 어떻게 역사하시는지 더 잘 이해할수록, 제자 훈련 전략을 개선할 수 있다. 그러나 변하는 것은 우리의 설명과 전략뿐이라는 점을 유념하라. 하나님은 이미 애착 사랑, 패스트트랙, 공통적인 마음 능력을 사용하고 계셨다.

완전한 성숙을 이루고 싶은 갈망

인생모델에서는 원동력을 의지적 의도에서 사랑의 애착으로 바꾼다. 그래서 사랑의 애착이라는 강력한 옵션이 추가된다는 것을 살펴보았다. 애착은 우리의 가장 깊은 욕구를 채워 준다. 깊은 욕구의 핵심은 불완전한 정체성이다. 개인이나 단체나 불완전하게 형성된 정체성을 가질 수 있다. 그래서 성숙에 필요한 필수적 능력이 결여될 수 있다. 정서적 성숙이 영적 성숙의 일부라면, 완전한 성숙을 이루어 낼 모든 능력이 필요하다.

예수님은 완전한 인간의 정체성을 가지셨다. 누가복음 2장 52절을 보면 예수님은 지혜와 키가 자라가며 “하나님과 사람에게” 더욱 사랑스러워 가셨다. 그것은 예수님이 온전히 인간이 되셨다는 의미로 다가온다. 예수님은 인격의 결함(흠)이 없으셨다. 예수님의 삶에는 인간이 되는 데 필요한 모든 정체성 기술과 관계 기술이 나타났다. 예수님은 영성 훈련을 미리 하셨기 때문에 악전고투를 할 필요가 없으셨다. 예수님은 인간의 힘과 능력을 의지하지 않으셨다.

예수님은 어린아이일 때 정체성을 완성하셨다. 반면에 우리는 대부분 정체성이 완성되지 않았다. 정체성 기술과 관계 기술은 모두 학습된다. 정체성의 공백들이 채워져야 성숙할 수 있다.

정체성이 정립되려면 관계의 기술을 습득하고 실행하는 사람으로부터 훈련을 많이 받아야 한다. 정체성 기술 획득은 영어나 헬라어, 히브리어, 아람어로 성경 읽기를 배우는 것과 같다. 그 일 자체는 의롭지 않지만, 그것을 이미 알고 있는 사람으로부터 배우지 않으면, 하나님의 말씀으로 이해할 수 없다. 마찬가지로, 인간이 되는 법도 누군가에게서 배워야 한다. 뇌가 관계 기술을 가진 사람에게 애착해야 정체성을 형성하거거나 고칠 수 있다. 물론 많은 실전 연습도 따라야 한다.

나는 목사이자 상담사인 존 랍나우(John Loppnow)와 예수님의 제자가 되려는 열정에 대해 인터뷰했다. 그의 이야기를 들어보면 어떻게 관계 기술로 정체성이 형성되는지 알 수 있다. 존은 고등학생 때 리처드 포스터(Richard Foster)와 영성 훈련에 대해 알게 되었다. 존은 곧 달라스 윌라드의 영성 훈련에 대해서도 알게 되었고 좋아하게 됐다. 신학대학원 시절에 존은 로스앤젤레스를 가로질러 멀리 밸리 빈야드교회(the Valley Vineyard)까지 가서 달라스가 강의하는 것을 들었다. 동시에 존은 3년 과정의 영적 지도(spiritual-direction) 프로그램을 이수했다. 신학대학원에 이어, 존은 5년 동안 잰 존슨(Jan Johnson)으로부터 영적 지도를 받았다. 잰 존슨은 하트앤드소울 콘퍼런스의 강사이며 달라스 윌라드와 공저했고 달라스윌라드미니스트리(Dallas Willard Ministries)의 회장이 되었다.

존은 영성 훈련의 열매를 거두었다. 성경 묵상으로 심령이 안정되었고 어느 훈련 때보다 빨리 변화되었다. 금식 훈련을 하자 원하는 것을 갖지 못할 때도 상냥하게 되었다. 침묵 및 고독 훈련으로 평온해지고 사람들의 평판에 좌우되지 않게 되었다.

존은 인생모델의 관계 기술로도 훈련했다. 그는 나의 책, *Joyful Journey*(즐거운 여정)의 여러 공저자 중 하나다. 이 책은 하나님과 공통적인 마음 갖기라는 관계 기술에 대한 책이다.[3] 그때 이미 존은 영성 훈련을 좋아하고 경험한 지 20년이 다 되어 가고 있었다. 존은 패스트트랙 훈련과 슬로우트랙 훈련을 모두 해 보았기 때문에 그것이 각각 어떤 면에 도움이 되는지 알고 있었다.

우리처럼 존도 결여된 관계 기술이 있어서 정체성에 공백이 생겼다. 그런데 영성 훈련으로는 빠진 부분을 채우는 과정의 진척이 너무 느렸다. 존이 이렇게 말한다.

> 성숙을 향해 나아가는 로드맵과 관련된 기술을 통해 나는 목사이자 크리스천 리더로서 많은 것을 깨닫고 자유로워졌다. 관계 기술로 현재 내가 어디 있는지 알 수 있었고 다음 단계로 뭘 하는 것이 가장 지혜로울지 알 수 있었다. 큰 도움이 되었다. (영성 훈련

을 좋아하지만) 더 많은 영성 훈련을 하면서 수련회, 금식, 성경 암송, 봉사 등으로 나의 관계들이 나아지기를 바라는 대신, 이제 나는 내게 결여된 것이 무엇인지 파악하고 그 빠진 부분을 연습할 수 있다. 나는 예수님이 창조하신 대로의 정체성을 형성해가고 있다.[4]

달라스는 "영성 훈련은 근육 운동에서 어떤 동작을 하면 어떤 근육이 발달하듯이 되는 게 아니다. 영성 훈련은 하나님께 의존하는 법을 배우는 방법이다"라고 했다. 반면에 관계 기술은 근육 운동과 흡사하다. 많이 반복하면 신경 경로가 강해지고, 역량, 지구력, 기술도 강해진다. 관계 훈련은 매우 구체적이다. 한 훈련으로 다른 관계 기술이 형성되지 않는다. 예를 들어, 조용히 하는 훈련으로 공통적인 마음이 생기지는 않는다.

영성 훈련보다 관계 기술로 존의 인간관계가 더 직접적이고 큰 영향을 받은 건 놀랄 일이 아니다. 존은 말한다. "영성 훈련도 간접적으로 우리 부부 사이에 도움이 되었지만, 우리 부부 사이를 깊이 변화시킨 건 관계 기술 훈련이었다. 관계 기술 훈련으로 개인이나 부부가 훨씬 더 빨리 개선된다."

관계 기술이 인간 사이의 상호작용에만 사용된다고 생각하지 말라. 하나님과 공통적인 마음을 갖는 것도 뇌의 패스트트랙을 위한 관계 기술이라는 것을 기억하라. 예수님이나 사람들과 공통적인 마음을 갖는 훈련은 둘 다 존에게 중요했다. 그의 아내는 직접 본 결과를 이렇게 보고한다.

> 나는 존이 침묵, 고독, 금식 등 여러 가지 영성 훈련을 하는 것을 보았다. 존은 원하는 것을 갖지 못할 때도 상냥하고 친절할 수 있기를 바랐다. 영성 훈련으로 작지만 그런 면에 긍정적인 효과가 있었다. 존의 속사람이 변화되었다. 발끈하거나 변명을 늘어 놓는 일이 줄어들었다.
>
> 존은 관계 기술을 연습해서 하나님과 공통적인 마음을 갖거나 성숙의 구멍 난 곳을 메우는 훈련을 했다. 나, 아이들, 다른 사람과 일상 속에서 상호작용 할 때 괄목할 변화가 일어났다. 존은 확연히 더 담대해졌고 자신의 본연의 모습을 아름답게 드러냈다. 존은 항상 뚜렷한 정체성을 갖고 싶어 했지만, 잘되지 않았었다. 그러나 하나님과 공통적인 마음을 갖자 (그리고 성숙에 이르는 로드맵을 갖자) 두려움에서 해방되었다. 존은 새롭게 자유로워지고 힘이 생겼다! (우리 부부가 함께) 하나님과 공통적인 마음 갖기를 연습하고 새로이 얻게 된 평화를 나누면서 우리는 결혼 생활에서 최고의 축복을 누리고 있다.

제자가 되는 것은 인간으로서의 정체성이 성장하는 것이기도 하다. 다시 질문해 보자. "성경은 그것에 대해 뭐라고 할까?" 답을 얻으려면 뇌가 한 세대에서 다음 세대로 인격을 전달하는 방법을 살펴보아야 하고 결함이 있거나 결여된 인격을 흠, 악, 악행(iniquity, 부정, 불법, 죄악, 죄성, 내적으로 타락하고 왜곡된 성향-역주)이라고 하는데 그것을 성경에서 어떻게 말하는지 공부해야 한다. 성숙하려면 결여된 기능을 배우고 연습해야 한다. 먼저 어떻게 인격이 형성되는지 살펴보자. 그래야 어떻게 인격이 결함을 갖게 되는지도 알 수 있다.

어떻게 인격이 다음 세대로 전달되는가

어떻게 인격이 다음 세대로 전달되는지 간단히 소개하겠다. 그 과정에서 인격과 성숙에 구멍이 생기기 쉽다. 한 세대에 생긴 구멍은 다음 세대로 전달된다. 성숙에 생긴 구멍은 축척된다. 즉 우리는 받지 않은 것을 전달할 수 없다. 관계 기술이 결여되었을 때 해결 방법은 '우리 사람들' 중에 그 기술을 가진 사람에게서 전달받는 것이다. 그렇게 될 수 있는 조건은 애착 사랑, 우리 사람, 가족보다 더 완전한 인간 모델이다. 이것이 제자 삼고 훈련하는 모델이 될 수 있다.

애착

애착은 은혜로 시작된다. 그것은 누군가 당신을 보며 기뻐하는 것이다. 기쁨은 관계적이다. 누군가가 나와 함께 있기를 즐거워하는 것이다. 기쁨은 에너지가 높은 상태이므로 조용한 쉼과 번갈아 가며 있어야 한다. 기쁨의 에너지가 높더라도 유대 관계가 있는 쌍방 중에서 유대가 더 약한 쪽에 맞춰 제한해야 한다. 그래야 약한 쪽이 부담스러워하지 않는다.

애착은 태중에서부터 시작되어 일평생 계속된다. 각각의 애착마다 고유성을 갖는다. 우리가 갖는 애착 관계가 많지만, 한 애착 관계를 다른 애착 관계로 대체할 수 없다. 애착은 우리를 삶의 흐름에 연결시킨다. 애착은 정체성을 형성하며 끈질긴 생명력을 갖게 하고, 무엇에 주목하고 어떤 생각을 갖게 되는지를 관장한다. 애착은 인간의 뇌에서 가장 강력한 힘이다.

달라스 자신도 모르는 사이에 영성 훈련과 애착의 과학을 연결시키는 말을 했다. 그것은 그가 인용한 한 여성의 "하나님을 정말로 누리게 된 것 같다"라는 말이었다. 그것에 대해 달라스는 이렇게 말했다. "그 마지막 문장이 특히 의미심장하다. 하나님을 누리는 것은 인격 변화의 기반이다. 정서적으로 성숙한 사람이 되려면 하나님을 누리는 것이 우선적 필수 요건이다."

기쁨은 개인적이고 주로 얼굴을 마주한 상태에서 전달된다. 뇌의 거울 뉴런을 작동시켜서 두 얼굴이 서로를 알게 되고 유대가 이루어지며 정체성이 공유된다. 이런 유대와 공유된 정체성을 인격이라고 부른다. 리처드 로어(Richard Rohr) 신부는 이렇게 말한다.

> 많은 그리스도인 신비주의자들은 하나님의 얼굴을 보았다거나 예수님의 얼굴과 사랑에 빠졌다는 이야기를 한다. 그래서 아시시의 성녀 클라라(1194-1253)가 글을 쓸 때 "미러링"(mirroring)이라

는 단어를 많이 사용한 것 같다. 우리에게 거울처럼 비춰지는 것은 어떤 개념이 아니라 우리로 인해 기뻐하는 얼굴이다. 그건 우리 혼자 할 수 없는 것이다. "상대방의 얼굴"이 마침내 우리를 창조하고, 안타까운 말이지만, 또한 우리를 파괴하기도 한다. 우리를 바라보는 시선이 우리 안에 그런 일을 일으킨다.

그런 이유로 우리를 사랑하시는 하나님의 긍정적인 이미지가 행복하고 건강한 사람이 되는 데 꼭 필요하다. 그것이 없으면, 부정적인 거울이 가득한 방에서 벗어나지 못하는 '심술궂은' 그리스도인을 양산하게 된다.[5]

성장기가 중요하다

뇌가 발달하는 단계가 있다. 그리고 핵심 기능이 성장하는 결정적 시기가 있다. 그 시기가 지나면, 기능이 느리게 성장하거나 전혀 성장하지 않는다. 인격을 다음 세대로 전달하려면 가장 많이 성장하는 결정적 시기에 얼굴과 얼굴을 대하는 시간을 가져야 한다.

나의 아들들은 내가 대학원에 다니면서 직장 생활을 하던 때에 태어났다. 그래서 보통 귀가하면 아이들이 잠들어 있었다. 결정적 시기에 나의 뇌와 아이들의 뇌가 접할 시간이 별로 없었다. 그래서 아이들은 나의 관계적 능력을 거의 혹은 전혀 닮지 않았고 아이들과 유대 관계가 있으면서 곁에 있던 다른 사람을 닮게 되었다.

관계적 뇌 기술의 획득

관계적 뇌 기술(relational-brain skills)을 획득하려면 특정 조건이 맞아야 한다. 그러나 관계적 뇌 기술을 사용하는 데는 그 조건이 필요하지 않다. 그 기술을 획득하려면 잘 훈련된 뇌와 상호작용해야 한다. 정체성과 인격을 형성하는 관계 기술은 거의 비언어적이고 생애 초기 2년 동안에 학습된다. 결여된 기술을 교정하는 과정은 비언어적이고, 애착에 기반을 두고, 정말 기쁨이 있어야 한다는 점은 같지만, 연습을 더 많이 해야 한다는 점이 다르다. 뇌의 결정적 성장시기가 아니기 때문이다.

연습

획득한 관계적 뇌 기술을 반복해서 연습해야 습관으로 굳어진다. 습관은 새로운 행동보다 뇌에서 200배 빨리 작동한다. 시간을 들여 연습해야 하고, 비슷한 기술 수준의 동료와 함께 연습할 때 효과가 가장 크다. 기술 교정을 할 때는 1차적 유대 관계를 가진 부모 등으로부터 결정적 시기에 관계 기술을 획득할 때보다 훨씬 더 많이 연습해야 한다.

기능

성숙은 점점 더 복잡해지고 어려워지는 조건 속에서 관계 기술을 사용하는 것이다. 어린이는 자신을 별로 관리하지 않는다. 반면에 부모는 배우자, 일, 학교, 지역 사회, 교회, 친구, 가정, 연로한 부모, 그 외의 많은 것을 돌봐야 한다. 성숙한 부모는 부담이 커지는 중에도 평화나 관계적 능력을 잃지 말아야 한다. 즐거운 관계를 갖는 역량은 기뻐하는 연습을 반복해서 할 때 생긴다. 좋은 경험을 하면서 기쁨의 역량이 커지면 더 높은 수준의 스트레스와 피로를 견딜 수 있게 되고, 따라서 정서, 욕망, 감정이 통제 불능이 될 가능성이 줄어든다. 트라우마를 입기가 어려워진다.

관계적 뇌 기술의 풀 세트

예수님은 관계적 뇌 기술의 풀 세트를 다 가지셨다. 예를 들어, 갑자기 진노하셨다가도 그 진노 중에 손 마른 사람을 고치셨다. 손이 말랐다는 것은 신체적 결함이다(혹은 흠이다. 그에 대해 곧 설명하겠다). 예수님은 진노하실 때도 인격이 변하지 않으셨다. 잠시 후 살펴보겠지만, 분노는 뇌에 내재된 여섯 가지 불쾌한 정서 중 하나다. 이 여섯 가지 정서를 관계 개선에 모두 사용할 수 있다면, 분노, 수치, 절망, 기타 감정을 느낄 때도 인격이 변하지 않을 것이다. 인간의 정서적 기술의 풀 세트를 다 가지면 일관된 삶을 살 수 있다. 갑자기 미성숙을 드러내는 사람은 대부분 필요한 기술을 갖지 못했거나 그런 기술이 있다는 것도 모른다.

대부분의 사람들은 관계적 뇌 기술에 대해 들어보지도 못했기 때문에 이런 기술을 잘 알아채지 못한다. 그러나 관계적 뇌 기술의 예는 성경에 자주 등장하고[6] 교제의 중요한 요소다.[7] 관계적 뇌 기술이 경건한 리더가 되기 위해서나[8] 건강한 결혼생활을 영위하기

위해 꼭 필요하다.[9]

"내 사람들"이 무엇을 하는가가 중요하다

패스트트랙 과정의 핵심은 "내 사람들이" 어떤 조건 하에서 어떻게 행동할지 아는 것이다. 그것에 따라 의식이 무슨 일이 일어나는지 인식하기도 전에 우리가 먼저 어떻게 반응할지 결정된다. 새로운 상황을 접할 때 그런 상황에서 우리 사람들이 어떻게 하는가를 떠올려 자신이 어떻게 행동할지 답을 찾는다. 그래서 뇌 속에서 "내 사람들"이 어떻게 반응하느냐의 자료 파일이 점점 더 커진다.

"'내 사람들'이 어떻게 행동하느냐"의 옛날 정보를 새로운 사람들의 정보로 바꿀 때 변화가 일어난다. 14세 후에는 뇌가 '내 사람들'의 생존이 나 자신의 생명보다 더 중요하다고 인식한다. 따라서 인격의 변화는 새로운 사람들에게 사랑, 기쁨, 평화로 애착하는 데 달려 있다. 달라스가 한 다음의 말에서도 이런 공동체 정체성을 인정하고 있다. "영성 훈련 프로그램은 공동체 안에서 이루어져야 한다. 영적으로 훈련된 삶을 사는 친구가 필요하다. 당신에게 일어나는 일을 그 친구와 나누고 의논하라. 심지어 고독도 공동체적 성격을 갖는다."

삶이 더 복잡해지고 어려워진다

"기능" 단락에서 언급했듯이, 성숙은 점점 더 어려워지는 상황 속에서도 능숙하게 정체성을 표현하는 것(관계성을 유지하는 것)이다. 우리가 성장할수록 삶이 더 복잡해진다. 더 많은 사람에 대한 책임을 맡게 된다. 삶의 복잡성에 고난이 추가되기도 한다. 고난이나 원수의 등장으로 우리의 인격이나 성숙도는 테스트된다.

우리에게는 항상 한계점이 있다. 고통, 약물, 독성 물질, 피로, 굶주림, 쉬지 못함, 치매 등의 요인 때문에 뇌가 받아들이는 데 한계가 있다. 그러나 우리의 믿음은 뇌가 얼마나 잘 작동하는지에 달려 있지 '않다.' 우리가 하나님을 얼마나 잘 붙드느냐에 달려 있지 않다. 우리의 애착은 하나님의 헤세드에서 생기고 하나님이 우리를 잘 붙드시기 때문이다. 오랜 세월 하나님과 공통적인 마음을 연습할 때 유익한 점은 우리가 어떤 상태이더라도 하나님이 임재하신다는 것을 알게 되는 것이다.

치유

패스트트랙이 잘못 훈련되었거나, 빠진 기능이 있거나, 트라우마를 입으면, 결함이나 흠이 생겨서(이에 대해서는 아래에서 설명한다) 치유와 훈련이 필요해진다. 정체성에 결함이 있으면 아무런 외적 이유 없이 무너지든지, 잘못된 방식으로 계속 작동하게 된다. 그래서 새로운 애착을 형성하거나, 관계 기술을 배우거나, 인격을 발달시키기 전에 먼저 치유와 해방이 필요하다.

하나님과 공통적인 마음을 갖는 사람에게 기쁘게 애착하면 새로운 정체성이 자란다. 어떤 사람 안에 하나님이 창조하고 계신 새 사람을 간파하는 사람이 있다면, 그 사람에 대한 변화의 비전(V)을 제시할 수 있다. 제자가 흠을 교정하려면 그 비전이 필요하다. 즉 정체성에 결여된 부분을 채워서 그리스도의 인격이 나타나게 하려면 연습을 많이 해야 한다. 바울은 진리를 잊은 사람을 일깨우고, 지친 사람을 격려하고, 약한 자의 짐을 져 주고, 모든 사람에게 인내하라고 한다(살전 5:14 참고).

제자의 흠,
치유될 수 있다

사람이 하나님이 설계하신 대로 되지 못하는 세 가지 방식에 대해 하나님은 모세에게 이렇게 말씀하셨다. "여호와께서 그의 앞으로 지나시며 선포하시되 여호와라 여호와라 자비롭고 은혜롭고 노하기를 더디하고 인자와 진실이 많은 하나님이라 인자를 천대까지 베풀며 악(iniquity, 흠, 악행)과 과실(transgression)과 죄(sin)를 용서하리라 그러나 벌을 면제하지는 아니하고 아버지의 악행(iniquity, 흠, 악)을 자손 삼사 대까지 보응하리라"(출 34:6-7).

성경, 특히 구약성경은 사람이 왜곡될 수 있다고 말한다. 우리가 하나님의 의도와 다르게 발달한다고 성경 어디서나 말한다. '흠'이라는 단어에는 기형, 결함이라는 개념이 내포된다. 가령 우리 집 마당의 한 나무는 묘목일 때 구부러져서 자랐다. 지금은 심은 지 30년이 되었다. 30센티미터 높이에서 아래로 꺾였다가 다시 올라가면서 그 윗부분은 정상적 나무 형태로 자랐다. 의도하지 않은 형태로 자란 다음에는 바뀌지 못한다. 그런 모습이 흠이다. 개념을 간단히 정리해 보자.

1. 악(흠, iniquity)은 기형적 성장이다. 구체적으로 인격이나 정체성 모두에 해당한다.
2. 과실(transgression)은 해야 하고 할 수 있는 것을 하지 않는 것이다.
3. 죄(sin)는 하려고 목표했던 것만큼 하지 못하는 것이다.

그런데 서구 기독교는 의지를 강조하다보니(주의주의) 흠을 이해하기가 거의 불가능하다. 우리가 보지 못하는 이유는 보려 하지 않거나(선택) 눈이 기형이거나 눈이 없기 때문이다. 그것이 흠이다. 그런데 우리는 흠과 죄를 모두 선택과 의지의 문제로 착각한다. 물론 죄는 나쁜 선택의 문제이므로 선택을 잘 해야 한다. 그러나 질병과 결함은 선택한 것이 아니다. 그렇게 되지 않도록 선택할 수 없다.

예수님은 "질병을 고치셨다." 흠은 못 보는 것, 못 듣는 것, 불구, 마비를 포함한다. 그런데 서구의 고정 관념 때문에 신체적 결함을 "질병"으로 번역했다. 그래서 우리는 예수님이 질병을 고치시지만, 결함을 회복시키지는 않으시는 것으로 생각하고, 결함이 흠이라고 생각하지 못한다. 그러나 사실 예수님은 신체적 결함의 예를 통해 혼의 결함에 대해 말씀하고 계셨다.

예수님의 말씀은 흠을 고치는 것이 죄를 용서하는 것보다 어렵다는 것이었다. 예수님이 말씀하셨다. "중풍병자에게 네 죄 사함을 받았느니라 하는 말과 일어나 네 상을 가지고 걸어가라 하는 말 중에서 어느 것이 쉽겠느냐 그러나 인자가 땅에서 죄를 사하는 권세가 있는 줄을 너희로 알게 하려 하노라 하시고 중풍병자에게 말씀하시되 내가 네게 이르노니 일어나 네 상을 가지고 집으로 가라 하시니"(막 2:9-11). 더 힘든 것(흠을 치유하는 것)을 하셔서 더 쉬운 것(죄를 사하는 것)도 하실 수 있다고 보여 주셨다.

예수님이 바리새인들을 "눈먼 인도자"라고 하신 것은 인격의 흠을 지적하신 것이었다(마 15:14, 23:24). 제자 훈련을 할 때 인격의 흠도 다루어야 그리스도의 인격에 다다를 수 있다. 베드로와 요한이 미문이라는 성전 문에서 흠(하반신 마비)을 목격했을 때를 생각해 보자. 하나님과 공통적인 마음을 가진 제자들은 하나님이 하실 반응을 했다. 제자는 흠을 고칠 권세를 갖는다.

제자도 흠이 있다. 우리는 고쳐져야 할 흠이 있어서 영적 연습이 필요하지만, 예수님은 그런 것이 필요하지 않으시다. 예수님은 흠이 없으셨다. 우리는 인격의 흠이 치유되어야 한다. 정체성이 완전해지고 훈련되어야 새로운 인격이 성장할 수 있다. 그래서 치유와 애착 사랑이 필요하다.

훈련에는 노력이 따른다

달라스는 은혜와 노력이 반대가 아니라고 말했다. 개인이나 공동체의 정체성의 빠진 부분을 성장시키려면 노력이 필요하다는 것을 잊지 말자. 우리는 재훈련되어야 한다. 우리의 흠에 대해 핑계 대며 정당화하거나 자신의 흠을 남에게 전달하지 말아야 한다. 훈련에는 연습과 노력이 필요하다. 패스트트랙에서 새 정체성으로 애착 시스템을 재건해야 한다. 재훈련의 가장 강력한 원동력은 하나님과 사람에 대한 애착 사랑이다.

미성숙의 여러 요인

인생모델은 애착 사랑이 정체성의 깊은 욕구를 충족시킨다는 것을 밝힐 뿐 아니라, 미성숙 증상의 여러 요인도 밝힌다. 일반적으로는 다른 것을 원인으로 지목하지만, 뜻밖에 애착과 관계 기술로 해결되는 문제들이 있다.

분노

관계 개선에 분노(혹은 다른 불쾌한 정서)를 이용하는 능력은 기본적인 관계적 뇌 기술이다. 대부분의 사람은 이 기술이 없다. 그러나 달라스도 다음의 말을 보면, 이 기술을 잘 몰랐던 것 같다. "선을 위해 싸우되 분노 없이 싸우면 훨씬 더 좋은 결과를 얻을 수 있다. 왜냐하면 우리가 분노와 경멸로 행동하면 남들도 분노와 경멸로 반응해서 진흙탕 싸움밖에 되지 않기 때문이다."

분노를 절제하지 못하고 상대방을 경멸하는 마음을 갖는다면, 그것은 관계적 뇌 기술이 없다는 증거다. 그때 한 가지 해결책은 분노를 거부하는 것이고, 두 번째 해결책은 분노를 유용하게 사용하게 해 주는 관계적 뇌 기술을 배우는 것이다.

신경계에는 여러 형태의 분노가 있다. 뜨거운 분노, 차가운 분노, 우뇌 분노, 좌뇌 분노가 있다. 이렇게 다양한 분노의 원인이 있다는 것을 독자는 잘 모를 수 있다. 달라스 윌라드도 그랬다. 달라스가 "분노는 의지가 좌절될 때 생긴다. 뜻하는 바가 좌절되면, 분노하는 것이 자연스러운 반응이다"라고 말한 것은 슬로우트랙, 좌뇌의 분노에 대해 말한 것이다. 분노는 생각과 좌절에 대한 반응이다. 그런데 돌발적인 분노는 우뇌의 패스트트랙 시스템에 있다.

패스트트랙의 분노는 위협에 대한 두려움이 변형된 것이다. 도망가야 할 때(가령 뱀을 보았을 때) 우리는 두려워한다. 그런데 그 위협이 중단되어야 할 것일 때(가령 누가 자녀를 공격하고 있을 때)는 똑같은 아드레날린 분출로 뜨거운 분노가 생긴다.

불쾌한 정서

뇌에 내장된 여섯 가지 불쾌한 정서가 있다. 그 각각을 관계가 좋아지도록 이용하는 훈련을 해야 한다. 그 여섯 가지 정서는 분노, 두려움, 슬픔, 수치, 혐오, 절망이다. 패스트트랙의 이 정서는 미리 생각해서 생기지 않는다. 여섯 가지 반응 모두가 의식적 생각 전에 먼저 존재한다.[10]

존 랍나우는 여섯 가지 불편한 정서로 정서적 성숙을 이루는 법을 얘기한다. "여섯 가지 불편한 정서가 있을 때 그것을 관계에 유용하게 이용하는 태도는 나의 인격 변화의 관건이었다. 나는 좋은 '나'가 될 수 있다는 것을 배웠다. 그렇게 되기 위해 주의와 에너지를 기울일 가치가 있었다. 이제 나는 진정한 나로서 행동하는 것을 소중히 여긴다." 우리의 진정한 자아는 항상 그리스도를 닮는다. 예수님이 진노하신 중에도 손 마른 사람을 고치셨듯이 말이다.

혹시 이 여섯 가지 정서 모두가 관계 개선에 이용되도록 설계되었다는 점이 좀 의심스러운가? 그렇다면 그 기술을 하나씩 살펴보자. 우리는 대부분 슬퍼하는 사람에게 다가가고, 누군가의 눈물을 보면 위로하고 싶어 한다. 두려워하는 사람을 보면 보호해 주고 싶어 한다. 아기를 키우거나, 의료 활동을 하거나, 농사를 지으려면 구역질나는 어떤 것을 치우면서 관계를 이루어야 한다. 그와 같이, 우리들 대부분은 슬픔, 두려움, 혐오를 통해 관계를 개선하는 것을 상상해 볼 수 있을 것이다.

분노, 수치, 절망의 경우에 필요한 관계적 뇌 기술도 비슷하지만, 보기가 훨씬 드물다. 어떤 문화는 그런 기술 한두 가지가 아예 없기도 하다. 어느 기술이 없는지 알려면 사람들이 어떤 불쾌한 정서를 피하는지 보면 된다. 어떤 사람은 수치심이라는 정서를 갖지 않으려 하고, 어떤 사람은 분노라는 정서를 갖지 않으려 한다. 그 이유는 그 정서를 사용해 관계를 개선하는 뇌 기술이 없기 때문이다. 그 결여된 기술을 가르치는 것이 흠을 고치는 제자 훈련 수단(M)의 일부다.

(주의: 만일 당신이 분노를 올바로 사용하여 관계를 좋게 하는 기술이 없다면, 혹은 여섯 가지 중의 어떤 것이 없다면, 이 말이 타당성이 없게 들릴 것이다. 뇌는 없는 기술이 어떻게 작동하는지 모르고, 왜 그것이 필요한지도 모른다. 관계적 뇌 기술이 결여되어 있을 때도 그렇다. 무엇이 결여되었는지 모르므로 그 기술을 가지려 하지도 않는다. 그저 그 감정을 피하며 불쾌하게 여길 뿐이다.)

문제가 있을 때 가만히 있기

가만히 있기란 필요시 세로토닌(소위 행복 호르몬-역주)을 방출하는 관계적 뇌 기술이다. 세로토닌은 각종 각성 상태에 있는 뇌를 조용하게 한다. 스스로 조용해지는 능력이 있는지 보면 평생의 정신 건강을 예측할 수 있다. 달라스가 조용해지기에 대해 언급한 것은 뭔가를 하지 않는 영성 훈련에 대해 말했을 때다. "어떤 영성 훈련(나는 그것을 뭔가를 하지 않는 훈련이라고 부른다. 고독, 침묵, 금식, 검소 등)은 우리를 '비워서' 그렇지 않으면 못했을 다른 종류의 활동을 할 공간을 만들어 준다. 그런 영성 훈련은 의롭다기보다는 '지혜롭다고' 하는 것이 좋을 것이다."

의식적 마음이 우리를 몰아가서 쉼 없이 활동하게 할 때, 뭔가를 하지 않는 영성 훈련을 통해 간접적으로 우리는 고군고투를 줄이게 된다. 이어서 달라스는 고독에 대해 말했다. "또 고독은 우리를 조용하게 한다. 조용함은 영적인 삶의 필수적인 조건이다. 그것은 우리의 몸과 혼이 갈망하는 평화다." 또 그는 말했다. "고독의 유익을 알려면 직접 해 봐야 한다. 고독 자체가 의로운 건 아니다."

패스트트랙과 슬로우트랙이 다르다보니 조용해지는 수단도 다르다. 신경계에는 조용해지는 시스템이 여러 가지가 있다.[11] 패스트트랙[12]은 쉬는 데 필요한 신경화학물질을 통제한다. 슬로우트랙은 전략을 사용해 조용하게 하지만, 직접 통제 수단은 없다. 그런 능력과 전략 두 가지가 다 필요하다. 즉 정서, 감정, 욕망을 조용하게 하는 (애착 기반의) 관계적이며 신경화학적인 능력도 필요하고, 지나친 악전고투를 멈출 전략도 필요하다. 영적·정서적으로 성숙한 제자가 되려면 두 가지를 다 배워야 한다.

수단(M)

변화의 수단(M)은 지혜로운 것이지만 꼭 의롭지는 않다. 달라스가 말했다. "훈련 자체가 의로운 행위가 아니라는 것을 늘 명심하라. 물론 어떤 훈련은 의로운 면이 있지만 말이다." 의로운 일을 하고 싶어 하는 것이 인지상정이지만, 훈련이라는 수단은 돕는 것일

뿐이므로 훈련 자체를 성스럽게 여기지 않도록 주의해야 한다.

존 랍나우는 패스트트랙의 수단과 슬로우트랙의 수단의 차이를 설명해 준다. 슬로우트랙은 책에서 쉽게 개념을 얻는다. 존의 말을 들어보자.

> 영성 훈련은 훨씬 더 긴 역사, 깊이, 폭넓은 저자들을 갖고 있다. 그래서 독자로서 내가 영성 훈련에 관해서 더 배우고 싶다면 자료를 맘껏 읽을 수 있다. 영성 훈련에 사용되는 용어는 교인이라면 누구나 이해하기 쉽다. 반면에 관계 기술의 역사는 짧다. 이는 뇌 과학을 기반으로 관계적 뇌 과학과 신학을 접목하는 것이다.

책으로 관계 기술을 배울 수는 없다. 예를 들어보자. 관계적 패스트트랙은 공통적인 마음 상태에 있는 파트너의 에너지 수준에 맞춰 심박수를 빠르게 하거나 늦출 수 있다. 그러나 지금 당신이 그 기술에 대해 읽었다고 그 기술을 가질 수는 없다. 그 기술에 대해 읽었다고 심박수를 바꿀 수는 없다. 다른 사람에게 그 기술에 대해 말해줄 수는 있지만 당신이 읽은 책을 가지고 그 사람이 그 능력을 갖게 훈련시킬 수는 없다.

반면에 아기는 말을 배우는 무렵에 그 기술을 가진 더 큰 뇌를 가진 사람과 공통적인 마음을 가져서 애착하면 그 기술을 획득할 수 있다. 변화의 수단이 효과가 있으려면, 뇌가 배우는 방식에 따라 훈련해야 한다.

수단의 네 가지 카테고리

사랑으로 변화가 끝나는 것이 아니라 시작된다. 인격 발달을 완성하고 결함이 있는 인격을 직접 고치려면 패스트트랙이 필요하다. 인격의 흠(결함)을 고치려면 직접적인 해법이 있어야 한다. 그러면서도 영성 훈련도 여전히 필요하다. 왜 그런지 곧 살펴보겠다.

수단을 네 가지 범주로 나눠 보자. 상당히 완전한 정체성을 가진 사람은 너무 많은 것을 하려고 악전고투를 한다. 그런 경우에는 영성 훈련으로 그런 지나친 노력을 줄일 수 있다. 인간의 온전한 정체성을 갖는 데 필요한 기술이 없는 사람도 있다. 그런 경우에는 애착에 기반을 둔 관계 훈련을 하면 노력이 관계로 대체된다. 정체성에 결함이 있어서 보상 심리로 악전고투하는 사람은 치유와 관계 훈련을 필요로 한다. 진척이 이루어지지 않아서 절망하는 사람도 있다. 그들은 해봐도 영적 삶이 이루어지지 않자 그냥 그만두었다. 그들이 개선되려면 의도(I) 부분에 대한 애착 사랑이 있어야 한다.

악전고투

달라스는 노력이 은혜의 반대가 아니라고 했다. 또 훈련으로 노력을 관리할 수 있다고 했다. "영성 훈련을 하지 않으면, 원하는 결과를 얻으려고 악전고투를 하다가 좌절하게 될 뿐이다." 영성 훈련으로 악전고투를 고칠 수 있다. 악전고투는 의로운 동기가 되지 못한다. 다만 미성숙해서 악전고투하는 경우는 다르다. 다음의 예를 살펴보자.

수영 선수가 헤엄쳐서 넓은 바다를 건너려고 하다가 지쳐서 첨벙댄다. 우리는 그 수영선수에게 그만 고생하라고 할 것이다. 그러나 만일 수영을 못하는 사람이 물에서 첨벙거린다면 문제가 다르다. 두 사람 다 노력하고 있다. 수영 선수는 가진 기술을 가지고 너무 많이 하려고 애쓰고 있다.

반면에 물에 빠져가는 사람이 고생하는 건 기술이 없어서다. 그래서 해결책은 수고를 멈추라는 게 아니라 기술을 획득하라고 말해 주는 것이다. 정체성과 인격을 관리하려면 먼저 정체성과 인격을 가져야 한다.

관계 기술이 있든 없든 수고하며 악전고투를 해야 하는 경우도 있다. 첫째로, 악전고투를 멈춰야할 때는 다른 곳으로 주의를 돌리기 위한 여지를 만드는 영성 훈련이 필요하다. 둘째로, 기본 요소가 필요한 경우에는 그 행동을 연습하는 트레이닝이 필요하다. 이 두 가지가 잘 구별되지 않아서 많은 사람들이 영성 훈련만 하느라 관계적 성숙이 잘 이루어지지 않는다.

노력이 더 필요한가,
덜 필요한가?

관계 기술이나 영적 기술이 없는 것이 문제인데 그것을 잘 모르고 다른 것으로 보상하려고 악전고투를 벌이는 경우가 흔하다.

어떤 기능에 장애가 있는 사람은 다른 기능이 발달하는 경우가 많다. 손이 없는 사람은 발가락으로 기타를 친다.

나의 부모님이 성경 학교에서 맹인 학생을 가르친 적이 있는데, 그 학생은 손으로 만져서 얼마짜리 지폐인지 알아맞혔다. 반면에 나는 아무리 애써도 그 차이를 구별하지 못한다. 그 학생은 청각도 발달했다. 그래서 밤에 소음이 너무 잘 들려서 잠을 못 이루기도 했다.

우리는 어떤 능력이 없으면 다른 능력을 과도하게 개발하느라 애를 쓴다. 흔한 예로서, 다른 사람의 심기를 거스르지 않으려고 엄청나게 애쓴다. 가족이나 교회 전체가 어떤 사람의 비위를 맞추려고 삶의 방향을 정하거나 엄청나게 노력한다. 그러다보면 달라스가 말한 대로 "리더가 정서적으로 유아 상태라서 주변 사람들이 늘 긴장하는" 일이 일어난다.

달라스는 필요에 맞는 해법이 있어야 한다는 것을 안다. 그래서 "영성 훈련은 약과 같다. 도움이 되는 약은 먹고, 도움이 되지 않는 약은 먹지 말라"고 말했다. 우리는 해결책을 폭넓게 살펴보고 있지만, 무엇을 적용할지 선택해야 한다. 예수님이 어릴 때 하셨던 것처럼 우리도 관계 기술을 연습해야 할 수도 있다. 그러나 관계 기술을 다 가졌다 해도 하나님께 의존해야 한다. 예수님이 더 나이 드셨을 때 하셨던 것처럼 하나님께 의존하는 연습을 해야 할 수도 있다.

관계 기술을 배우는 것이나 영성 훈련을 배우는 것이나 그 자체가 의로운 건 아니다. 그리고 그 두 가지가 출발점도 아니다. 출발점은 애착 사랑이다. 구원받으면 하나님의 새가족이 되어 하나님께 애착하게 된다. 새로운 정체성이 뇌의 패스트트랙에 생겨서 그리스도의 인격을 닮게 된다. 모든 도덕적 선택과 자동적 반응은 새로운 "우리 사람들"을 닮게 된다. 그들이 예수님의 제자이면 좋을 것이다.

관계적 흠이 증가하고 있다

다양한 요인들로 인해서 전 세계에서 관계적 흠이 증가하고 있다. 그 중의 많은 변화를 《기쁨은 여기서 시작된다》(*Joy Starts Here*)[13]에서 다루었다. 이 책은 나와 친구들이 함께 쓴 책이다. 그 요인들을 살펴보면 왜 애착 및 관계적 정체성이 영성 훈련에 포함되어야 하는지 알 수 있다.

트라우마 때문에 계속 관계적 흠이 생긴다. 전쟁, 에이즈, 기근, 대량학살, 혁명, 마약, 그 외의 다른 비극이 계속 문화를 어지럽힌다. 그 영향을 받는 사람들의 수가 증가하고 있다. 요즘의 대량 학살 무기는 최첨단이어서 과거의 대규모 군대처럼 공동의 사회적 노력이 필요하지 않다. 대규모 군대를 유지할 사회적 응집력을 가진 문화는 매우 적다.

여행하기 쉬워졌고 이사도 더 자주, 더 멀리 다닌다. 그래서 누군가가 들어오거나 나가면서 공동체가 바뀌는 일은 비일비재하다.

당신의 증조부모가 어떤 분이었다고 말해 줄 수 있는 사람이 동네에 사는 경우는 드물다. 집단 정체성이 쉽게 깨지고 잘 형성되지 않는다. 인격을 형성하는 관계 상호작용에 투자하는 시간과 관심이 줄어든다. 가족이 함께 일하고, 먹고, 사는 경우가 줄어들기 때문이다.

요즘 폭넓게 세상과 소통하고 연결되다보니 잠재적 정체성 그룹이 많아졌지만, 문제는 다양성이 커졌어도 관계 연습이 필요하다는 것이다. 모든 사람에게 속한다고 해서 모든 사람과 관계를 형성할 수 있는 것은 아니다. 천 가지 음악 스타일을 아는 건 한 곡을 잘 연주하는 데 도움이 되지 않는다. 세상 모든 악기를 연주할 거라고 하면서 하나의 악기도 연주하지 못하면 소용이 없다. 관계 연습이 부족하면 집단 정체성이 형성되는 12세 후에 문제가 불거진다. 집단 정체성이 없거나 결함이 있으면 성인으로서 인격에 흠이 있게 된다. 그래서 생기는 가장 흔한 증상은 중독이다.

정체성 및 인격 형성에 있어서 가장 광범위하고 심각한 문제는 인격 기술이 개발되려면 애착 및 사람과 직접 연습하는 시간이 필요하다는 것이다. 함께 보낸 시간이 없는 애착은 깊이가 얕다. 그런데 관계 기술을 가진 연장자가 유아, 어린이, 청소년과 얼굴을 마주하고 보내는 시간이 점점 줄어들고 있다. 오늘날 평균적인 아이는 매일 서너 시간을 스크린 앞에서 보낸다. SNS 친구가 수백 명이라도 인격 발달에는 도움이 되지 않는다. 뇌의 패스트트랙은 컴퓨터 화면으로 작동되지 않는다. 패스트트랙이 작동하기에는 컴퓨터 화면이 너무 느리다.

모든 세대가 발달의 결정적 시기에 관계 기술을 스스로 깨우치는 건 불가능하다. 강한 인격의 소유자가 정체성 및 관계를 결정적 시기에 전달해 줘야 한다. 청소년 및 어린이는 결정적 시기에 정체성 및 관계를 빨리 성장시킨다. 그럴 때 애착 및 관계 기술 연습이 결여되면 조금만 일이 잘못되어도 부서지고 마는 사람이 만들어진다. 그들은 점점 더 우울해지지고 방황하게 된다. 수천 시간 동안 게임을 하면서 상대방을 패자로 만들어 승자가 되다 보면 공격성이 고쳐지지 않는다. '우리 사람들'이라는 의식이 약해진다. 자신의 기본적인 자아를 가지고 살아가면서 이성(異性)과 관계할 수 있는 능력이 혼동에 빠진다. 모든 것을 스스로 깨우쳐야 하는 사람은 발달이 느리다. 그래서 사람들의 성숙이 점점 느려진다.

이런 것들이 오늘날의 문제다. 늘 있던 문제지만, 규모나 패턴이 달라졌다. 다음 세대로 갈수록 문제가 축적된다. 우리는 가진 인격만 전달할 수 있기 때문이다. 애착 없이는 관계 기술이 전달되지 않는다. 기존 세대와 새 세대가 각자 화면만 보고 있는 동안, 학교나 직장이나 양로원에서 서로 떨어져 있는 동안, 마약에 취해 몽롱한 동안, 다른 지역에 사는 동안에는 관계 기술을 배울 수 없다. 우리가 제자가 아니라면 그리스도를 닮은 인격이 전달되지 않는다.

잘못을 고칠 때 주의 사항

이것은 신앙생활의 새로운 요소를 찾자는 것이 아니다. 그리스도인의 인격 형성을 위해 기존에 없던 방법을 신경신학으로 찾자는 게 아니다. 다만 요한계시록에서도 교회마다 맞는 메시지를 줬듯이, 현재의 필요에 맞는 해법을 제시하려는 것이다. 무엇을 강조해야 하고 다음 단계는 뭐가 돼야 할지 경우마다 다를 것이다. 하나님과 공통적인 마음을 갖는 것이야말로 지금 우리에게 필요한 것이 아닐까? 제자로 변화되려면 임마누엘 라이프스타일의 관계적 기쁨과 헤세드 애착이 필요하다.

뇌가 어떻게 정체성과 인격을 형성하는지를 기초로 해서 그리스도인의 현황을 조사해 보면 요즘 그리스도인들은 하나님이나 서로 간에 애착이 되어 있지 않다. 그러나 이제 우리는 하나님이나 다른 사람들과 사랑의 애착을 갖는 것이 좋은 원칙이라는 것을 알게 되었다. 그러므로 제자는 관계적 성숙 연습을 더 많이 해야 한다.

문화가 변화되어 기존의 어떤 것이 더 이상 필요가 없을 수 있다. 예를 들어, 하트앤드소울의 한 봉사자는 장신구를 착용하지 않는 교회 출신이다. 그들의 문화 속에서는 부를 너무 중시하는 사람이 있다면 결혼반지를 끼지 않음으로써 잘못된 생각을 고칠 수 있다. 그런 경우에 반지를 끼지 않는 것이 기독교적 가치를 선언하는 것이었다. 반면에 그 봉사자의 자녀는 많은 사람이 결혼하지 않고

동거하는 세대에 살다 보니 기독교적 가치를 선언하기 위해 결혼반지를 끼기 원했다.

그와 같이, 과거에 오류를 고치던 방식이 미래에는 맞지 않을 수 있다. 문제와 해결 방법이 달라지다보면 우리가 하던 관행이 부적절해질 수 있다. 옛 세대의 기준에 맞춰 현재 세대를 지적하고 고치려 하다 보면 의도하지 않았더라도 인격의 결함을 만들게 된다. 그렇게 고치는 것은 수단(M)이고, 달라스가 말했듯이 그 자체가 의로운 것이 아니므로 필요에 맞게 지혜롭게 선택해야 한다.

현재 우리에게 필요한 것은 애착 사랑을 통해 제자를 키우는 것이다. 그것을 강조해야 하며, 그것이 고치는 기준이어야 한다. 전 세계에서 관계 기술이 무너지는 이 때에 우리는 처음 사랑으로 돌아가야 한다. 미움이 기승을 부리는 이 때이니만큼 원수를 사랑할 기회도 많아질 것이다. 우리는 제자가 되어야 한다. 마지막 장인 다음 장에서는 제자를 생산하도록 설계된 교회에서 뭘 해야 할지 살펴보겠다.

하나님과의 9분(실습)

이 실습은 3단계이며, 각각 3분이다.
깊이 숨을 들이쉰 후 천천히 내쉬라.

1단계. 비전: 지금 이 시점에 당신의 비전을 어떻게 진술하겠는가? 당신의 비전을 다른 사람에게 문자로 보내서 당신이 생각하는 바를 토론해 보자고 하라.

2단계. 원동력: 당신이 아는 사람 중에, 하나님과 강한 헤세드 애착을 가진 사람은 누구인가? 그 사람을 초청하여 하나님의 애착 사랑을 어떻게 경험하고 있는지 들어보는 시간을 가지라(식사를 하면서나 소그룹으로).

3단계. 수단: 여기서 들은 수단 중에서 가장 타당성이 없어 보이는 것은 뭔가? 인터넷에서 그 주제를 잠깐 조사해 보라. 그것이 당신의 맹점일 수 있기 때문이다.

10.

사람을 변화시키는 교회

짐 와일더

하나님과 함께,
사람과 함께
성장하고 성숙하다

미국 교회는 비전 홍보를 잘 한다. 홈페이지, 비디오, 팟캐스트, 지역 신문이나 방송, SNS, 팸플릿, 카페 이름 등으로 비전을 선포한다. 교회의 비전에는 보통 사명과 신앙 고백이 포함된다. 교회 리더들이 각종 모임에서 비전을 명확하게 제시하고, 전략을 수립하고, 알린다. 대부분의 주일마다 설교할 때 비전을 제시하고, 지지하고, 선포하고, 적용한다.

그러나 신앙생활을 비전 성취로 만들면 교회가 죽는다. 교회, 교역자, 프로그램, 아웃리치가 억지로 비전을 이루어야만 할 때 모두가 힘들게 된다. 기쁨과 평화가 사라진다. 그것은 비전을 이루려고 과도하게 애를 쓸 때 생기는 참사다. 애착 사랑의 원동력이 사라지고 사람들이 탈진한다. 비전에 대해 의문을 제시하면 못난 그리스도인으로 간주한다. 그들은 비전과 많은 일거리를 정당화한다. 상투적인 교회 용어로 비전이 옳다고 지지하며 정당화하는 일이 일어난다. 그렇게 악전고투가 벌어진다.

내가 자주 방문하는 선교 단체가 있는데 비전을 중심으로 하는 곳이므로 비전 선교단이라고 하겠다. 물론 그 비전은 훌륭하고 진실하다. 스태프들이 비전을 이루려고 헌신한다. 그래서 스태프의 탈진이 심하다. 멤버들이 탈진하면 리더들은 비전을 더 선포해서 참여를 북돋우려 한다. 리더와 멤버가 서로 독려하며 비전을 위해 희생하라고 한다. 그래서 관계가 힘들어지고 결렬되기도 한다. 비전 때문에 가족과 공동체에 대한 애착을 잃기도 한다. 개인적 성숙이나 영적 성숙이 저조하다. 특히 어린이들이 그렇다. 계속 상처를 받으며 상처가 쌓이기 때문이다. 지친 사람들이 사방에 있다. 공동체 멤버들이 악전고투를 벌이느라 자주 지친다. 금식하고, 기도하고, 영성 훈련을 하고, 성경 공부를 하고, 철야 기도를 하지만, 어느 샌가 기쁨이 사라진다. 어느 순간 비전은 사라진다. 그들의 비전이 뭐냐고 물어보면, 그들의 비전과 포부는 하나님의 사랑을 전파하는 것이다. 그들은 슬로우트랙에 있는 비전을 이루려고 죽어가다가 패스트트랙에서 하나님과 정말 애착을 갖는 순간 때문에 살아난다.

과도한 집중 실패로 이어진다

좋은 생각이 생각만큼 잘 실행되지 않을 때 과도한 집중이 일어난다. 이는 늘 어떤 비전을 이루기 위해서다. 과도한 집중은 대게 뇌의 의식적 슬로우트랙에서 일어난다. 악전고투를 하고 있다면, 그것은 과도하게 초점에 집중하고 있다는 증거다. 성경 공부, 암송, 기도, 교회 생활, 소그룹, 교회 성장, 아웃리치, 관계 기술 등 생각할 수 있는 모든 좋은 것이 악전고투가 될 수 있다. 비전이 너무 중심이 되면 그렇게 된다. 영성 훈련마저도 악전고투가 될 수 있다. 영성 훈련이 단지 수단이 아니라 의로운 행위로 여겨진다면 말이다. 달라스가 말했듯이, 수단은 의로운 행위가 아니다. 어떤 상황 속에서는 의로울 수 있더라도 말이다.

영성 훈련으로 악전고투를 멈추게 된다고 말한 바 있다. 그러나 지금 보니 영성 훈련도 악전고투가 될 수 있다는 결론에 다다른다. 왜 그런가? 답은 여기 있다. '별로 효과가 없는' 해법을 가지고 결과를 산출하려 애쓰다보면 악전고투가 된다. 악전고투는 의지가 과열되었다는 증거다. 데이빗 태클(David Takle)은 하트앤드소울 콘퍼런스의 강사인데, 악전고투를 배에 비유해 설명했다. 악전고투는 성령의 바람을 받아 항해하지 않고 노만 젓는 것이다.[1]

두 가지 오류 때문에 악전고투가 일어난다. 첫 번째 오류는 흠(결함: 뇌 기술이나 관계 기술의 결여-역주)을 영성 훈련을 통해 간접적으로 고치려 하는 것이다. 필요한 것은 직접적인 관계 기술 훈련이다. 더 완전한 자아가 필요하다. 애착으로 시작해서, 공통적인 마음을 갖게 하고, 치유를 받게 하고, 집단 정체성을 확립시켜서 흠을 고쳐야한다. 기술 훈련은 연습을 많이 해야 한다. 그렇게 하지 않고 영성 훈련부터 시작하면, 그 훈련은 힘들 것이고, 인격에 하등의 영향을 미치지 못할 것이다. 감정, 정서, 욕망을 통제하려고 악전고투를 벌이겠지만 영적으로 성숙해지지 못할 것이다.

두 번째 오류는 반대로, 자신을 실제보다 크게 생각해서 할 수 있는 것보다 더 많이 하려는 것이다. 하나님이 하실 일을 우리가 해서 비전을 이루려고 한다. 두 번째 오류는 자신을 과하게 인식하기 때문이다. 물러서서 하나님이 일하시게 해야 할 때 우리가 더 열심히 일하려고 한다. 이럴 때 필요한 것은 간접 효과를 내는 영성 훈련을 해서 우리가 작아지는 것이다.

<그림5>

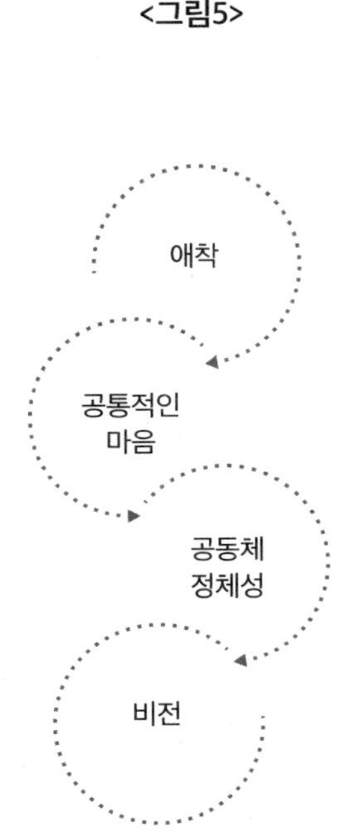

내가 자주 방문하는 비전 선교단은 하나님과 강한 애착을 원한다. 그들이 하나님과의 헤세드를 경험할 때면 기쁨, 평화, 외부의 적에 대한 사랑이 커진다. 그러다가도 팀 내에서 갈등과 상처가 생긴다. 그래서 힘들다.

멤버들은 고통을 살펴보며 성령께 치유해 달라고 간구하여 치유도 좀 받지만 충분하지 않다. 그래서 머지않아 악전고투를 벌이게 된다. 치유받으려고, 고통의 근본 원인을 찾으려고, 영성 훈련을 하려고 악전고투를 벌인다.

그들의 선교 비전은 하나님 및 외부인에 대한 사랑을 강조한다. 그러나 그들의 공동체 정체성 안에는 헤세드의 관계 기술 및 사랑의 애착을 형성하는 것이 부족하다. 영구적 공동체 정체성을 형성하다보면, 세상에 사역하는 비전에서 멀어질 수 있기 때문에 그들의 선교 사명은 하나님을 모르는 사람들에게만 집중한다. 그래서 오히려 비전이 파괴적이다. 그 비전을 이루어 세상을 얻는다면 자신들의 영혼을 내주고 얻는 격이다. 그들은 그것을 "예수님을 위한 탈진"이라고 부른다. 동시에 그들의 비전은 그들을 지탱해 주시는 하나님에 대한 애착 사랑도 포함한다. 그런데 관계 기술을 완벽히 갖추지 못하고 선교단에 들어온 멤버들은 그 비전에 따라 악전고투를 벌이다가 무너지거나 떠나버린다.

그들은 관계가 결렬되면 해결하려고 관계적 수단을 쓰는 게 아니라 영적 수단을 쓴다. 가령 그들은 화가 나면 금식하거나 기도하지만 팀이나 가족과 더 잘 애착하도록 분노를 관계적으로 이용하지는 못한다. 그들은 관계 기술 대신에 영성 훈련을 하려고 한다. 그 결과 악전고투를 벌이게 된다. 멤버들의 흠, 즉 뇌 기술, 관계 기술의 결여를 간과하기 때문이다. 그들의 비전에는 하나님의 사람들이 애착 기반 기술을 가져야 한다는 점이 빠져 있다.

쳇바퀴 돌리기

악전고투를 벌이며, 잘못된 해법으로 해 보려 애쓰느라 과열되는 일이 흔하지만, 교회의 문제는 그것만이 아니다. 교회 문을 열어놓는 것 외에 별로 하는 일이 없는 경우도 허다하다. 그들은 체육관에서 웨이트 트레이닝이나 동력 장비 없이 끝없이 바퀴만 돌리는 것 같다. 바퀴만 돌리는 교회는 자기들의 비전으로 행복해 하는 교회다. 모임마다 자신들의 비전이 좋다고 이구동성으로 자화자찬한다. 쳇바퀴 돌리는 교회는 자신들이 의도한 대로 해내긴 한다. 그들이 사용하는 수단은 검증되었고 진실성이 있기도 하다. 전도지를 배포하거나, 옛날식 단정한 옷을 입거나, 평화주의를 선전하거나, 성령의 은혜를 받거나, 강해 설교를 하거나, 빈민 급식을 지원하거나, 교회 절기를 지키거나, 빈민가 사역을 하거나, 몇 시간 동안 예배하거나, 지저분한 거리 낙서 위에 아름다운 벽화를 그리는 등 많은 것을 한다. 늘 하던 대로 행복하게 쳇바퀴를 돌리면서 과열되지 않는다. 그리고 그렇게 바퀴를 돌리던 사람들이 흰머리가 되면서 많은 교회들이 문을 닫는다.

쳇바퀴 돌리는 교회는 세월이 가도 제자를 삼지 못한다. 평화주의를 전파하고, 이방인을 전도하고, 예배하고, 빈민을 먹이지만, "우리가 돕는 사람들"이 "우리 사람들"이 되지 않는다. 그들의 인격이 도전을 받지 않는다. 반면에, 원수에게 사랑의 애착을 갖게 되면, 우리의 인격의 감춰진 결점이 드러난다. 그러나 부담 없이 편안하게만 있다 보면, 자신의 흠을 간과하게 된다. 그래서 우리의 자녀와 손자손녀는 그런 흠이 그리스도인의 모습이라고 믿게 된다. "그리스도인은 그런 거야!"라고 우리의 자녀가 생각하고 친구들에게도 말하게 된다.

그러나 제자 삼는 교회는 악전고투를 벌이지도 말아야 하고 쳇바퀴를 돌지도 말아야 한다. 원수에게 사랑으로 애착하는 데 적극적, 자발적으로 나서면 올바른 길로 가게 된다. 그러면 패스트트랙에서 자신의 인격을 훈련하게 된다. 오직 예수님과 공통적인 마음을 가질 때만 "싫은 사람"에게 자동적으로 사랑의 애착을 하게 된다.

어떻게 애착 사랑이 자동으로 될까? 가게나 식당에서 울고 떼쓰는 아이를 본 적이 있을 것이다. 우리는 그 아이가 다른 데로 사라져주길 바랄 것이다. 우리는 그 작은 괴물 때문에 당황하지만, 부모나 조부모는 그 아이를 자신의 아이로 자발적으로 받아들인다. 그 아이가 그들의 아이이고, 그들과 함께 밥을 먹고, 그들과 함께 집으로 돌아가리라는 데는 의심의 여지가 없다. 가족은 그 아이 때문에 당황했을지라도 그 아이에게 애착되어 있다.

예수님은 형편없는 사람들 중에서도 하나님의 자녀를 알아보신다. 그래서 우리가 하나님과 공통적인 마음을 가지면, 사람이 소중해진다. 우리가 하나님의 백성이면 다른 하나님의 자녀가 우리의 패스트트랙에서 소중해진다. 자신의 감정을 인식하기도 전에, 공동체 정체성이 작동한다. 불편한 정서를 이용해 오히려 관계를 나아지게 하는 관계 기술이 있으면, 사람을 멀리 하지 않고, 자발적으로 애착을 갖는다.

지속 가능한 비전

비전은 언제나 수정될 수 있다. 반드시 올바로 수정돼야 한다. 비전은 의식의 슬로우트랙에 속한다. 거기서 우선순위를 처음 사랑으로 되돌려야 한다. 기쁨과 사랑이 넘치는 헤세드 제자의 비전은 우리를 탈진하지 않도록 지탱해 준다.

지속 가능한 교회는 하나님 및 하나님의 사람들에게 애착하게 하는 비전을 갖는다. 애착 사랑은 하나님과 공통적인 마음을 갖게 하고 제자를 낳는다. 제자는 사랑의 애착 및 하나님과 공통적인 마음에 따라 비전을 조정한다. 어떻게 해야 강한 헤세드 인격을 형성할지 알면 그에 따라 비전(V)에 맞는 수단(M)을 정할 수 있다.

<그림6 지속 가능한 비전>

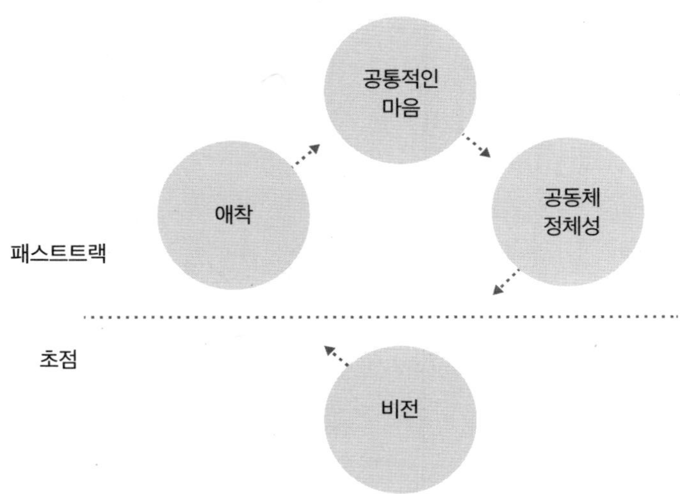

성숙한 제자를 위한
지속 가능한 비전

영적 성숙이란 점점 어려워지는 상황 속에서 하나님 및 하나님의 사람들과 공통적인 마음을 유지하는 능력이다. 원수에 대한 자발적 애착 사랑을 연습하는 공동체는 성숙해진다. '원수, 적'(enemy)이라는 말이 너무 심해 보일 수 있지만, 사실 뇌는 다른 사람들이 우리를 도와주지 않을 거라고 자주 예상하는 편이다. 우리는 모든 게 우리에게 달려 있고, 주변의 아무도 우리 편이 아니라고 느낀다. 학교나 직장에서 적을 마주하는 것 같을 때가 많다. "우리는 하나가 아니야"라는 이 느낌이 이혼, 가족 분쟁, 교회 분쟁 등이 있을 때 더 심해진다.

그런 소외된 순간에 영적 가족이 애착 사랑을 가르쳐주면, 우리는 자신의 흠과 약점을 발견하게 된다. 다른 사람들이 적으로 느껴질 '때에도' 하나님 및 하나님의 사람들과 공통적인 마음을 가지면 관계적, 영적으로 성숙해진다. 그 시작은 자신이 외롭고 상처받았다고 느끼고 있다는 점을 자각하는 것이다. 성공은 부정적 감정이 들 '때' 하나님과 '함께' 생각하는 것에 달려 있다.

VIM 모델과
인생모델의 통합

영적, 관계적 성숙에 대한 수정된 통합 모델에서 비전(V)은 의식적 마음의 슬로우트랙에 있다. 원동력(I)은 애착 사랑의 힘으로 작동하는 패스트트랙에서 흘러나온다. 애착 사랑은 인간의 마음, 혼, 몸에서 가장 강력한 힘이다. 수단(M)은 패스트트랙과 슬로우트랙의 둘로 나눠진다.

뇌는 경험하는 것을 분명한 순서와 방향대로 처리하지만, 수정된 VIM 모델에는 어느 방향으로의 흐름이 없다. 비전, 원동력, 수단이 서로 상호작용한다. 예를 들어, 애착 사랑이 비전을 창조한다. 비전은 애착 사랑을 강화한다. 수단은 필요에 따라 어느 방향으로든 간다. 패스트트랙에 있는 수단(M)은 정체성의 흠을 처리한다. 슬로우트랙의 수단은 너무 많은 것을 하려고 하는 과장된 자아를 고친다. 영성 훈련은 하나님을 위한 빈 공간을 만들어서 애착 사랑에 다시 불을 붙인다.

하나님이 주신 정체성에서 이탈한 세 가지 방법을 어떻게 고칠지 수정된 VIM 모델에 나타난다. 첫째로, 과실(transgressions)은 비전을 통해 고쳐진다. 비전은 우리가 뭘 해야 하고 뭘 하지 말아야 하는지 밝혀 주기 때문이다. 둘째로, 패스트트랙 마인드를 개발하는 수단(애착, 공통적인 마음, 공동체 정체성)으로 인격의 흠이 교정된다. 셋째로, 애착 사랑(헤세드)에 대한 원동력이 허다한 죄(sin)를 덮는다(벧

<그림7 수정 VIM 모델>

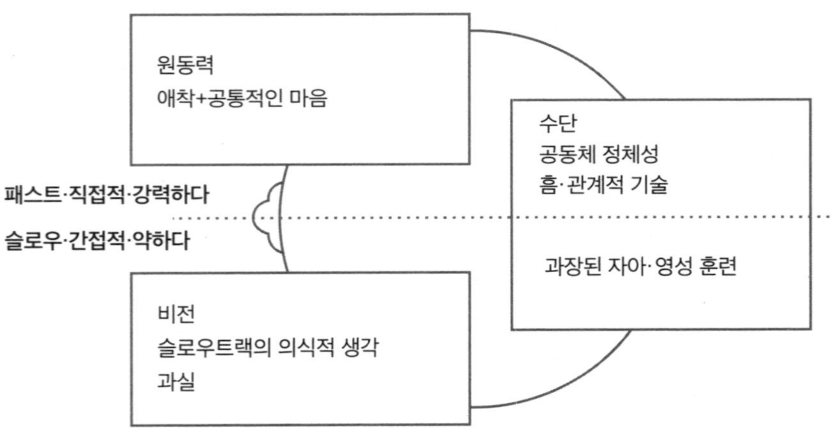
원동력
애착+공통적인 마음
수단
공동체 정체성
흠·관계적 기술
패스트·직접적·강력하다
슬로우·간접적·약하다
과장된 자아·영성 훈련
비전
슬로우트랙의 의식적 생각
과실

전 4:8).

건강한 영적 성숙

우리의 충만한 구원은 하나님의 헤세드 애착 사랑으로 시작한다. 건강한 '영적' 성숙은 모든 관계적 성숙 외에 예수님이 하나님 아버지와 가지셨던 관계도 포함한다. 제자도는 사랑의 애착을 이루는 것으로 시작한다. 7장에서 건강한 애착의 열두 가지 특징을 살펴보았는데 그 모든 것이 성경에 묘사된 하나님의 패턴 속에 들어 있다. 즉 하나님이 우리에게 생명을 주시고, 하나님의 자리를 다른 누가 차지하게 허락하지 않으시고, 우리를 특별하게 보시고(은혜), 우리에게 기쁨을 주시고, 우리를 쉬게 하시고, 우리와 함께 생각하시고, 가까이 오셨다가 떠나기도 하시고, 좋은 때나 나쁜 때나 함께하시고, 우리가 참된 자아를 찾게 하시고, 우리에게 자유를 주시지만 늘 헤세드를 지키시고, 우리가 성장하도록 도전을 주시고, 우리를 하나님의 백성으로 삼으신다. 그러므로 교회가 제자를 세우려면 강한 헤세드를 이루는 프로그램을 가져야 한다. 〈부록〉에 창의적인 방법이 제시된다.

건강한 영적 성숙을 이루려면 인격의 흠을 파악하고 고치기 위해 헤세드 관계 속에서 핵심적인 관계 기술을 훈련해야 한다. 더 성숙한 교인과 덜 성숙한 교인 간에 지속적 헤세드 애착이 이루어져야 한다. 각 세대가 변화되어야 한다. 그렇지 않으면 교회는 인격의 흠을 다음 세대에 물려주면서 그것을 영적이라고 하게 될 것이다. 부록 B에 있는 인생모델 책들을 비롯한 자료를 보라.

건강한 영적 성숙을 이루려면 실시간으로 하나님의 인도를 받아야 한다. 하나님의 개입 없이는 인간의 보통 수준의 성숙에는 이를 수 있을지라도 진정으로 변화되지는 못할 것이다. 달라스도 동의한다. 그의 책《하나님의 음성》에서 달라스는 제자가 만들어지는 데 하나님의 적극적인 임재가 필요하다고 말한다.

건강한 영적 성숙을 이루려면 하나님께 버림받았다고 착각하는 기억을 바로잡아야 한다. 우리를 괴롭히는 그런 기억은 하나님이 헤세드가 아니라고 느끼게 한다. 상처가 치유되지 않으면 악이 썩어들고 인격의 질병이 교회 안에 만연하게 된다. 어둠의 영을 다루는 기술이 좀 필요하다. 교회 안에서 잡초처럼 마음대로 자라는 인격의 흠들을 다루어야 한다. 인격의 질병 때문에 많은 교회들이 죽었거나 중태에 빠져 있다. 만연하는 교회의 자아도취도 중단시켜야 한다.[2] 교회는 인격이 개발될 수 있는 건강한 곳이어야 한다.

건강한 영적 성숙을 이루려면 정체성을 확립하면서도 우리가 여전히 작다는 것을 기억해야 한다. 자신을 실제보다 크게 생각하면 교만해지고, 지치고, 취약해지고, 자신을 정당화하게 된다. 그러나 영성 훈련으로 우리는 작아지고 하나님은 커진다. 달라스와 그

의 동료들은 영적 허세와 피로를 피하게 해 줄 많은 자료를 제공했다.[3]

건강한 영적 성숙을 이루려면 훈련을 해야 한다. 사랑으로 적에게 애착하는 훈련을 적극적으로 해야 한다. 제자를 키우는 교회는 사람들이 "우리 편이 아닐 때" 애착 기술을 발휘해야 한다. 교회는 그런 면을 잘하지 못했다. 이기려고 하면 진다. 사랑으로 애착할 줄 알 때 성숙한다. 하나님이 우리에게 애착하시듯이 우리도 사람들에게 애착해야 한다.

요약

이제 우리의 영성 훈련 모델은 정서적, 관계적 성숙을 모두 포함한다. 우리는 그리스도의 인격을 우리 안에 개발할 수단이 있다. 그래서 우리는 원수를 마음에서 우러나와서 사랑하는 데까지 이르게 된다. 우리의 정체성과 행동은 하나님과 늘 실시간으로 공통적적인 마음을 갖는 데서 나온다. 우리의 인격의 흠은 우리와 헤세드 애착 관계에 있는 사람들과 폭넓은 관계 훈련을 해서 치유되고 고쳐진다.

우리는 영성 훈련을 통해 간접적으로 영성을 추구하여 악전고투를 피하면서 "나 자신이 너무 커지는" 것을 막는다. 이제 내 삶은 뇌의 가장 강력한 힘인 애착 사랑이 이끌어 간다. 의지는 의식적으로 초점을 맞추는 기능을 하지만 사실은 힘이 약해서 우리를 이끌어 갈 수 없다. 하나님이 적극적으로 임재하셨기 때문에 우리는 이 땅에서 구원받은 새로운 사람들이 되었다. 그리고 우리는 예수님의 모범이 우리의 심령 속에 성령으로 살아 계신다.

결론

달라스 윌라드
그 이후

수정된 VIM 모델이 효과가 있을까? 우리는 신학, 신경과학, 철학, 심리학, 교회사, 고대 헬라부터 관계적 뇌 기술이 발견된 2천 년대 미국에 이르기까지 광범위한 사상을 논했다. 만일 뇌가 인격을 배우는 식으로 사람들이 그리스도의 인격을 배운다면 어떻게 될까? 2천 년 전통의 영성 훈련, 그리고 뇌가 정체성 및 인격을 배우는 방법의 두 가지를 접목하면 제자도에 도움이 되지 않을지 알아보고 싶었다. 실제로 직접 자기 삶에서 영성 훈련과 관계 기술을 접목해 본 사람들이 답을 줄 수 있을 것이다. 그것을 알아보기 위해 새롭게 제자가 된 12명과 인터뷰를 했다. 존 랍나우의 이야기는 9장에서 이미 들었으므로 이제 나머지 11명의 이야기를 들어보자. 먼저 존의 아내부터 시작하자.

성심 박 랍나우(Sungshim Park Loppnow)는 존과 결혼했고 *Joyful Journey*(즐거운 여정)의 공저자다. 제인 윌라드가 그녀의 영적 지도자다. 성심은 먼저 영성 훈련부터 시작했다. 그 다음에 인생모델의 관계 기술을 훈련했다. 그녀는 카운슬러이자 국제적 강사다. 성심의 이야기를 들어보자.

> 달라스와 그의 연구가 내게 미친 영향은 이루 다 말할 수 없다! 나는 1999년에 달라스를 처음 알게 되었다. 나는 미국이라는 땅에 발을 디딘 유학생이었다. 달라스의 강의를 듣기 전에 나의 영적 성숙의 목표는 우리 교회의 기대에 부응하는 것이었다. 나는 그것을 꽤 잘 하는 편이서 우리 교회는 더 공부하라고 나를 미국

에 보내 줬다. 그러나 어려운 유학 생활에 부닥치자 곧 나의 미성숙이 드러났다. 그 혼란의 시기에 나는 달라스의 영성 훈련에 대한 가르침을 접하게 되었고 패러다임의 전환이 일어났다. 즉 하나님이 내게 원하시는 것을 "하는" 데서 하나님이 내게 원하시는 것을 하는 사람이 "되는" 것으로 초점이 바뀌었다. 그것은 나에게 구원과 다름 없었고, 그로 인해 영원히 감사한다!

그렇게 해서 하나님께 순종하려던 무거운 짐이 극적으로 벗어졌지만, 나는 여전히 관계 속에서 힘들어했고, 특히 부부 사이나 가까운 친구들과의 관계가 그랬다. 그때 나는 짐 와일더의 성숙, 관계 기술, 임마누엘 라이프 스타일에 대한 가르침을 접하게 되었다. 인생모델에서 가장 유용했던 가르침은 인간이 사랑하는 대상과 공통적인 마음을 갖도록 설계되었다는 것이었다. 그 당시 나는 침묵과 홀로 거함의 영성 훈련으로 얻은 평화와 평정을 부부 사이에 실현하지 못하고 있었다. 그러나 하나님과 공통적인 마음을 갖자 곧 부부 사이에 샬롬이 임했다. 관계의 상처, 그 중에서도 부부 사이에 자주 일어나는 갈등을 하나님의 눈으로 볼 줄 알게 되었다. 좋은 소식은 그뿐이 아니었다. 하나님과 공통적인 마음을 가져서 평화를 누리자 부부 사이나 부모 역할에서 고통스러운 순간을 더 안전하게 해소하게 되었다. 나의 영적 삶에 빠졌던 요소는 그리스도를 따르는 삶이었다. 이제 내가 그것을 누리고 있으니 온 세상이 맛보도록 전하고 싶다.

마이클 설리번트(Michael Sullivant) 목사는 인생모델웍스(Life Model Works)의 CEO이며, 1990년대 초에 달라스 윌라드와 리처드 포스터의 글을 접하고 영성 훈련을 지적으로 잘 사용하게 되었다. 그는 1992년에 달라스를 직접 만났다. 그리고 2010년에 관계 기술 및 인생모델을 알게 되었다. 그는 1975년에 사역을 시작한 후 20개가 넘는 나라에서 강연을 했고 현재 캔자스시티에 산다. 마이클의 말을 들어보자.

> 나는 달라스의 책들을 애독했고 《영성 훈련》(*The Spirit of the Disciplines*)에 대해서는 붐비는 우리 교회의 리더십 훈련 학교에서 30시간 강의를 하기도 했다. 달라스와 나는 꾸준히 만났고 얼굴을 대할 때마다 항상 기뻤다. 나는 하트앤드소울 콘퍼런스에 참석했다. 거기서 달라스가 이 책에 있는 강의를 했다. 달라스와 함께 있는 것은 큰 축복이었고 그 자체가 변화의 힘이 있었다.
>
> 나는 젊고 열성적인 신자이자 교회 리더일 때 영성 훈련을 늘 꾸준히 실행했다. 특히 성경 읽기와 묵상으로 내면의 변화가 가장 많이 일어났다. 달라스가 제시한 여러 가지 영성 훈련으로 나의 영적 지평이 넓어졌다. 영성 훈련은 하나님과 함께하는 삶의 기반이 되었다.
>
> 때로는 내가 얼마나 잘하고 있는지 살펴보면서 나의 영적 삶은 괜찮다고 자부하려는 충동이 들기도 했다. "완벽주의 성향"이 불쑥불쑥 올라오기도 했다. 나 스스로 '잘해내야 한다는 압박감'이

점점 커졌다. 그러나 인생모델 도표에서 성숙의 단계를 보고 눈을 뜨게 되었다. 이제는 나의 미성숙한 부분이 노출될 때 하나님께 도움과 힘을 구하며 관계 기술을 연습한다. 그래서 나의 미성숙에 대한 부끄러움을 털어내고 하나님 안에서 자랄 수 있다. 이제는 내가 얼마나 발전했는지 측정해봐야 한다는 압박감이나 남의 눈에 들어야 한다는 압박감에서 벗어났다. 인생모델의 관계적 뇌 기술은 달라스 윌라드가 우리 세대에 탁월하게 소개해준 고전적 영성 훈련과 잘 맞는다.

이제 나는 기쁨이 관계적이라는 걸 이해하게 되었다. 요즘에는 내가 관계적 모드에서 벗어나면 즉시 알아차린다. 패스트트랙이 작동하지 않았던 것이 내 삶과 관계에서 일어난 많은 불필요한 좌절과 문제의 원인이었다는 것을 알게 되었다. 늘 관계적 모드를 유지하게 된 것이 인생모델이 예수님의 제자인 내게 해준 가장 큰 선물이었다. 나를 잘 아는 사람들이 그렇게 말했다! 그리스도인이 경험하는 기쁨과 불굴의 생명력을 키워 주는 이 간단하고도 심오한 방법 덕분에 나는 인생모델웍스 단체를 이끌며 전 세계에 관계적인(relational, 관계를 잘 관리하는) 예수님의 제자들을 키우는 책임을 맡을 수 있었다.

미셸 헨드릭스(Michel Hendricks)는 목사, 선교사, 발명가, 저자다. 그는 영성 훈련에 대해 배웠고, 애착 및 관계 기술을 알게 되었다. 미셸은 25년 넘게 사람들을 가르치며 훈련시키고 있다. 그는 콜로라도 주, 라파예트에 있는 플래티론즈커뮤니티교회(Flatirons Community Church)에서 영성 훈련 담당 목사를 역임했다. 미셸은 아르헨티나, 멕시코, 케냐, 남 수단, 우간다에서도 섬겼다. 미셸의 이야기를 들어보자.

> 나는 대형 교회의 영성 훈련 담당 목사로서 그리스도인의 성장에 대해 오랫동안 심사숙고했다. 어떻게 사람이 변화되는가? 어떻게 인격이 변화되는가? 어떻게 예수님의 인격이 내 안에 들어와 발산되어 자연스러운 삶으로 나타나는가? 예수님이 뭘 하셨고, 무엇을 말씀하셨고, 어떻게 행동하셨는지 찬찬히 살펴보고 나서 자신을 보노라면 충격적일 정도로 다르다. 나는 영성 담당 목사로서 할 일은 엉망인 우리의 삶이 그리스도인으로서 성숙해지도록 돕는 것이라고 생각했다.
>
> 나는 달라스의 책을 애독했다. 책을 통해 그의 멘토링을 받자 내 생각을 그가 지지해 주는 것만 같았다. 달라스 윌라드는 목사의 우선적 임무가 그리스도의 형상을 사람들 안에 이루는 것이라고 했다. 그러면서도 달라스는 현실주의자였다. 그는 교회가 그 임무에 실패하고 있는 편이라고 경고했다. 다른 중요하고 타당한 일 때문에 이 우선적 임무가 밀려나기 시작했기 때문이다.
>
> '어떻게 인격이 변화될까?'라는 나의 큰 질문에 달라스의 대답은 영성 훈련으로 변화된다는 것이었다. 우리가 직접 노력해서 할 수 없는 것이 영성 훈련을 통해 간접적으로 이루어진다고 했다.

나의 경험을 솔직히 살펴보자면, 영성 훈련을 가르치고 훈련한 결과는 반반이었다. 어떤 사람들은 놀랍게 변화되었으나 어떤 사람들은 별 진전이 없었다. 내가 보기에는 뭔가 빠진 게 있는 것 같았다. 내가 이해하지 못하는 변수가 있었다.

그러다 마침내 짐 와일더를 만나서 애착과 기쁨의 중요성에 대해 듣게 되자 퍼즐이 맞춰졌다. 하나님은 뇌가 기쁨으로 작동하도록 설계하셨다. 기쁨이 연료라고 할 수 있다. 기쁨의 수준이 저조하고 하나님께 별로 애착하지 않는 사람은 훈련에 잘 반응하지 못했다. 영성 훈련이 효과가 없는 것 같았다. 요즘에 나는 기쁨, 관계 기술, 예수님에 대한 애착 강화로 제자 훈련을 한다. 관계적 기쁨이 충만하면 영성 훈련이 잘 된다. 나는 인격 변화를 일으키는 공동체 정체성도 강화한다. 공동체 정체성에 대해 잘 몰랐지만 짐의 설명을 듣고 '지금까지 해 온 모든 것을 다 바꾸어야겠다!'라는 생각이 들었다. 이제는 중요한 변수가 빠졌다는 느낌이 들지 않는다. 인생모델의 모든 것은 당장 적용이 가능하다.

이 관계적 성숙 모델을 통해 깨닫게 된 점은 위험한 영적 질병이 교회에 퍼져서 많은 사람들이 떠나가고 있다는 것이다. 애착이나 공동체 정체성이 약한 공동체에 이 질병이 번져서 큰 인격적 실패가 왕왕 일어난다. 강한 애착과 관계 기술이 없으면 자아도취가 만연한다. 특히 리더의 경우에 그렇다. 나는 관계적으로 건강한 예수님의 제자를 키워서 약한 영적 인격 및 미성숙 때문에 일어나는 무질서에 교회가 저항하게 한다.[1]

데이브 미드(Dave Mead)는 네비게이토 선교회에서 스태프로 섬기다가 부대표 중 한 명이 되었다. 그는 네비게이토 선교회를 33년 섬겼다. 그는 밴더빌트대학교(Vanderbilt University)와 웨스트포인트 육군 사관학교(United States Military Academy at West Point), 그리고 프랑스에서 사역했다. 데이브는 위얼라인(WeAlign)의 리더십 코치 및 CEO다. 데이브는 영성 훈련을 열심히 했지만, 관계적 성숙에 뭔가 빠진 게 있었다. 데이브의 말을 들어보자.

> "당신과 더 말이 통했으면 좋겠어요. 내 마음을 알아 줬으면 좋겠어요"라고 아내가 말했다. 이번에는 아내가 화를 내는 것이 아니라 슬픔이 가득 차 있었고 나는 마음이 아팠다. 수십 년의 결혼 생활 동안 이런 무거운 대화가 반복되었다. 나는 어물쩍 넘기는 스타일이라 도망가서 숨고 싶었지만, 이번에는 전과 달리 말했다.
>
> "여보, 내 몸의 모든 세포가 당신을 사랑해요. 당신과 친밀하고 싶어요." 그러나 나는 어떻게 하면 그렇게 할 수 있는지 몰랐다. 많은 성구를 암송하고 수많은 성경 공부에 참석하고 수많은 책을 읽어도 진정한 친밀감이 이루어지지 않았다.
>
> 군인 가정에서 자란 나는 18세에 군에 입대했다. 나는 감정에 휩쓸려 올바른 결정을 그르치면 안 된다고 배웠다. 남자에게 눈물이란 가당치 않았고, 냉정하고 침착하며 늘 정신을 차리고 냉담해야 한다고 들으며 자랐다. 그러면서도 나는 내가 감수성이 예민하다고 생각했다. 영화를 볼 때나 장례식장에서 눈물이 많기

때문이다. 그러나 아내는 내게 뭔가 결여되어 있다는 것을 알았다(오랫동안 알고 있었다). 이제 나도 알게 되었다.

나는 기도하며 여쭤 보았다. 왜 나는 영성 훈련을 해도 아내와 관계가 더 친밀하고 깊어지지 않을까요? 하나님이나 친구들과의 관계에도 친밀함이 부족한 것이 아닐까요?

2016년 가을 하나님은 내 기도에 응답해 주셨다. 짐 와일더가 자신의 경험과 인생모델의 원리를 내게 전해 준 것이다. 이 불완전한 세상 속에서 유아 시절에 나의 뇌가 필요한 것을 충분히 받지 못했다는 것을 깨달았다. 그 결과, 내 몸은 자랐지만 뇌의 관계적 부분은 자라지 못했다. 뇌의 발달이 저조하고 훈련되지 않은 것이 이 시대의 대부분의 복음주의 남자들의 특징이다.

그런데 학계에 20년 전에 대변화가 일어났다. 신경과학으로 발견된 사실은 관계적 뇌가 성장하고 훈련으로 개발되어 하나님의 원래 설계와 목적을 반영하게 재편될 수 있다는 것이었다. 짐은 여러 가지 관계적 뇌 기술과 테크닉을 소개해 주었다. 스스로 조용해지기, 기쁨 나누기, 관계적 회로 켜두기, 깊이 감사하기 등이었다. 며칠 후 우리 부부는 5일 간의 THRIVE 세미나에 참석했다. 거기서 예수님 안에서 같은 마음을 가진 사람들과 공동체 안에서 그런 기술들을 연습했다. 그 모임에서 모든 것이 이해되었다! 마치 아버지가 컬러텔레비전을 처음 사 오셨던 날 같았다. 그날 나는 스크린 속의 파란 하늘과 푸르른 수목을 보고 감탄했었다. 그때와 똑같은 기분이었다. 세미나에 들어가기 전에 흑백이

> 던 관계 스크린이 갑자기 총천연색으로 바뀌었다!
> 그 일 후 2년이 지나는 동안 그 색깔은 더 깊어지고 더 풍부해졌다. 나는 사람들에게 멘토링과 코치를 하면서 관계적 뇌 기술을 전달하고 그동안 내가 경험한 이야기를 한다. 그러면 그들의 삶에도 극적인 변화가 일어난다. 간단한 뇌 기술로 심오한 인격 변화가 일어난다. 내 아내에게 물어보라. 이제 나는 아내가 그토록 오래 바라던 남편이 되었다. 나는 아내와 함께 있는 것이 즐겁다. 현재의 시간을 온전히 누리며 기쁨이 충만하다!

에드 쿠리(Ed Khouri)는 40년의 경력이 있는 노련한 목회 상담가다. 그는 저자, 훈련가, 국제적 강사다. 그의 회복 중독 사역은 60개가 넘는 나라에 영향을 미쳤다. 에드도 처음에는 영성 훈련부터 시작했다. 그가 배우고 가르친 것의 핵심은 하나님과 사람에 대한 애착이라고 말한다. 에드의 말을 들어보자.

> 하트앤드소울 콘퍼런스에서 달라스, 제인, 짐, 나의 아내 마리차와 가졌던 점심시간을 잊지 못한다.
> 특히 《하나님의 모략》(*Divine Conspiracy*)은 달라스와 예수님의 애착 관계에서 나온 산물이다. 달라스는 영성 훈련이 애착을 깊게 하는 수단이라고 말했다. 그러나 내게는 그런 효과가 없었다. 하나님과의 관계를 깊게 하려고 여러 가지를 해도 나는 교착 상태에 빠져 있었다. 영성 훈련이나 경건의 시간도 안타깝지만 기계적

이 되어 가고 모르는 사이에 하나의 일로만 인식되고 있었다. 나는 어느 정도 관계적이었지만, 충분하지 못했다.

회복된 사람들에게 제자 훈련을 하고 가르칠 때 어려운 점이 있었다. 중독과 트라우마의 고통을 이긴 사람들에게 나는 영성 훈련을 가르쳤다. 그런데 왠지 영성 훈련은 회복 사역만큼 관계 면에 효과가 없었다. 그러다가 전환점은 내가 관계 기술을 경험하고 연습한 것이었다. 하나님이 기쁨과 고요한 시간을 모두 나와 함께 나누신다는 것을 깨닫게 되었다. 하나님은 나의 에너지 수준에 맞춰 주고 계셨던 것이다. 또한 하나님과 공통적인 마음을 가지면서 갑자기 많은 성경 본문이 새롭게 다가왔다.

이 모든 것으로 나와 마리차의 관계가 달라졌을 뿐 아니라, 하나님과의 관계도 완전히 변했다. 하나님과 기쁨으로 애착하니까 하나님이 실제 존재하시는 분이 되어서 나의 모든 것이 바뀌었다. 지금 나는 은혜를 기반으로 하나님 및 사람과 애착하기에 대해 책을 쓰고 있다. 그것은 우리 인생의 내비게이션이 될 것이다.

메릴린 그랜트(Marylin Grant)는 캐나다, 온타리오 주, 캄버미어에 있는 마돈나하우스가톨릭공동체(Madonna House Catholic Community)에 있다. 그녀는 1987년부터 여러 미션 하우스에서 가난한 사람들을 사랑으로 섬기고 있다. 메릴린의 공동체는 부지런히 영성 훈련을 하면서 전 세계의 기쁨이 없는 지역에서 사역하고 있다. 메릴린의 이야기를 들어보자.

나는 몇 년 동안 기독교 상담가로 일하면서 우리 공동체 구성원이나 치유를 받으려고 온 다른 사람들의 이야기를 듣고 함께 기도했다. 그러면서 짐 와일더의 인생모델 사역을 알게 되었고, 그를 통해 달라스 윌라드의 가르침도 알게 되었다.

다른 사람들의 이야기를 들어주고 함께 기도하는 일은 보람이 컸지만, 예수님과의 애착이 강하지 않으면 치유나 삶의 변화가 나타나지 않았다. 나 또한 예수님과의 애착이 강하다고 생각했지만, 때로는 인간관계가 두렵거나 싫고 좋은 감정이 섞여 있었다. 좋은 친구들이 많았지만 공동체 모임 중에도 소외감을 가질 때가 있었다. 나는 어떻게 유대감을 갖고 공동체의 일원이 될 수 있을지 몰랐다. 별로 기쁘지 않았고 어떻게 오해를 극복해야 다시 기뻐질 수 있을지 몰랐다. 물론 공동체의 영성 훈련으로 영적인 삶은 튼튼했다.

그러던 중 인생모델을 통해 예수님께 애착하자 내 삶이 크게 달라졌다. 애착이 흐트러지고 기쁘지 않은 순간에도 임마누엘 기도를 하게 되면 다시 기뻐지고 관계가 건강해졌다. 사람들이 기쁨으로 트라우마와 관계 문제를 해소할 수 있다는 것을 깨닫고 얼굴이 환해질 때 나는 몹시 기쁘다. 사람들에게 치유와 성숙이 이루어지는 것을 볼 때 매우 기쁘다.

짐 와일더와 인생모델 팀의 책을 읽고 그에 따라 연습하면서 새로운 기술을 계속 배우고 있다. 달라스 윌라드를 직접 만난 적은 없지만, 달라스의 공로와 달라스가 짐에게 준 가르침이 많은 사람들에게 열매 맺고 있다. 특히 전 세계에 있는 우리 공동체에서 그렇다.

지금까지 교회 리더, 목회자, 선교사, 카운슬러의 이야기를 들어보았다. 그들은 보수주의, 복음주의, 오순절파, 가톨릭 소속이고 북미, 남미, 아시아 출신이다. 그들은 그리스도의 제자이지만 성숙, 관계, 결혼, 인격의 문제로 씨름하고 있었다. 그러다 그들의 영성 훈련에 관계적 뇌 기술을 접목하자 성장과 관계가 진일보되었다.

나는 관계적 제자 훈련이 어떻게 사역 모델을 변화시키는지 듣고 싶었다. 그래서 켄 스미스(Ken Smith) 등의 혁신적 리더들에게 어떻게 사역에서 영성 훈련과 관계적 애착을 접목하고 있는지 질문했다. 나는 뇌 기술 훈련을 받은 사람과 인터뷰를 하고 싶었다. 그러나 하나님이 헤세드 관계 배후에 계시다면, 공식적인 훈련을 받지 않고 아무 이론도 모르지만 제자로서 애착 기술을 배우는 사람도 나타나야 한다고 생각했다. 내가 발견한 것을 살펴보자.

케네스 스미스(Kenneth Smith)는 필라델피아 출신의 자비량 사역자이며 아시아에서 15년 동안 일했다. 그는 달라스 윌라드와 인생 모델에서 배운 것을 20년 동안 사역과 일에 적용했다.

나는 아시아에서 7년 동안 사역을 하며 고민이 많았다. 날마다 선한 일이 일어나기를 기대했지만, 주변 사람들은 나쁜 일이 일어날 것이라는 생각에 가득차 있었다. 내가 아무리 애써도 소용이 없었다. 그런데 에릭슨의 성숙 단계를 읽다가 서광이 비춰었다. 1단계 신뢰 형성이 이루어지면 낙관적이 된다. 나는 신뢰와 성경의 믿음이 같다고 보아서 성경에서 하나님이 우리를 더 깊은 관계로 이끄신다고 하는 구절들을 살펴보았다. 처음 몇 번 THRIVE(관계 기술 훈련) 집회에 참석하면서 어떻게 관계 속에 신뢰가 형성되는지 알게 되었다. 신뢰가 형성되려면 다른 사람이 우리를 (모든 상황에) 계속 사랑해야 하고 우리 마음이 힘들 때 기쁨을 회복할 수 있게 도와주어야 한다. 그때부터 나는 '튼튼한 애착, 기쁨 세우기, 기쁨으로 돌아가기' 등의 용어를 사용하게 되었다.

그 무렵 나는 달라스 윌라드의 《하나님의 모략》을 정독했다. 그 책의 산상수훈에 대한 메시지가 내게 큰 도전이 되었고, 산상수훈의 내용이 성숙 단계와 일치한다는 것을 알게 되었다. 그 책에 따르면, 우리가 먼저 축복이 된 후 분노의 문제를 다루어서 해결하면 그 다음에 산상수훈 뒷부분의 더 힘든 덕목들이 나온다. 나는 산상수훈, 윌라드, 에릭슨, 인생모델을 일목요연하게 종합하는 도표를 만들었다.

나의 요령은 쉬운 것부터 하는 것이었다(가령 내가 축복이 되고 남을 격려하는 것). 그러면 관계가 결렬될 때 쉽게 알아차릴 수 있었다. 나나 주변 사람들이 갑자기 달라지진 않았지만, 어떻게 나아가면 되는지 로드맵을 갖게 되었다. 기쁨의 관계를 추구했고, 특히 하나님과의 관계에 대해 그렇게 했다. 내 삶 속에서 관계 기술이 효과가 있는 것을 보고서(특히 기쁨으로 돌아가는 기술) 다른 사람들에게도 그런 기술들을 나누었다. 그러자 크리스천 리더들이 전에는 자신이 화난 것을 부인했었는데 이제는 자신이 화났다고 솔직히 얘기하게 되었다. 그런 상황 속에서 어떻게 관계를 개선할지 예수님이 가르쳐 주셨기 때문이다.

나는 한 남성이 사역을 시작하게 도왔다. 모임을 시작할 때는 지난 한 주 동안 감사했던 것을 나누었다. 그 다음에는 감사와 하나님이 주시는 평화를 잃었던 때에 대해 이야기했다. 우리는 부부 사이, 자녀, 직장, 심지어 사랑하는 이의 죽음 등 상당히 무거운 서로의 상황 속에서 다시 하나님과 연결되게 서로 도왔다. 그 남성이 속한 공동체는 스트레스에서 벗어나 다시 하나님과 연결된 이야기를 했다. 그것은 회개하고 기쁨으로 돌이킨 이야기였다. 그런 후에 성경을 펼 때 우리의 마음은 경청할 자세가 되어 있었다. 공동체 안에서나 공동체 밖에 있을 때나 평화를 잃어버린 것을 알아차리고 하나님과 다시 연결되는 일이 점점 더 짧은 시간 안에 일어나게 되었다. 우리가 다른 일을 다 멈추고 하나님께 감사하며 귀 기울일수록 하나님은 우리 심령을 변화시키셨다.

나의 마음이 하나님이나 직장의 다른 그리스도인과 올바로 연결되어 있지 않은 부분을 깨닫게 되었다. 나는 귀한 그리스도인 형제가 대표로 있는 비영리 단체에서 일하고 있었다. 그러나 그는 곧 암으로 세상을 떠났다. 그 후 몇 년 동안 나를 적대시하는 사람들을 통해 하나님이 공동체에 대한 나의 애착 사랑을 테스트하셨다. 짐 와일더의 책 《나르시시즘, 그 판도라 상자를 열다》(*The Pandora Problem*)를 통해 깨닫게 된 것은 나를 적대시하는 리더들을 고립된 개인으로서가 아니라 공동체 정체성으로 대해야 한다는 것이었다. 좋은 수치심 메시지를 사랑으로 전하는 것은 앞에서 말한 크리스천 리더들이 분노를 관계 개선에 사용할 줄 아는 것과 비슷하다. 우리가 함께 누구이고 무엇을 해야 하는지 서로 일깨워 주는 것은 불평하며 서로를 자극하는 것보다 훨씬 더 건설적이다. 공동체 안에서 살려면 하나님이나 우리가 무엇을 좋아하고 싫어하는지 분명히 말할 줄 알아야 한다. 하나님과 함께 생각하며 하나님의 생각을 아는 것이 중요하다.

차세대를 가르쳐 제자가 되게 하고 원수를 사랑할 줄 알게 하는 것에 대해 짐 와일더와 얘기를 나누었다. 건강한 공동체 정체성을 형성하고 차세대에게 전달하려면 은혜가 필요하고 하나님께 연결되어야 한다.

미싸 가라바글리아(Misa Garavaglia)는 10년 동안 변화 코치(transformation coach)로 일했다. 그녀는 영적 디렉터 훈련을 받았고 지금은 임마누엘 기도 인도자 훈련을 받은 후 THRIVE 행사와 관계 기술 수련회를 이끈다. 미싸는 성공회 부제서품을 받을 준비를 하고 있다. 또 절친과 꾸준히 임마누엘 일기를 쓰면서 하나님 및 사람들과 공통적인 마음을 연습한다. 미싸는 심한 학대를 당했지만 회복되었다. 그녀는 자신의 성장과 치유가 여러 겹으로 이루어졌다고 말한다. 치유, 영성 훈련, 교제, 하나님과 공통적인 마음, 그 외의 여러 관계 기술의 한 계단이 다음 계단으로 이어졌다고 한다. 그녀의 삶의 여러 부분이 때로 여러 계단처럼 보인다고 한다.

미싸의 영적 성숙은 구원 때부터 시작됐다. 하나님은 즉시 그녀와 초자연적 애착을 이루셨다. 미싸의 이야기를 들어보자.

> 나는 14세에 구원받았다. 그때부터 나는 하나님의 품 안에, 하나님의 무릎에 앉아 있었다. 하나님은 내가 전에 몰랐던 애착 사랑을 나와 이루셨다. 나는 교회 중고등부에서 기도에 대해 배우고 성경 공부를 했다. 15세에는 교회 수련회에서 미미를 만났다. 미미는 하나님의 눈으로 나를 보고 내 생각과 나를 향한 하나님의 생각을 일기로 쓰라고 했다. 그녀는 내 영혼 안에 "매우 특별한 불"이 있다면서 그것을 잘 지키라고 했다. 하나님은 내가 하나님의 교회를 하나님께 더 가까이 이끌게 될 것이라고 하셨다.
> 13년 동안 미미가 나의 영적 지도자가 되었다. 미미는 기쁨의 관계 기술을 가지고 있었지만, 그녀 자신은 그것을 잘 인식하지 못했다. 나는 영적으로 성숙한 사람이 되는 법을 그녀에게서 배웠다. 영성 훈련과 더불어, 관계 기술로 원수를 사랑하는 법을 배우고 있다. 인생모델이 그 모든 것을 통합시켜 준다.

존 W. 메써(John W. Messer)는 콜로라도 주, 리틀톤에 사는 목사, 약사, 라이프 코치, 카운슬러다. 그의 영적 여정은 영성 훈련으로 시작해서 관계적 애착의 방향으로 흘러왔다. 그의 말을 들어보자.

> 나는 뿌리가 보수적이고 덴버 신학교를 졸업했기 때문에 영성 훈련이 내가 받은 훈련과 교육의 주를 이루었다. 리처드 포스터가 강한 영향을 미쳤다. 달라스 윌라드의 《마음의 혁신》도 내게 큰 영향을 미쳤다. 나는 그 책으로 교회에서 가르치기도 했다. 인간이라는 것의 의미, 그리고 성경이 우리의 여러 요소(마음, 의지, 영, 정신, 혼 등)에 대해 어떻게 가르치는지를 정확히 알게 되었다. 그로 인해 세월이 흐르는 동안 그리스도를 더 닮고 뚜렷이 성장하게 되었다. 달라스의 가르침은 매우 만족스러웠다.
>
> 그러나 나 자신이나 소그룹에 일어난 변화를 보자면, 인생모델이 나에게 훨씬 더 강력하고 효과적이었다. 나는 의지에 대한 달라스의 이론이나 VIM 모델이 관계적 애착을 더 강조하는 쪽으로 조정되기를 바랐다.
>
> 오, 그런데 그리스도인 형제자매만이 아니라 하나님과 공통적인 마음을 갖는다는 개념은 정말 삶을 변화시킨다! 예수님, 하나님 아버지, 성령께서 생각하시고 느끼시는 것을 내 마음에 소통하려 하신다. 하나님과 '함께' 생각한다는 것은 놀라운 자유이기도 하고 도전이기도 하다. 나는 그리스도의 마음을 가질 수 있다. 그래서 나 혼자 올바른 결정을 해야 한다는 염려에서 벗어날 수 있다. 예수님이 나와 헤세드 유대를 원하신다는 사실이 나를 변화시켰다(그것은 하나님이 성경을 통해서만 그리스도인에게 말씀하신다는 생각과 대조된

다). 물론 예수님과 나 사이의 이런 애착은 완전히 다 이해하기 어렵다. 나는 아직도 이런 면에 더 성장이 필요하다. 임마누엘 기도와 일기는 나 존이 유일무이하고 고유한 피조물임을 믿고 느끼고 알게 한다. 예수님은 나와 소통하기 원하시고, 내 질문에 응답하시며 내 삶을 인도하신다. 마음이 평화롭고 즐거우니까 삶이 모든 면에서 더 보람되다.

에스더 웨이크먼(Esther Wakeman) 목사 및 박사는 선교사로서 태국, 치앙마이에 있는 파얍대학교(Payap University)의 맥길버리신학대학교(McGilvary College of Divinity)에서 신학생들에게 목회적 돌봄과 상담을 가르친다. 에스더는 임상 심리학 훈련을 받았고 장로교 목사로 안수를 받았다. 현재 그녀는 "선한 사람들"에 대한 대형 공동 연구를 이끌고 있다. 그 연구는 달라스 윌라드의 책, *The Disappearance of Moral Knowledge*(도덕적 지식의 실종)에서 영감을 얻었고, 아시아 기독교 대학 협회와 함께 이루어지고 있다. 에스더는 VIM 모델, 인생모델, 오순절 교회의 성령의 은사를 통합해 가르친다.

에스더는 영성 훈련을 그렇게 부지런히 하지 않았다고 말한다. 또 인생모델의 관계 기술 훈련도 받긴 했지만, 그것 역시 그렇게 열심히 훈련하지 않았다고 한다. 오히려 그녀는 북부 태국의 마을 사람들에게서 즐거운 관계 기술을 배웠다고 한다. 거기서 그녀는 유아기 자녀를 키우며 선교사로 일했다. 이론적 모델을 이해하여 관계 기술이나 영성 훈련을 열심히 하는 것이 성숙의 관건이 아님을 그녀가 보여 준다. VIM 모델이나 인생모델을 알기 전에 하나님이 비전과 마을 공동체를 통해 에스더를 인도하셨다. 하나님 및 마을 공동체와 공통적인 마음을 갖자 애착이 회복되고 성장이 이루어졌다. 그녀의 말을 들어보자.

> 나이 40세에 "중년의 위기"를 겪으며 나는 린 페인(Leanne Payne)의 책, 《듣는 기도》(*Listening Prayer*)를 통해 하나님과 상호작용하는 관계를 배우게 되었다. 나는 여러 달 동안 치유를 위해 기도했었다. 한 선교사 콘퍼런스에서 심오한 경험을 했다. 그것은 일종의 환상이었다. 내 탄생 순간의 하나님 임재에 관한 환상이었다. 하나님이 그 방에 운행하고 계셨다. 하나님은 실제였고 생생히 살아 계셨고 내가 태어나는 것을 기뻐하고 계셨다. 그것은 내가 경험한 가장 생생한 일이었다. 물리적 현실보다 더 생생했다. 그 일로 하나님이 내게 실제가 되었다. 그것은 하나님과 나 사이의 튼튼한 애착의 기반이 되었다. 나는 보수주의적 복음주의 안에서 자랐고, 성령 세례를 받았고, 임상 심리학자가 되려고 공부하는 동안 오랜 세월 테라피를 받았지만, 그 경험이야말로 진짜 하나님이 생생한 치유의 임재를 내 존재 깊이 나타내신 순간이었었다. 그 경험은 내 삶의 큰 변곡점이 되었다.
>
> 나는 영성 훈련이나 관계 기술 연습을 많이 하지 않았지만, 아침에 일어나면 반드시 하나님과 시간을 보내며 귀를 열고 성경을 읽으며 한 하나님과의 대화를 기록해 왔다. 처음부터 하나님이

나를 아침에 깨우셨다. THRIVE 훈련 때 임마누엘 일기를 배우고서 하나님과의 아침 대화의 패턴으로 삼았다. 그 대화는 하루 종일 이어진다. 나는 로렌스 형제와 프랭크 루박(Frank Laubach)에 대해 린 페인의 책에서 읽고 난 후부터 매 순간 그리스도의 임재를 연습하려 한다. 달라스 윌라드도 그것이 하나님과 늘 교제하는 좋은 예라고 했다. 아름다운 꽃을 볼 때 나는 하나님을 기억하고 그런 아름다운 선물을 주신 하나님께 기쁨으로 감사한다. 하나님이 나와 함께 있기를 즐거워하시고 나의 연약함을 다정하게 돌보신다는 것을 알기 때문에 하나님께 대한 애착이 더 굳건해졌다.

나의 여정에서 또 중요한 부분은 기도 파트너였다. 그들은 함께 허심탄회하게 나누며 그리스도 안에서 성숙해 가는 여성들이다. 페인은 그것이 성장에 필수적이라고 했다. 나는 하나님께 그런 사람들을 달라고 간구했다. 그 결과 지난 20년 동안 나는 매주 소그룹의 여성들을 만나서 삶을 나누고 서로를 위해 기도한다. 진실한 교제 훈련에서 용기와 도전과 위로를 얻는다. 그리고 하나님이 사랑하시는 딸이요 백성이라는 정체성을 얻는다. 우리는 함께 허심탄회하게 연약한 부분도 나누면서 하나님이 사랑으로 베풀어 주신 기쁨, 용서, 인도, 목적, 성장을 발견해간다.

벳시 스탤컵(Betsy Stalcup)은 버지니아 주, 레스톤에 있는 국제힐링센터(Healing Center International)의 대표다. 벳시는 스탠포드대학교에서 과학 분야의 박사 학위를 받았고, 32년 넘게 치유 기도를 해 오고 있다. 그녀의 사명은 하나님 및 사람들과 즐거운 관계를 이루는 것이다. 벳시는 치유와 애착 사랑이 함께 일어난다고 말한다. 그녀의 말을 들어보자.

> 어릴 때부터 나의 애착 스타일은 상반된 것이 뒤섞여 있었다. 나는 좋은 교육을 받은 리더였다. 어떻게 처신해야 하는지 잘 알았다. 그러나 언제나 안전부절하고 불안해하는 경향이 있었다. 영성 훈련을 시작한 후 느껴지는 성과는 별로 없었다. 그러던 중 2009년에 한 인턴이 인생모델에 대해 얘기해 줬는데, 영성 훈련과 더불어 관계 기술을 가르쳐 준다고 했다. 인생모델의 핵심은 예수님과의 관계이지만 영성 훈련도 중요하다고 했다. 2011년에 임마누엘 일기를 쓰면서 예수님과 공통적인 마음을 갖기 시작했고, 지금도 그것이 핵심이 되고 있다. 영성 훈련은 좋은 그리스도인이라면 꼭 해야 할 의무 사항이 아니라 하나님과 소통할 공간을 만드는 것이 되었다.
>
> 나는 예수님과 소통할 줄 알게 되었다. 예수님은 나를 기쁨으로 바라보셨다. 그러자 예수님과의 애착이 강해졌다. 그런 한편, 많은 기억들도 떠올랐다. 그것은 예수님과의 새로운 사랑의 애착과는 다른 이해하기 어려운 나쁜 기억을 말한다. 그럴 때 즉각 떠오르는 생각은 '예수님이 내가 어릴 때 그런 고통을 겪게 놔 두셨다면, 나에게 끔찍한 일이 또 생기지 않을 거라고 어떻게 믿어?'라는 것이었다.

하나님은 나에게 "신뢰 훈련"을 시키시는 거라고 하셨다. 내가 느끼는 것을 주께 아뢰자 주께서 내게 집중해 주셨다. 나는 혼자가 아니었다. 주께서 나의 고민을 함께 고민하시며, 내가 느끼는 것을 느끼시고, 나를 위로하시고, 샬롬을 주셨다. 그것을 거듭 경험하면서 내 마음은 주를 신뢰하게 되었다. 하나님은 내가 고통당하는 것을 멀리서 지켜보고 계시지 않았다. 덮여 있던 고통이 표면으로 드러나자 하나님이 나를 치유해 주셨다. 나는 나의 고통을 새로운 눈으로 보게 되었다. 하나님과의 애착이 강해져서 삶에 안정감이 생겼고 시련 중에도 평화와 목적의식이 생겼다.

이 12명의 제자 모두가 헤세드 애착을 기반으로 하는 관계적 신앙생활을 하면서 성장, 지혜, 성숙이 돌연 이루어졌다고 인터뷰에서 보고했다. 예수님을 패스트트랙에 초청하자 인간의 뇌에서 가장 강력한 힘인 애착을 사용하셨다. 그 일이 성령을 통해 이루어졌다. 정서적으로 건강한 제자는 관계적 뇌 기술을 사용하여 기쁨의 정체성, 가정, 교회, 공동체를 세웠다. 그것을 다른 사람들에게도 가르칠 수 있다. 그래서 이 제자들은 다른 사람들도 하나님과 공통적인 마음을 갖도록 돕고 있다.

우리는 애착 사랑을 통해 하나님 및 하나님의 사람들을 우리 뇌의 패스트트랙에 받아들임으로써 영적으로 성숙해진다. 애착 사랑은 신약의 교회가 경험한 변화를 우리에게도 일으켜 준다. 영적 성숙의 과학은 우리가 그리스도의 인격을 배워서 관계에 나타내게 한다. 심지어 적과의 관계에서도 말이다. 그러면 가장 큰 두 계명을 정말로 실행할 수 있다!

남는 것

달라스 윌라드와 하루를 보내고서 이제 무엇이 결국 남는지 살펴볼 때다. 대부분의 책은 슬로우트랙 결론을 내리면서 계획이나 선택을 더 잘 하라고 한다. 이 책에서 내리는 (슬로우트랙) 결론은 하나님께 애착해서 구원받으면 하나님과 공통적인 마음을 가져서 변화가 일어난다는 것이다. 그러나 아직 할 일이 남았다. 그것은 독자인 당신이 하나님과 공통적인 마음을 실제로 경험하는 것이다. 이 책을 그렇게 패스트트랙의 방식으로 끝내면 좋지 않겠는가?

앞의 장들 마지막에 수록된 실습을 했을 때와 달리, 이 실습은 그렇게 빨리 끝날 것이라거나 모든 사람이 첫 번째 시도에 성공할 것이라고 장담할 수는 없다. 그리스도의 이름으로 두려움을 주고 영적 학대를 하는 일이 비일비재하다보니 이 실습이 어떤 사람들에게는 시간이 좀 걸릴 수 있다. 특히 목회자는 하나님의 생각이 뭔지 알아낸다는 게 부담스러울 수 있다. 사람들이 목회자나 리더에게 하나님으로부터 응답을 받아달라고 하는 경우가 많기 때문이다. 그러나 여기서 우리의 목표는 그렇게 어렵지 않다. 우리는 하나님의 도움을 받아 우리의 생각 속에서 주목해야 할 것을 찾을 것이다.

하나님과 함께 생각하면서 하나님이 우리의 관심을 어디로 이끄시는지 살펴보자. 우리 자신, 우리의 상황, 우리의 인격, 우리의 관계에 주목하게 하실 수도 있다. 하나님께 주목하게 하실 때도 있다. 이 실습에서는 하나님이 이 책을 통해 우리에게 무엇을 보여 주시는지 여쭤보자. 그래서 하나님이 주목하라고 하시는 내용으로 이 책의 결론을 내리자.

패스트트랙에서
하나님과 공통적인 마음 갖기(실습)

하나님과 공통적인 마음을 갖도록 안내해 줄 실습이 여기에 있다. 하나님과의 애착을 활성화시키는 것으로 시작하라. 하나님께 감사한 마음이 들게 하는 것은 뭐든 기억해 보라. 좋은 선물이나 하나님을 가까이 느꼈던 때를 기억해 보라.

패스트트랙이 원활히 작동하도록 자신의 몸에서 감사가 어떻게 느껴지는지 찬찬히 살펴보라. 패스트트랙이 제대로 작동한다면, 감사한 일을 기억하고 감사를 느끼며, 동시에 그 감사를 우리 몸이 어떻게 느끼는지 알아챌 수 있다. 이것이 패스트트랙이 감사를 인식하면서도 감사에만 초점을 맞추지 않고 있을 때 나타나는 특징이다.

뇌가 화학적으로 안정되도록 최소한 2분 동안 감사하는 상태를 유지해야 한다.

[2분 동안 감사하라.]

감사하며 마음을 다하는 이 상태에서 하나님께 우리와 함께 생각해 달라고 초청하라. 우리가 큰 그림을 인식하고 우리가 생각하는 것 중에서 무엇이 더 중요한지 깨달을 수 있도록 '지금 제가 무엇을 알기를 원하세요?'라고 물어보라. 구체적으로 이 실습에서는 '하나님이나 사람과의 사랑의 애착에 대해 제가 무엇을 알기를 원하세요?'라고 물어보라.

[당신이 생각하는 것을 기록하라.]

당신의 생각과 하나님의 생각이 섞여서 생각날 것이다. 생각나는 것을 적은 후에 소리 내어 읽으면서 "하나님이 주신 내용"을 찾으라. 평화롭고 진실하게 느껴지는 것이 그것이다.

[당신이 적은 것을 다른 제자에게 읽어 주라.]

샬롬의 상태가 이루어지면(당신의 마음과 하나님의 마음이 조화를 이루면) 당신이 적은 것을 다른 제자에게 읽어 주라. 그것을 설명하려고 하지 말라. 설명에는 하나님이 주신 내용이 들어 있는 경우가 별로 없다. 다른 제자들과의 공동체 속에서 당신의 생각을 읽으면, 하나님이 당신에게 무엇에 주목하라고 하시는지 분명해진다.

[필요한 만큼 반복하라.]

나의 예

나도 실습을 해 보았다. 구원과 헤세드 애착에 대해 내가 무엇을 알기를 하나님이 바라실지 적어 보았다. 이것은 처음에 달라스가 내게 제안했던 주제였다. 적을 때는 하나님의 생각인지, 내 생각인지 잘 몰랐다. 둘 다인 것 같았다. "하나님이 주신 내용"을 파악해야 한다.

2분 동안 감사하며 내 몸으로 느낀 후, 나는 물어보았다. '하나님, 구원과 애착에 대해 제가 무엇을 알기를 바라세요? 이제 그것에 대한 책을 다 썼어요.' 그러자 일련의 생각이 떠올랐고, 그것을 아래와 같이 적었다.

> 악과 애착에 대해 생각해 보라. 고질적인 죄들은 무엇인가? 다 애착에 문제가 생긴 경우가 아닌가? 중독은 끈질기다. 중독이 생기는 건 뇌의 애착 시스템을 헤세드의 사람이 아닌, 화학물질과 경험 같은 것들이 점령할 때다. 중독이 끈질긴 이유는 애착에서 나오기 때문이다.
>
> 성적 공격의 죄도 애착이 잘못된 경우다. 그것은 사람들과 평생 지속될 애착을 형성하는 것이 아니라, 성적 느낌에 애착을 갖는

것이다. 성적 학대와 착취로 교회가 얼마나 파괴되었는지 이 땅에서는 다 측정도 못할 정도다. 이것도 애착이 잘못된 경우다. 성욕이 말썽이라고 생각하는가? 아니다, 성욕은 애착만큼 강하지 않다. 애착을 이루지 못하니까 성으로 대신하려 할 때, 그 두 가지가 결합된 힘이 삶을 망가뜨린다. 그래서 병들고 낙태하는 것만으로도 비용이 얼마나 큰지 생각해 보라. 그것은 애착(헤세드)이 잘못된 경우다.

근친상간도 헤세드 애착이 잘못된 경우다. 이미 그것을 살펴보았다. 정욕의 죄는 애착하기 때문이거나 애착이 깨진 고통 때문인 경우가 전부라고 해도 과언이 아니다. 얼마나 많은 사람(대부분 여성)이 애착 때문에 정신이 돌아버린 파트너에게 죽음을 당하는가? 애착 관계가 깨진 파트너를 절대 살려둘 수 없어서 살인을 저지르는 경우가 대부분이다. 그것은 애착이 잘못된 경우다.

갱단, 조직범죄, 마약상, 이단, 무장조직, 피의 맹세, 불륜, 이혼, 그 외에도 끝없는 인간의 비극이 나쁜 애착이나 애착이 깨지는 사이클을 만들어 낸다. 노예제도, 인신매매, 조직 폭력, 연쇄 살인, 기아, 범죄는 사람들이 서로 정상적인 애착을 갖는다면 끝날 것이다. 그것도 애착이 잘못되어서 그렇다.

탐심도 애착이 잘못된 경우다. 예수님은 이렇게 말씀하셨다. "한 사람이 두 주인을 섬기지 못할 것이니 혹 이를 미워하고 저를 사랑하거나[아가파오] 혹 이를 중히 여기고[ἀντέχομαι 안테코마이, 고수하다, 애착하다, 매달리다] 저를 경히 여김이라 너희가 하나님과 재물을 겸하여 섬기지 못하느니라"(마 6:24).

바울은 돈에 대한 애착이 모든 악의 뿌리라고 했다. "부하려 하는 자들은 시험과 올무와 여러 가지 어리석고 해로운 욕심에 떨어지나니 곧 사람으로 파멸과 멸망에 빠지게 하는 것이라 돈을 사랑함이 일만 악의 뿌리가 되나니 이것을 탐내는 자들은 미혹을 받아 믿음에서 떠나 많은 근심으로써 자기를 찔렀도다"(딤전 6:9-10).

전도서는 말한다. "은을 사랑하는 자는 은으로 만족하지 못하고 풍요를 사랑하는 자는 소득으로 만족하지 아니하나니 이것도 헛되도다"(전 5:10). 돈에 애착하면 돈을 생명의 원천으로 삼지만, 오히려 그 애착이 죽음의 원인이 된다. 범죄, 전쟁, 경제적 착취, 가난, 대량학살, 환경 파괴, 많은 질병, 성적 착취는 다 욕심의 결과다. 욕심은 애착이 잘못된 것이다.

애착은 인격 발달에 결정적이다. 나쁜 사람과의 헤세드는 나쁜 인격을 만든다. 올바른 사람과의 헤세드는 좋은 인격을 만든다. 우리에게 끈질기게 들러붙어 있는 고통은 애착이 깨질 때 생긴다. 애착은 계속 남는다. 죽음, 버림받음, 방치, 배신, 갈등, 그 외의 관련된 사회적 문제들은 애착이 잘못될 때 생겨난다.

모든 악의 뿌리는 잘못된 애착이다. 인간의 고통이 시작된 건 하와가 어떤 높은 영적 존재(a higher being)가 주는 실과를 먹었을 때다. 아담도 "여보, 이 신은 우리에게 양식을 주는 신이 아니야"라고 말하지 못했다. 그 신은 우리가 정말 죽을지 의심하게 하더니 우리가 참된 생명의 원천을 떠나게 했다. 우리는 우리를 먹이는 자에게 애착한다. 잘못된 애착은 우리를 죽인다.

구원은 애착이 올바로 이루어진 것이라고 할 수 있을까? 애착은 삶의 원천을 중심으로 형성된다. 가족, 친구, 아기, 친밀감 등 우리가 소중히 여기는 모든 것이 올바로 이루어진 애착에서 나온다. 경건한 헤세드 애착은 변하지 않는다. 나는 하나님이 일용할 양식을 주셔서 감사한다. 예수님은 생명의 양식, 늘 샘솟는 샘, 우리를 저버리지 않으시는 분, 항상 나를 바라보시는 눈, 그리고 영원히 지속되는 애착이시다. 그렇다. 올바로 된 이 애착으로 나는 잘못된 모든 애착에서 해방된다. 나는 구원받아서 애착 사랑을 배운다.

부록 A

소그룹
관계 기술 훈련

7장에서 헤세드 애착의 열두 가지 특징을 살펴보았다. 매월 한 가지 특징에 초점을 맞추면 재미있을 것이다. 교회에서 1년 동안 열두 가지를 해 보면서 전통을 만들 수도 있다. 거기다 영성 훈련 연습을 추가해 보완하면, 제자 훈련의 다양한 '식단'을 짤 수 있다. 이 부록을 출발점으로 해서 이 책의 내용을 넘어서서 무궁무진하게 발전시켜나가기 바란다. 부록B에 자료가 많으니 활용하기 바란다. 영적·정서적으로 성숙한 제자를 키울 준비가 된 교회는 별로 없다. 헤세드 형성이 대부분의 표준 교회 예배에 들어있지 않기 때문에 여기서 제안하는 것들이 교회 생활과 맞지 않을 수 있다. 그러니 필요하다면 여기서 제안하는 내용을 좀 수정하거나 교회 사역을 좀 수정하기 바란다.

이 가상의 1년 사이클은 사람들이 '제자'가 되도록 돕는 것을 목표로 한다. 매달 헤세드를 소개할 방법을 생각해 보자. 이 제안은 미국에서 대부분의 학교가 개학하는 8월에 시작하지만, 사정에 따라 언제든 시작할 수 있다.

이 달의 헤세드의 특징

8월

애착 사랑, 헤세드는 생명의 원천과 연결시켜 준다(음식과 음료를 통해)

- 아이들을 데리고 텃밭, 과수원, 밭을 구경하러 가라. 하나님이 우리를 어떻게 먹이시는지 보라.
- 각자 "하나님이 주신 음식" 중에 좋아하는 것을 하나씩 가져와서 얘기하게 하라. 가령 "하나님이 이것을 주셔서 먹게 하십니다"라고 말하라. 생명의 양식을 주시는 하나님께 감사하라. 잠시 다른 것을 멈추고 집중하여 하나님이 뭐라고 대답하시는지 당신의 마음속에서 들어보라. (하나님을 대신하여) 당신에게 그것을 먹여 준 사람에게 당신에게 생각난 것을 말해 줘라.
- 금식의 영성 훈련을 하면서 하나님께 직접적인 영적 양식을 받아먹으라.

9월

한 가지 애착이 다른 것으로 대체될 수 없다. 각 애착은 어떤 한 대상에 대한 고유한 애착이기 때문이다.

- 당신의 교회의 영적 가계도를 그려 보라. 당신의 교회는 츠빙글리나 루터, 베드로, 웨슬리에게 뿌리를 두고 있는가? 당신의 교회가 어떻게 당신의 동네에 오게 되었고, 관계적으로 어떻게 성장했는가? 믿음의 가족인 교회의 기원을 추적하여 사람들의 삶이 어떻게 변화되었는지 살펴보라. 가계도의 각 사람에게 하나님이 주신 고유한 은사를 열거하라.

- 각 사람이 자신의 영적 가계도를 그리게 하라. 한 영적 조상의 특별한 점을 3분 동안 얘기하게 하라. (짧은 3분 동안 얘기하기가 쉽지 않지만, 그래서 중요한 점에 초점을 맞추게 된다.) 영적 가계도의 살아 있는 분들에게 감사의 메시지를 보내라.
- 지금 당신의 영적 가족인 교회에 하나님이 누구를 더하고 계신가? 지난 한 해 동안 더해진 새 가족을 위해 교회 파티를 열라.
- 침묵의 영성 훈련을 하라. 어떤 영성 훈련(간접적 영성 훈련 방법)도 효과가 있지만, 침묵은 사람들이 말하고 행한 것을 추적하는 영적 가계도 만들기와 좋은 대조를 이룬다.

10월

애착 사랑, 헤세드는 상대방을 특별한 나의 사람으로 본다(은혜).

- 하나님께 감사하고 찬양한 후, 하나님이 각 사람에게서 무엇을 특별하게 보시는지 서로 돌아가며 이야기하라. 각 사람의 특징을 이름표에 써서 붙이라.
- 3-5명의 소그룹 안에서 하나님이 각 사람 안에 무엇이 성장하기를 바라시는지 하나님의 음성에 귀기울여보라. 그 부분이 성장하도록 기도하기로 결단하라.
- 예배의 영성 훈련을 하라.

11월

애착 사랑, 헤세드는 우리와 함께 있기를 좋아하는 사람과 함께 기뻐함으로 이루어진다.

- 서로에게 노래를 불러라. "종의 노래"나 "주의 사랑으로 사랑합니다" 같은 노래를 부르라.[1] 각자 자신의 얼굴을 예수님과 공유하여 그 자리에 있는 모든 사람을 축복한다는 것을 얼굴로 나타내라.
- 당신의 영적 성숙에 기여한 세 사람에게 감사하고 그들이 도와준 덕분에 당신이 어떻게 성장했는지 그들에게 말하라.
- 즐겁게 경축하는 영성 훈련을 하라.

12월

애착 사랑 헤세드는 관계에 기쁨과 쉼(평안)을 준다.

- 어린이들이 관계의 기쁨을 표현하는 미술 작품, 비디오, 노래, 사진을 창작하게 하라. (11월이나 더 일찍 시작하라.) 그 작품을 교회 홈페이지와 SNS에 올리라. 예배 중에 관계의 기쁨에 대한 그림이나 사진을 전시하라. (참여하겠다고 하는) 동네의 모든 상점에서 관계의 기쁨을 주제로 한 그림이나 사진 콘테스트를 열어서 응모작과 수상작들을 가게에 전시하게 하라.
- 교회에서 누가 지쳤는지 알아보고 공동체가 함께 대신

일해 줘서 그 사람을 쉬게 하라.

- 봉사의 영성 훈련을 하라.

1월

애착 사랑, 헤세드로 공통적인 마음이 이루어진다.

- 경을 읽어서 하나님과 공통적인 마음을 이루라.
- 5명씩 그룹으로 모이라. 그룹마다 필기도구를 한 세트씩 주라.
- 전체 리더가 성경 구절을 단 한 번만 읽으라.
- 각 그룹이 들은 것을 기억해서 성경 구절을 적게 하라.
- 각 그룹에서 이 질문에 대답해 보게 하라. "하나님이 무슨 생각을 하시면서 이 구절을 쓰게 하셨을까?" 답을 적은 후 전체 그룹과 나누게 하라.
- 질문하라. "나도 그렇게 생각한다면 뭐가 달라질까?" 소그룹에서 답을 나누라. 더 하나님처럼 생각하게 되도록 서로를 위해 기도하라.
- 성경 묵상의 영성 훈련을 하라.

2월

애착 사랑, 헤세드는 가까워지고 멀어지는 것 모두를 통해 더 강해진다.

- 이번 달에는 모두가 익숙한 곳을 벗어나 작은 “선교 여행”을 가게 하라. 모두 함께 돌아와서 하나님이 무엇을 하시는 것을 보았는지 나누라. 그 결과를 두고 “내 사람들”과 기도하라.
- “선교 여행”을 두 번, 세 번 반복하라. 3번 연습하면 뇌가 새로운 것을 배운다.
- 고독의 영성 훈련을 하라.

3월

애착 사랑, 헤세드는 긍정적인 정서와 부정적인 정서 모두를 나눔으로써 강해진다.

- “즐거워하는 자들과 함께 즐거워하고 우는 자들과 함께 울”(롬 12:15) 줄 알라.

당신의 소그룹에 질문하라. “당신은 불쾌한 여섯 가지 정서 중에서 어느 것을 이용해서 관계를 오히려 더 가까워지게 하는가? 그 여섯 가지 정서는 슬픔, 두려움, 수치, 혐오, 분노, 절망이다. 주의: 이 여섯 가지 정서는 뇌에 내장되어 있고 교제가 이루어지는 데 필수적이다. 만일 그것을 잘 모르겠다면 부록B에 있는 *Relational Skills in the Bible*(성경에 나타난 관계의 기술, 브라운과 코시)이나 《관계의 기술》(*Transforming Fellowship*)을 읽어보라.

여섯 가지 정서 중에 각자 애착 개선에 사용하는 것들을 이름표에 적게 하라.

다섯 명 정도의 소그룹으로 모여서 여섯 가지 정서가 그 그룹 안에서 좋게 표현되는 사례들을 나누라. 그 정서 안에 있는 예수님의 임재, 그 정서를 관계 개선에 사용한 결과 생기는 기쁨, 다음에는 어떻게 더 잘할지에 초점을 맞추라.

- "하나님을 찬양합니다!"와 "주여, 긍휼히 여기소서!" 게임을 하라. 리더가, 즐거운 경우와 낙심되는 경우를 둘씩 짝지어 목록을 만들라. 리더가 그것을 읽으면 사람들이 듣고 함께 화답한다.

예시:
선교 후원금이 목표를 달성했습니다—하나님을 찬양합니다!
그러나 교인의 23퍼센트만 헌금하고 있습니다—주여, 긍휼히 여기소서!
김 집사가 심장 마비 후 퇴원했습니다—하나님을 찬양합니다!
그러나 회복되려면 오래 걸립니다 — 주여, 긍휼히 여기소서!

가벼운 내용으로 시작해서 교회나 공동체에 관한 걱정거리로 넘어가라.

감사하고 중보하면서 하나님과 함께 생각하는 시간으로 마무리하라.

- 세 명씩 짝을 지어서 지난 한 주 동안 좋았던 때와 나빴던 때를 나누라.
- 죄를 자백하는 영성 훈련을 하라. 즉 불쾌한 정서를 관계 개선에 사용하지 않고 흠 있는 행동을 했던 것을 자백하라.

4월

애착 사랑 헤세드는 안정감을 주고 자기 본연의 모습이 되게 한다.

- 한 가지 관계 기술은 우리의 마음에 어떤 고통이 있는지 파악하는 것이다. 그것은 우리의 정체성과 관련된 고통이다. 예수님의 마음이 아프듯이 우리의 마음도 아프게 하는 것은 무엇인가? 우리 안에 있는 그리스도의 생명을 세상이 거스르면 그리스도의 생명이 아픔을 느낀다. 그래서 착한 사람은 심술궂음에 상처를 받는다. 친절한 사람은 난폭함에 상처를 받는다. 사려 깊은 사람은 가혹함에 상처를 받는다. 베푸는 사람은 욕심에 상처를 받는다. 헤세드의 사람은 헤세드 사랑을 받을 자격이 없는 사람도 사랑하지만, 상처를 받는다.
- 영적 공격이 가장 큰 아픔이 되는 경우는 우리가 소중히

여기는 것이 멸시를 당하고, 낙인이 찍히고, 오해받는 경우다. 그렇게 되면 얼마 있지 않아 우리 안에서 가장 그리스도를 닮은 부분이 둔감해진다. 그 부분이 계속 다치다보면 지치기 때문이다.

자신 안에 있는 예수님의 특징 중에서 가장 자주 상처받는 것이 무엇인지 각자 파악하라. 그 특징을 이름표에 쓰고, 다른 사람은 그게 뭔지 물어보고, 자신의 것은 뭔지 설명하고, 서로를 위해 기도하라. 당신의 교회에서 그리스도의 속성 중 무엇을 더 살펴보고 북돋아야 할지 도표를 그려 보라.

- 교제의 영성 훈련을 하라.

5월

애착 사랑, 헤세드로 자유와 유대가 모두 생긴다.

- "보금자리"라는 주제로 중고등부에 예술 창작 대회를 열라. 12월에 관계의 기쁨을 주제로 했던 것과 같다. 이것은 공동체와 다음 세대에게 자유, 유대, 기쁨의 메시지를 전달하는 좋은 방법이다. 새 생명을 키우는 것에 관한 노래, 이야기, 비디오, 사진, 예술 창작활동이 봄에 알맞다.
- 5월은 미국에서 졸업식과 결혼식의 계절이다. 이는 자연히 자유 및 유대와 관련된다. 당신의 전환기와 성장기에

누가 자유와 유대감을 주었던 경우를 서로 이야기하라. 당신이 앞으로 다른 사람에게 자유와 유대감을 줄 수 있는 어떤 기회가 있는지 열거하라. 교회 공동체가 그것을 구체적으로 어떻게 지원할 수 있을까?

- 성적 순결의 영성 훈련을 하라(이 훈련이 없으면 헤세드 애착이 도리어 문제가 될 수 있다).

6월

애착 사랑, 헤세드는 우리를 능력의 한계 쪽으로 약간 밀어붙여 성장을 촉진한다.

- 인생모델을 통해 우리가 성경에 있는 성숙의 단계, 즉 아직 태어나지 않은 상태, 유아, 어린이, 성인, 부모, 장로 중 어느 단계에 있는지 알 수 있다. 각 단계마다 필요와 임무가 다르다. 대부분의 사람은 연령에 상관없이 유아나 어린이다. 대부분의 사람은 성숙도가 뒤처져 있다. 이유는 성숙에 대한 로드맵이 없거나, 성숙하는 데 필요한 중요한 욕구가 채워지지 않았거나, 상처를 받아서 발달이 멈추었기 때문이다.

사람들이 있는 현재 단계가 어디이고, 그 다음 단계로 가기 위해 배워야할 기술은 무엇이고, 성숙한 누가 그 기술을 가지고 있는지 살펴보라. (부록 B에 있는 건강한 영적 성숙을 위한 자료를 보라.)

어떤 성숙의 기술을 더 연습해야 하는지 파악하라. 그중 동년배와 함께 연습해야 하는 기술은 무엇인가?
각 사람이 "다음 세대"에게 훈련시켜야 하는 기술은 무엇인가? (차세대가 나이가 더 많을 수도 있다.)
성숙의 기술을 받아들이고 연습하고 전달하기로 결심하라.
(성숙의 로드맵의 자료가 필요하면 lifemodelworks.org를 보라.)

- 검약의 영성 훈련을 하라. 달라스가 말했듯이, 필요에 맞춰서 영성 훈련을 선택하라는 것을 명심하라. 영성 훈련 자체에 가치가 있는 게 아니다. 적절한 영성 훈련을 선택하라.

7월

애착 사랑, 헤세드가 있으면 공동체가 지속성을 갖는다(가족, 족속, 나라 등).

- 원수를 적극적으로 사랑해서 제자를 삼지 않으면 신앙 공동체의 마지막 세대가 될 수 있다.

당신의 교회가 누구를 "원수"로 느끼고 어떤 때에 원수를 거부하거나 공격하게 되는지 파악하라. 하나님과 서로에게 공통적인 마음을 갖는 시간을 가져서 개인(가족), 교회, 지역 사회, 문화의 "원수"를 하나님의 눈으로 보게 되라. 교회 공동체의 모든 사람이 "원수"에게 애착하기 위한 과정의 한 걸음을 내딛을 수 있도록 서로 도우라. 회개, 용서, 우정이 그 한 걸음이 될 수 있다.

- 어린이들과 중고등학생들이 "헤세드 키우기" 여름 프로젝트를 진행해서 여름이 끝나갈 무렵에 다큐멘터리를 만들어 상영하게 하라. 헤세드 키우기에 관한 예술 창작을 하게 해서 기쁨으로 장벽을 허무는 것이 중요함을 깨닫게 해주어도 좋다.
- 희생의 영성 훈련을 하라.

제자 삼는 전도

달라스는 교회 생활을 통해 제자가 태어나게 해야 한다고 말했다. 그는 교회 생활의 모든 것이 제자 삼기를 중심으로 이루어져야 한다고 했다. 그는 "교회는 사람들이 그리스도의 인격을 닮는 연습을 하는 센터가 되어야 한다"라고 했다.

지금까지는 헤세드, 즉 애착 사랑이 부족한 교회 패턴이 이루어져왔다. 우리는 그런 패턴을 "기독교적"이라고 느껴왔지만, 사실 그것은 더 이상 존재하지 않는 과거 시대의 문화적 필요 및 패턴의 잔재다. 이런 패턴은 시대에 뒤처졌다. 현 시대에 맞지 않다. 애착의 원동력을 키울 창조적인 방법이 필요하다. 왜냐하면 애착은 개인적이어서 각 관계마다 다르게 이루어져야 하기 때문이다. 모든 관계 속에서 헤세드를 만들고, 하나님과 그리스도인에게 공통적인 마음을 갖고, 공동체 정체성을 형성해야 한다. 개인 및 공동체 정체성이 경직되지 말아야 한다. 그래서 영성 훈련을 해야 한다. 제자 훈련으로 뇌, 마음, 혼을 모두 성장시켜야 한다.

비전의 변화

(그냥 예수 믿고 구원받으라는 전도가 아니라) 제자가 되라고 초청하는 전도가 되려면 교회의 비전을 바꿔야 한다. 그러나 리더가 교인들이 비전을 자기 것으로 소화하게 돕지 않으면서 비전을 바꾸려 한다면 무슨 일이 일어나는지 우리는 잘 안다. 비전을 일방적으로 강요하는 건 큰 잘못이다. 제자가 되라고 초청하는 전도의 비전은 우리 공동체가 누구인지 아는 데서 나온다. 즉 우리는 하나님과 늘 공통적인 마음을 갖는 기쁨과 평화의 사람이 되어 가고 있는 사람들이다.

하나님과 '함께' 생각함으로 원수를 헤세드 애착 사랑으로 자발적으로 사랑할 정도가 되어야 한다. 우리는 악전고투를 피해야 한다. 그것은 자신에게 스스로 너무 많은 것을 기대하고, 노력으로 인격의 결함(흠)을 덮으려 하는 것이다. 우리는 서로가 관계적, 영적으로 성숙해지도록 도와야 한다. 일단 비전이 정체성과 일치하기만 하면 교회는 그 비전을 창조적으로 잘 표현하게 되어 있다.

부록 B

관계에 대한 자료

하나님과 그리스도인들에게 갖는 공통적인 마음

E. James Wilder et al., *Joyful Journey* (Life Model Works)

Passing the Peace booklet and app (Life Model Works)

E. James Wilder and Chris M. Coursey, *Share Immanuel* (Life Model Works)

Dallas Willard, *Hearing God* (InterVarsity)《하나님의 음성》(IVP)

David Takle, *Forming* (Deeper Walk)

Victor A. Copan, *Changing Your Mind* (Cascade Books)

Ann Voskamp, *One Thousand Gifts* (Zondervan)《나의 감사연습, 하나님의 임재연습》(사랑플러스)

Sarah Young, *Jesus Calling* (Thomas Nelson)《지저스 콜링》(생명의말씀사)

공동체 정체성

Marcus Warner and Jim Wilder, *Rare Leadership* (Moody)

E. James Wilder et al., *Joy Starts Here* (Life Model Works) 《기쁨은 여기서 시작된다》

Timothy Johns, *Micro-Church Families on Mission* (Jesus Tribes)

건강한 영적 성숙

James G. Friesen et al., *Living from the Heart Jesus Gave You* (Life Model Works) 《예수님 마음담기》(토기장이)

Michel Hendricks and Jim Wilder, *When the Church Fails* (Moody)

E. James Wilder, *The Complete Guide to Living with Men* (Life Model Works)

Terri Sullivant, *The Divine Invitation* (Morgan James)

Peter Scazerro books: *The Emotionally Healthy Church* (Zondervan) 《정서적으로 건강한 교회》(두란노); *The Emotionally Healthy Leader* (Zondervan) 《정서적으로 건강한 리더》(두란노); *Emotionally Healthy Spirituality* (Zondervan) 《정서적으로 건강한 영성》(두란노)

Charlotte Mason, *Parents and Children* (Living Book)

교회를 위한 관계 기술 책

Marcus Warner and Chris Coursey, *The 4 Habits of Joy-Filled Marriages* (Northfield) 《하루 15분, 부부의 시간》(두란노)

Chris Coursey books: Transforming Fellowship, *Relational Skills in the Bible* (with Amy Brown; Deeper Walk), *30 Days of Joy for Busy Married Couples* (with Jennifer Coursey; Deeper Walk)

Barbara Moon books: The Pandora Problem Companion Guide, *Joy-Filled Relationships, Handbook to Joy-Filled Parenting, Joy-Filled Parenting with Teens, Re-Framing Your Hurts, Living Lessons on Intimacy with Christ, Jewels for My Journey* 그 외 다수.

Ed Khouri books: *I'm Wired for Relationships, Becoming a Face of Grace* 그 외 다수.

Karl and Charlotte Lehman books/videos: *Outsmarting Yourself, Immanuel Approach for Emotional Healing and for Life, Immanuel,* 그 외 다수.

Tom Anthony, *Building Better Community* (Life Model Works)

E. James Wilder, *The Pandora Problem* (Deeper Walk) 《나르시시즘, 그

판도라 상자를 열다》(토기장이)

Barbara Moon with E. James Wilder, *The Pandora Problem Companion Guide* (Deeper Walk)

교회를 위한 관계 기술 훈련

THRIVE training (intensive or online), available at thrivetoday.org

Deeper Walk International의 Journey Group을 다음에서 찾아볼 수 있다: deeperwalkinternational.org

Help! I Live with a Narcissist (Ed Khouri의 온라인 코스)

Life Model XP course (Life Model Works)

Connexus (Life Model Works)

Deeper Walk International의 온라인 성장 프로그램

인생모델 관련 웹사이트

lifemodelworks.org (모든 범주)

deeperwalkinternational.org (모든 범주)

thrivetoday.org (교회를 위한 관계 기술)

alivewell.org (교회를 위한 관계 기술)

barbaramoonbooks.com (모든 범주)

immanuelapproach.com과 kclehman.com (공동체적인 마음)

jesustribes.com과 rocktribe.com (그룹 정체성)

presenceandpractice.com

그 외의 웹사이트

amblesideschools.com (모든 범주)

jesuscalling.com (공통적인 마음)

onethousandgifts.com (공통적인 마음)

thebibleproject.com (그룹 정체성)

charlesstone.com (교회를 위한 관계 기술)

감사의 글

달라스 윌라드와 부인 제인, 딸 베키, 그리고 윌라드 에스테이트(사후 재산 관리자-역주)에서 자료를 제공해주고 격려해 주고 인내해 주고 베풀어 준 덕분에 이 책이 결실을 맺게 되어 깊이 감사한다. 비록 이 책에 달라스가 저자로 명시되어 있지는 않지만, 달라스의 강의가 이 책의 중심이 되고 있다. "어머니 같은 제인 사모님"과 나의 아내 키티의 오랜 애착 관계가 우리 삶을 변화시켰다. 우리가 윌라드 가족에게 받은 축복을 이루 다 말할 수 없다.

나의 아내, 키티는 하트앤드소울 콘퍼런스의 현장 총무였다. 키티는 모든 녹취록을 읽고 교정했다. 키티의 자매 캐런 머츠(Karen

Mertes)는 강의 녹음의 녹취록을 만들어서 편집할 수 있게 했다.

THRIVE의 크리스 코시 목사와 젠 사모는 하트앤드소울 콘퍼런스를 기획하고 진행했다. 그들은 2011년에 이 일을 시작해서 2012년의 콘퍼런스 후까지 계속했다. 모든 강사, 스케줄, 자료, 서적, 식사, 달라스 기념 만찬을 그들이 지휘했다. 많은 자원 봉사자들도 코시 목사 내외와 더불어 이 행사를 이끌었다. 그들은 이 책의 출판 과정도 점검해 주었다.

데이빗 짐머맨(David Zimmerman)은 내브프레스에서 내 책을 편집해 줬다. 데이빗은 달라스의 녹취록을 대화체에서 문어체로 전환해 주었다. 데이빗은 출판 과정의 단계마다 정리해 주었다. 이 책을 출판하는 과정에 내가 몰랐던 복잡한 면이 있었는데, 데이빗은 겸손히 지혜롭게 직접적으로 모든 과정을 이끌어 줬다.

나의 형제 티모시 와일더는 역사, 철학, 신학을 고찰하게 도와줬다. 그는 나의 원고에서 말도 안 되는 오류들을 제거해 줬다.

셰퍼드하우스 이사회는 달라스와 제인 윌라드 부부를 위한 만찬을 열자는 아이디어를 곧 받아들여서 준비 위원회를 만들었다. 그 후 6년 동안 이사회는 이 책을 쓰도록 시간과 기회를 제공해 줬다. 페리 비길로우(Perry Bigelow)가 이 일을 특별히 격려해 줬다. 인생모델웍스의 최고 운영 책임자인 짐 마티니(Jim Martini)는 이 책의 출판에 필요한 합의와 계약을 도출했다. 그의 협상과 우정 덕분에 꿈이 현실이 되었다. 닉 하랑(Nick Harang) 목사는 1년 동안 인생모델웍스에 자원 봉사하면서 인생모델을 개발했다. 그 1년 동안 그는 달라스의 강의의 녹취록을 교정하고 네비게이토 출판사에 여러 책을 제안하여 마침내 이 책이 출간되게 되었다. 마이클 설리번트 목사는 이 책을 쓰기 시작할 즈음에 인생모델웍스(구 셰퍼드하우스)의 대표가 되었다. 마이클은 조직 운영의 짐을 덜어 줬을 뿐 아니라, 이 책의 개념을 잡는 데 도움을 주었다.

드웨인 셔먼(Duane Sherman)은 판권 및 합의사항을 협상하여 출판을 도왔다. 간절한 자들에게 깊은 변화가 일어나는 걸 보려는 그의 열망 덕분에 모두가 원하던 이 책이 현실이 되었다.

마크 앤더슨(Mark Anderson), 미싸 가라바글리아, 메릴린 그랜트, 미셸 헨드릭스, 션 하티(Sean Harte), 밥 하우이(Bob Howey), 프랜스시 히멜(Francis Hymel), 로리 케인(Laurie Kayne), 에드 쿠리, 성심과 존 랍나우 부부, 데이브 미드, 존 메써, 에이미 피어슨, 켄 스미스, 벳시 스탤컵, 마커스 워너, 에스더 웨이크먼은 자신들의 이야기를 나눠 주거나 이 책의 초안을 읽고 평가해 줬다.

주

---- PART 1

Chapter 1

1. 제인 윌라드는 캘리포니아 주, 로스앤젤레스, 밴누이에 있는 셰퍼드하우스(Shepherd's House Inc.)에서 관리자, 부대표, 훈련 디렉터로 일했다. 인생모델은 셰퍼드하우스에서 개발되었다. 2013년부터는 셰퍼드하우스의 이름이 인생모델웍스(Life Model Works)로 바뀌었다.
2. Dallas Willard, *Hearing God: Developing a Conversational Relationship with God* (Downers Grove, IL: InterVarsity Press, 1984).
3. 셰퍼드하우스 스태프들은 사무실에서 레노바레 그룹 모임을 하면서 영성 훈련을 했다.

Chapter 2

1. 제인의 연구 중에 기도에 있어서 상상의 역할에 대한 긴 논문이 있다. 달라스가 그 중에서 기도의 이미지의 신학에 대한 한 문단을 기고했다. 제인은 1988년에 그 논문을 기독교협회(the Christian Association)에 제출했다.
2. 달라스의 강연을 녹취해서 편집하여 읽기 쉽게 했다. 좋은 강연은 좋은 글이 된다.
3. 로마서 12장, 고린도전서 13장, 골로새서 3장, 베드로전서 1장, 베드로후서 1장 등을 보라.
4. Morris Albert, "Feelings," *Feelings* © 1974 RCA Victor.

Chapter 3

1. 트라우마 해소에 대해 다음을 보라. Benjamin B. Keyes, E. James Wilder, and Sherry Todd, "Treating Trauma: Model Development, Comparison, and Analysis of Three Divergent Models," *The Journal of Christian Healing* 34, no. 2 (Winter 2018): 22—61.

2. Daniel Siegel, *Mindsight: The New Science of Personal Transformation* (New York:Bantam Books, 2011).

3. Allan N. Schore, *Affect Regulation and the Repair of the Self* (New York: W. W. Norton, 2003), 12—15. 쇼어는 정신의학 분야의 아인슈타인이라 불리며 신경생물학 분야에서 애착에 대한 선도적 사상가다.

4. Charles Stone, *Holy Noticing: The Bible, Your Brain, and the Mindful Space between Moments* (Chicago: Moody Publishers, 2019).

5. Gregory Bottaro, *The Mindful Catholic: Finding God One Moment at a Time* (North Palm Beach, FL: Beacon, 2018).

6. 달라스 윌라드가 8장에서 말함.

7. Curt Thompson, *Anatomy of the Soul: Surprising Connections between Neuroscience and Spiritual Practices that Can Transform Your Life and Relationships* (Carol Stream, IL: Tyndale, 2010).

8. Michael Polanyi, *The Tacit Dimension* (Chicago: University of Chicago Press, 1966), 18. 《암묵적 영역》(박영사)

9. Iain McGilchrist, *The Master and His Emissary: The Divided Brain and the Making of the Western World* (New Haven, CT: Yale University Press, 2009).

10. Marcus Warner and Jim Wilder, *Rare Leadership: Four Uncommon Habits for Increasing Trust, Joy, and Engagement in the People You Lead* (Chicago: Moody, 2017).

11. 저자의 의역. 마가는 베드로의 수제자여서 베드로의 관점으로 이야기를 기록했을 것이다.

12. 12세 이상의 뇌에서 정체성은 '개인 정체성'과 '그룹 정체성'을 다 포함한다. 사춘기의 뇌 변화에 12세 때의 이 변화가 포함된다.

13. 칼 리만(Karl Lehman) 박사가 우뇌 패스트트랙에 일어나는 이런 방해 작용을 잘 설명했기 때문에 여기서 자세히 다루지 않겠다. 다음 자료를 참고하라. Karl Lehman, *The Immanuel Approach: For Emotional Healing and for Life* (self-pub.,Immanuel, 2016).

14. Karl Lehman, *Outsmarting Yourself: Catching Your Past Invading the Present and What to Do About It* (Libertyville, IL: This Joy! Books, 2014), 24—31.

15. Richard Clark et al, "Cortical Desynchronicity Problems in PTSD" (Cognitive Neuroscience Laboratory, Flinders University, Adelaide, Australia).

16. 1장에서 달라스의 책 《하나님의 음성》(*Hearing God*)에 대해 말한 부분을 보라.

Chapter 4

1. 《젊은 그리스도인을 위한 마음의 혁신》(복있는사람)에서 달라스는 진리를 떠난 사람에게 무슨 일이 일어나는지 말한다. "근본적인 진리와 실체, 하나님의 빛이 마음에서 꺼지면 혼, 지성이 역기능적이 되어서 '진리'를 고안해내려고 하지만, 그것은 사람이 신이라는 거짓에 불과하고, 애정(감정, 정서, 심지어 감각)도 곧 혼란에 빠질 것이다…마음은 현실과 괴리를 겪고 거짓에 헌신하게 된다." Dallas Willard, *Renovation of the Heart: Putting On the Character of Christ* (Colorado Springs, CO: NavPress, 2002), 52—53. 《젊은 그리스도인을 위한 마음의 혁신》(복있는사람)
2. 《젊은 그리스도인을 위한 마음의 혁신》(29쪽)에 달라스는 이렇게 썼다. "현대적 관점의 편견을 버리고 두 위대한 원천[옛 헬라 및 유대기독교적 전승 문학]을 잘 살펴본다면, '마음,' '영,' '의지'가 동일한 한 가지를 가리킨다는 것이 분명해질 것이다. 그것은 인간의 근본 요소다. 같은 것의 다른 측면을 가리킨다."
3. 아리스토텔레스의 *The Politics* 1.2.1253a1을 보라. "참여하지 못하거나 혼자 살아도 충분하고 아무것도 필요하지 않은 사람은 도시의 일원이 아니다. 그러므로 짐승이거나 신이다."

Chapter 5

1. Rene Descartes, *Discourse on Method*, 4.32. 《방법서설》(부크크)
2. 도르트 교회 회의(메이플라워호 출항 2년 전)때까지 구원에 대해 개혁주의의 견해는 두 가지였다. 그 중에서 주의주의적 교회가 세를 얻어가고 있었다. 다음을 참고하라. Robert W. A. Letham, "Saving Faith and Assurance in Reformed Theology: Zwingli to the Synod of Dort" (PhD diss., University of Aberdeen, 1979).
3. E. James Wilder and Marcus Warner, *The Solution of Choice: Four Good Ideas that Neutralized Western Christianity* (Carmel, IN: Deeper Walk, 2018).
4. Dallas Willard, *Life without Lack: Living in the Fullness of Psalm 23* (Nashville: Nelson Books, 2018), 85. 《부족함이 없는 삶》(규장)
5. Allan N. Schore, *Affect Regulation and the Origin of the Self: The Neurobiology of Emotional Development* (Hillsdale, NJ: Erlbaum, 1994).
6. Karl Lehman, *Outsmarting Yourself: Catching Your Past Invading the Present and What to Do About It* (Libertyville, IL: This Joy! Books, 2014), 5—16.
7. 뇌는 어떤 경험을 다른 경험보다 더 중시한다. 잠잠하게 만드는 신호와 주목시키는 신호가 함께 그렇게 작용하는데 그것을 "가치 체계"라고 한다. 그것은 뇌의 큰 분위에 중요한 일이 일어나고 있다고 말해준다. 그 가치 체계 중 두 가지가 주목에 강한 영향을

미친다. (1) 노르에피네프린은 새로운 것에 주목하게 한다. (2)도파민은 개인적으로 의미 있는 것에 주목하게 한다. 뇌는 빨리 움직이고 새로운 비디오 게임, 포르노그래피, 다른 오락에 개인적 의미는 없지만 노르에피네프린을 통해 집중한다. 그래서 쾌락을 얻으면 도파민 시스템이 그런 자극을 개인적으로 의미 있는 것으로 만든다. 그러므로 뇌의 주의 집중은 다른 (그러나 중복되는) 가치 체계를 가진 두 현상일 수 있다. 다음 자료를 참고하라. Gerald M. Edelman and Giulio Tononi, *A Universe of Consciousness: How Matter Becomes Imagination* (New York: Basic Books, 2000).

8. 노벨상 수상자 제럴드 에들먼(Gerald Edelman)이 발견했고 쥴리오 토노니(Guilio Tononi)가 이후에 더 설명했다.

9. Wilder and Warner, *The Solution of Choice*, 68—73; Warner and Wilder, *Rare Leadership* (Moody, 2017), 134—137; Wilder, *The Pandora Problem* (Deeper Walk, 2018), 20--85.

10. 원수 모드에 대한 추가 자료는 다음을 보라. E. James Wilder, *The Pandora Problem: Facing Narcissism in Leaders and Ourselves* (Carmel, IN: Deeper Walk, 2018).

11. 달라스나 나는 대상피질이 혼이라고 보지 않는다. 대상피질은 몸에 있다. 우리는 둘 다 몸이 혼과 조화를 이루어야 한다고 믿는다.

12. 우발드 신부에 대한 자료가 있다. *Forgiveness: The Secret of Peace* (다큐멘터리) 다음 웹사이트에서 관람하라. Secretofpeace.com.

13. 다음 자료를 보라. "The Voice of the Martyrs," accessed August 15, 2019, www.persecutionblog.com/colombia/.

14. Martin Mosebach, *The 21: A Journey into the Land of Coptic Martyrs* (Walden, NY:Plough, 2019).

Chapter 7

1. "예수 그리스도가 믿음으로 사셨던 그 믿음, 하나님과 하나님 나라에 대한 믿음이 그가 전하신 복음에 나타난다. 그 복음은 하나님 나라의 통치가 지금 여기 인간에게 가능하다는 좋은 소식이다." Dallas Willard, *Hearing God: Developing a Conversational Relationship with God* (Downers Grove, IL: InterVarsity Press, 2012), 202. 《하나님의 음성》(IVP)

2. Dallas Willard, endorsement to E. James Wilder et al., *Living from the Heart Jesus Gave You* (Peoria, IL: Shepherd's House, 2013). 《더 깊은 성숙으로 인도하는 예수님 마음담기》(토기장이)

3. 인간의 뇌를 사용하는 우리들 대부분에게는 주의 집중과 애착 사랑이 항상 다 필요하다.

4. 헤세드가 없고 유대를 깨뜨리고 손상시키는 부모는 대체될 수 있다. 그러나 우리가 강

한 애착이 있을 때는 사랑하는 사람을 다른 누가 대신하게 허락하지 않는다. 애완동물에 대한 애착의 경우에도 그렇다.

5. John M. G. Barclay, *Paul and the Gift* (Grand Rapids, MI: Eerdmans, 2015). 《바울과 선물》(새물결플러스)

6. *Passing the Peace: After a Crisis* (self-pub.,Life Model Works, 2015), 다음 웹사이트에서 볼 수 있다. lifemodelworks.org.

7. 칼, 샬럿 리만 부부의 책, 비디오, 자료를 kclehman.com에서 볼 수 있다.

8. 에드, 마리차 쿠리 부부의 책, 비디오, 자료를 equippinghearts.com에서 볼 수 있다.

9. 대럴 브러젤의 회복에 대한 자료는 newhope4si.com에 있다.

10. 크리스, 젠 코시 부분의 책, 비디오, 자료를 thrivetoday에서 볼 수 있다.

11. 마커스 워너의 책, 비디오, 훈련 프로그램, 자료를 deeperwalkinternational에서 볼 수 있다.

12. 세월이 흘러 게리의 부인이 죽었고, 게리는 재혼했고, 이스라엘에 가서 살다가 죽었다. 그의 육신은 영화 〈쉰들러 리스트〉(Schindler's List)의 오스카 쉰들러가 묻힌 같은 묘지에서 부활을 기다리고 있다. 쉰들러의 이야기와 홀로코스트는 사람이 되기 어려울 때 사람이 절실히 필요하다는 것을 기억하게 한다. 또한 우리가 다른 사람들을 사람으로 보지 못할 때 매우 위험한 존재가 된다는 것을 깨닫게 한다.

13. 다음 책들을 보라. Chris M. Coursey, *Transforming Fellowship: 19 Brain Skills that Build Joyful Community* (self-pub.,THRIVEtoday, 2017); Amy Brown and Chris Coursey, *Relational Skills in the Bible: A Bible Study Focused on Relationships* (self-pub., Deeper Walk, 2019); and Tom Anthony, *Building Better Community: 12 Exercises to Strengthen Your Relational Muscles* (self-pub.,Life Model Works, 2018).

---- PART 3

Chapter 8

1. 달라스는 교회의 이 기능을 《마음의 혁신》에서 자세히 이렇게 설명한다. "바울은 이렇게 생각했던 것 같다 … 그리스도가 나의 정체성이 되고 그리스도의 공동체가 등장하여 다른 모든 정체성이 사라졌다. 다른 정체성들을 부인해서가 아니라, 새로운 긍정적 실체가 생겼기 때문이었다." (원서 p. 233).

2. Dallas Willard, *The Spirit of the Disciplines: Understanding How God Changes Lives* (New York: HarperCollins, 1991), 158.

3. Dallas Willard, *Spirit of the Disciplines*, 165.

Chapter 9

1. 나는 이렇게 표현해 보고 싶다. "영적 성숙 없이는 그리스도를 닮은 인간적 성숙을 이룰 수 없다." 많은 비 그리스도인이 영적으로 성숙하다고 주장하는 사람보다 더 정서적으로 성숙하다.
2. Brother Lawrence, *The Practice of the Presence of God* (New Kensington, PA: Whitaker House, 1982). 《하나님의 임재 연습》(두란노)
3. Jim Wilder et al., *Joyful Journey: Listening to Immanuel* (East Peoria, IL: Shepherd's House, 2015).
4. 개인적 편지. 이 간증과 그 책의 다른 간증들은 허락을 받고 인용했다.
5. 리처드 로어의 매일의 묵상, "The Face of the Other," January 31, 2019, https://cac.org/the-face-of-the-other-2019-01-31/.
6. Amy H. Brown and Chris M. Coursey, *Brain Skills in the Bible: A Transforming Fellowship Bible Study* (Deeper Walk, 2019).
7. Chris M. Coursey, *Transforming Fellowship: 19 Brain Skills that Build Joyful Community* (self-pub., THRIVEtoday, 2017).
8. Marcus Warner and Jim Wilder, *Rare Leadership: Four Uncommon Habits for Increasing Trust, Joy, and Engagement in the People You Lead* (Chicago: Moody, 2017).
9. Marcus Warner and Chris Coursey, *The 4 Habits of Joy-Filled Marriages: How 15 Minutes a Day Will Help You Stay in Love* (Chicago: Northfield, 2019).
10. 좌뇌의 슬로우트랙에도 생각이나 개념에 대한 반응으로 나타나는 같은 이름의 감정이 있긴 하다. 가령 '저 사람이 방금 나를 디스했어!'라는 것이다.
11. 신체가 조용해지는 체계적 시스템은 여기서 살펴보지 않을 것이므로 근육, 내분비선, 기관, 기관 시스템이 어떻게 독성 물질, 염증, 감염, 기타 극단적인 경우에서 자신을 보호하는지는 살펴보지 않겠다.
12. 패스트트랙에는 두 가지 조용해지는 시스템이 있다. 무의식적인 것과 상호작용적인 것이다. 둘 다 관계에 유익하다.
13. E. James Wilder et al., *Joy Starts Here: The Transformation Zone* (East Peoria, IL: Shepherd's House, 2013). 《기쁨은 여기서 시작된다》

Chapter 10

1. David Takle, *Forming: A Work of Grace* (Kingdom Formation Ministries, 2013), 13—14.
2. 자아도취에 대한 자료는 다음과 같다. Wilder, *The Pandora Problem* (2018); Barbara Moon, *The Pandora Problem: Companion Guide* (2019); Ed Khouri, *Becoming the Face of Grace* (2019); Michel Hendricks and Jim Wilder, *When the Church Fails* (2020); and Marcus Warner and Jim Wilder, *Rare Leadership* (2016).
3. 영성 훈련에 대한 자료는 다음과 같다. Dallas Willard, *The Spirit of the Disciplines*

(1988); Dallas Willard and Don Simpson, *Revolution of Character* (2005); Dallas Willard, *Eternal Living*, Gary W. Moon, ed. (2015); F. B. Meyer, *Secret of Guidance* 《주님의 인도하심의 비밀》(생명의말씀사) (2010); Dana Hanson, *Reboot: 70 Life Lessons with Dallas Willard* (2015); Richard J. Foster, *Celebration of Discipline* (1983)《영성 훈련과 성장》(생명의말씀사); Jan Johnson, *Abundant Simplicity* (2011); Dallas Willard, *Hearing God through the Year*, Jan Johnson, ed. (2015).

결론

1. Michel Hendricks and Jim Wilder, *When the Church Fails* (Chicago: Moody Press, 2020).

부록 A

1. Richard Gillard, arranged by David Hass, "The Servant Song," *We Give You Thanks* © 1998 GIA Publications; and Jim Gilbert, "I Love You with the Love of the Lord," in Songs of the Church, 21st century ed. (West Monroe, LA: Howard Publishing, 1990), no. 725.